国家出版基金项目
NATIONAL PUBLICATION FOUNDATION

“十二五”国家重点图书出版规划项目
国家出版基金资助项目

中外廉政制度与文化比较研究系列

北欧
廉政制度与文化研究

韩阳 编著

中国法制出版社
CHINA LEGAL PUBLISHING HOUSE

序

北京第二外国语学院（以下简称“二外”）提出“中外廉政制度与文化比较研究”计划始于2012年。起因是2011年底，北京市纪委、市委宣传部等六部门联合发出了《关于进一步深化廉政文化建设的实施意见》（京纪发2011年6号），作为一项贯彻措施，二外成为北京市第一批“廉政文化建设联系点单位”。如何在二外开展廉政文化建设工作，我们当时有过许多思考。

众所周知，廉政文化是关于廉洁从政的知识、信仰、规范、价值观念和与之相适应的行为方式、社会评价的总和，是廉洁从政行为在文化和观念上的综合反映，是社会政治文明和精神文明的有机结合。利用多种文化形式和手段开展廉洁从政研究和教育，借以褒扬清廉自重品行、鞭挞贪腐祸乱丑态、引导文明价值认同、倡行公正法制规范、形成风清气正环境的过程，可以统称为廉政文化建设。党的十六大以来，廉政文化建设的重要作用日益显现。社会层面的廉政文化建设，有理论研究政策建议，有文艺创作晓理动情，有群众活动广为宣教，等等。从大学的职能出发，我们当然要把廉政理论和实践研究作为推进二外廉政文化建设的首选。作为一所有着丰富精神内涵、深厚文化传承和卓越品格追求的国内知名大学，二外拥有独特的学科积淀和人才优势，从中外比较的视角系统开展廉政制度与文化研究，应该是一项别有意义的工作。形成这个想法，是基于以下三个维度：

一是传承二外文化。二外自成立起，就承担着为我国外交外事外贸等领域培养高级专门人才的重任，五十年来始终围绕这个办学定位，努力实践“让世界认识中国，让中国走向世界”的使命，在外国语言文学领域积累了厚实的学科基础和人才队伍。我们认为，必须立足二外的这一优势开展独具特色的廉政文化建设工作，做好二外办学特色与廉政文化建设二者的结合，这是传承二外文化的需要，我们也一定能在这个基础上努力创新发展，坚定共同办好学校的信心。

二是丰富学科内涵。进入新世纪，世界范围内的高等教育变革蓬勃兴起，竞争也日趋激烈。我们觉得，二外在新的历史发展时期可以而且应该继续开掘外国语言文学这一“富矿”，积极做大做强。而比较视域下的中外廉政研究，国内虽然已有一些零星成果，但深入、系统的研究远远不够，这仍是一块“处女地”，只要播撒种子，勤奋耕耘，一定会大有收获。沿着这个思路，就会丰富二外的学科内涵，拓展新的学科领域，努力把人才培养的工作做得更好。

三是推进方法创新。当时我们做过统计，国内各高校、研究机构已举办了70多个廉政研究中心或基地，但从中外比较视角开展制度与文化的廉政研究，尚付阙如。我们想到，二外五十年办学实践中积累了一大批哲学、法学、政治学、经济学、管理学等方面的优秀人才，实现这支队伍与外国语言文学队伍叠加、融合和协同创新，在推进学术研究上有方法创新的意义。坚持做下去，二外一定会创造出更多高质量的学术成果，在更高水平、更宽领域服务于国家治理体系和治理能力现代化建设。这是我们非常乐见的！

二外的“中外廉政制度与文化比较研究”有一个整体计划，这套丛书是这个计划的第一批成果。我们的工作得到了市纪委有关领导的热情鼓励，市纪委宣教室多次询问工作进展情况。市教育纪工委也对这项工作给予了许多支持和指导。二外把这个研究计划纳入了北京市教委的“科技创新平台”，校内各部门各单位也都提供了积极的帮助。中国法制出版社认为这个研究计划很有意义，在该社总编辑助理舒丹的积极协调下，“中外廉政制度与文化比较研究”计划的第一批六种著作申报

《“十二五”国家重点图书、音像、电子出版物出版规划》，2014 年 7 月，国家新闻出版广电总局以“新广出办发（2014）75 号”文件正式予以批准。这是对我们这项研究计划的莫大鼓励。这套丛书编辑出版过程中，中国法制出版社的编辑们所表现的认真负责精神、良好的专业素质和能力令人钦佩。在这项研究计划的第一批成果即将问世的时候，作为整个计划的发起和主持人，几年来持续不断地组织协调终于有所收获，心中的喜悦自不待言，借此，我谨向所有为这个研究计划付出心血、汗水以及所有关心支持这项工作的同志们致以诚挚的感谢！

这套丛书选择的研究对象各有代表性，各国政治、历史、文化不同，在写作框架上不做统一要求，但全书在资料的系统、完整及部分研究方面有独到之处。我们深知，限于学识和能力，全书一定存在着许多不足，诚恳地期待着大家的批评指正！

北京第二外国语学院纪委书记

2016 年 9 月

目　录 *CONTENTS*

第一章　北欧廉政制度综述

芬兰、丹麦、瑞典、冰岛、挪威等北欧五国是世界上最清廉的地区之一，在有关廉政的国际评价中始终稳坐前十位的宝座。2014 年透明国际公布的“清廉印象指数排行榜”显示，在入榜的 175 个国家中，北欧五国的表现不俗：丹麦以 92 分高居榜首，芬兰位居第 3，瑞典和挪威分别位居第 4 和第 5。2015 年的该“指数”显示，丹麦、芬兰、瑞典位居前三。

在我们感叹为何北欧的廉政工作成效这么大的同时，值得我们注意的是：北欧的反腐并不像我国一样，通过加大对腐败现象和行为的处罚力度而达成；相反，在针对贪腐类犯罪的刑事量刑方面，北欧五国都是比较轻的，如芬兰对腐败犯罪的最高量刑是有期徒刑 4 年。

在我国，提到腐败，全国上下一片喊打之声。腐败已经成了阻碍社会进步的顽疾，并且直接伤害了人民内心的公平正义感，这也是党的十八大以来，党和国家挥重拳打击腐败的政策出台之后，全国上下欢欣鼓舞的原因。但是，重典真的能产生预期的效果吗？基于对惩罚的恐惧而收敛的贪腐行为是否会基于同样的原因而成为一种清廉的常态？这都是需要我们深思的。

关于腐败问题，马克思在《资本论》中的论述很有说服力：“当利润达到 10%的时候，他们将蠢蠢欲动；当利润达到 50%的时候，他们将铤而走险；当利润达到 100%的时候，他们敢于践踏人间的一切法律；

当利润达到300%的时候，他们敢于冒绞刑的危险”。[①] 笔者认为，此“利润”指称腐败的利润时，应当是减去了成本的利润。因此，挤压这种利润空间，让腐败寻租变得困难甚至不可能，才是反腐之道。而在这一方面，西方各国的反腐和廉政建设经验是很有说服力的，尤其是北欧五国，腐败在这五个国家已经成了一个很罕见的词汇。其中不乏文化传统带来的民族心态的原因，但基于道德范式相对于制度建制的不稳定性和不可依赖性，笔者认为更重要的是其制度的保障将腐败空间挤压得微乎其微了。

第一节　北欧廉政文化的形成

有些人认为，北欧形成清廉政治的主要原因是在长期的文化浸淫下，从国家元首到一般官员，再到普通民众都形成了厌恶贪腐，崇尚清廉的心态。例如，芬兰的《晚报》2002年曾经披露，前文化部部长苏维·林登仅仅因为批准为其拥有股份的一家高尔夫公司提供了18万欧元的政治赞助而遭到民众抨击，最后被迫认错辞职。而笔者认为，这种论证方式是没有意义的，因为贪腐现象在哪一个国家都是遭人唾弃的。在一些国家，由于腐败盛行，造就了由腐败而结成的利益集团，甚至形成了所谓的“腐败文化”，这种文化也影响了民众心理，认为不行贿，寸步难行。但是，即便如此，也只能说明，是腐败盛行的事实影响了民众心态，而对于占人口绝大多数的，没有进入到“体制”之中的普通民众而言，对腐败都是深恶痛绝的，对清廉的政治都是向往的。而至于利益集团的心态，也是由长期的制度环境造就的。

尽管在任何语境下探讨廉政问题，制度相对于文化等意识形态的要素都更为重要，但不可否认的是，文化对于制度的反作用力始终是存在的。

---

① 参见《马克思恩格斯全集》（第17卷），中共中央马克思恩格斯列宁斯大林著作编译局编译，人民出版社1963年版，第258页。这句话原为托·约·登宁所说，在《资本论》中被马克思引据。

一、北欧的历史文化历程

“北欧”只是一个基于地缘上的政治地理性名词。具体而言，“北欧国家”特指北欧理事会（Nordic Council，以下简称 NC）中五个具有主权的国家：冰岛、芬兰、丹麦、挪威和瑞典，以及其各自实行内部自治的地区，如法罗群岛。而这五个国家恰好都位于欧洲的北部，那里冬季漫长，气候寒冷，夏季短暂，也非常凉爽。其实，对于“北欧”的概念，我国从未拿出一个权威的系统解释，因此“北部欧洲”“北欧”“北陆”“北廷”“斯堪的纳维亚①”等名词出现了混用状态。

北欧的大部分地区自然环境寒冷，对于人类而言生存环境恶劣。因此，最初的北欧人由于在这样的自然环境中难以凭借一己之力生存下去，不得不团结互助、包容和协作。这也与北欧国家之后文化的形成息息相关。

北欧五国在发展上有基本共同的历史，因此在文化和社会形态上有非常密切的联系。在黑暗时代，现在的挪威、瑞典、丹麦和冰岛所在的地理区域有基本相似的文化，其语言都是古诺尔斯语，宗教都源于北欧神话。公元 1000 年左右，基督教传入该地区，而基督教的本土化导致了三个独立王国——丹麦、瑞典和挪威的形成。从 12 世纪开始，现在芬兰所在的地区开始逐步融入瑞典，形成了瑞典王国；而冰岛、法罗群岛、设得兰群岛、奥克尼群岛、格陵兰和大部分苏格兰和爱尔兰则属于挪威。随着这个时期宗教改革的展开，现在北欧五国所在的地区都接纳了路德教。14 世纪时，丹麦、挪威（连同冰岛）和瑞典（连同芬兰）组成卡尔马联盟（Kalmarunionen，1397 年—1523 年），接受同一君主的

---

① 尽管丹麦和冰岛在地理上不属于斯堪的纳维亚（芬兰位于斯堪的纳维亚半岛的东边，冰岛位于欧洲西北方向的北大西洋中），但是“北欧”和“斯堪的纳维亚”二词在文本里面是作为同义词使用的。见［德］K. 茨威格特、H. 克茨：《比较法总论》，潘汉典、米健、高鸿钧、贺卫方译，法律出版社 2003 年版，第 322 页。

统治。后来丹麦在联盟中崭露头角，成为联盟的主导。16 世纪初，瑞典重新组成独立王国，但仍然受丹麦支配，直至 1814 年挪威（不包括冰岛）被割让给瑞典王国，其力量大为增强，这种支配才告完结。这个时期，冰岛、格陵兰和法罗群岛仍然属于丹麦。17 世纪之后，瑞典跻身欧洲大国的行列，但之后开始逐渐失去其领土，1809 年甚至失去了芬兰——芬兰成为附庸俄罗斯沙皇的自治芬兰大公国。1905 年，开始于 19 世纪的瑞典和挪威之间的联盟结束，与此同时，旨在统一瑞典、挪威和丹麦三国的斯堪的纳维亚主义兴起，但成效不大。第一次世界大战及俄国十月革命期间，芬兰成为独立国家。第二次世界大战期间的 1944 年，冰岛从丹麦独立出来，但法罗群岛和格陵兰至今仍为丹麦领地。至此，其后在 1952 年组成的北欧理事会上其成员国才全部成立。

在近代的各种战争中，北欧五国大多保持了中立。

具体而言，丹麦在两次世界大战中均宣布中立，但其在 1940 年 4 月至 1945 年 5 月期间被德国占领。

丹麦—挪威联合王国根据 1814 年《基尔条约》（*Treaty of Kiel*）分治之前，冰岛是挪威王国的殖民地，此后成为丹麦的附属国。1874 年，丹麦政府给予冰岛有限的自治。1918 年，冰岛在内政方面进一步获得了类似于保护国的独立和主权，外交和国防方面的权力仍由丹麦保留。1940 年，德国占领丹麦，同年盟军占领了冰岛，丹麦王国继续保持对冰岛在法律上的统治直到 1944 年冰岛共和国建立。新的共和国是北约的成员国，并于 1949 年和美国签订了防卫冰岛的协议。根据这一协议，美国在凯夫推维克（Keflavík）设有军事基地，直到 2006 年 9 月底美军才单方面撤出。截至目前，冰岛还没有自己的军队。战后几十年来，冰岛的经济依赖于渔业，并因为这一生物资源和周边国家发生过数次冲突，其中包括和英国之间著名的“鳕鱼战争”。近年来，由于对重工业的大量投资，冰岛的经济逐渐多样化，炼铝业发展起来，经济领域不断自由化和私有化。冰岛是欧洲经济区（European Economic Area，以下简称 EEA）成员，但从未申请加入欧盟。

挪威在第一次世界大战中保持中立，在第二次世界大战中被德国占领。在此期间，吉斯林作为德国傀儡建立独裁政权，迫使当时挪威的哈康国王流亡英国。1945 年挪威获得解放；1957 年哈康七世逝世，其子即位，称奥拉夫五世。1949 年，挪威参加北大西洋公约组织（以下简称北约；North Atlantic Treaty Organization，以下简称 NATO），1959 年加入欧洲自由贸易联盟（以下简称欧贸联；European Free Trade Association，以下简称 EFTA）。

瑞典在两次世界大战中也均保持中立。1808 年瑞典出征俄罗斯失败，使本来属于其领土一部分的芬兰开始受到俄国影响。1809 年，瑞典在瑞俄战争失败后，最终将芬兰割让给俄罗斯。芬兰成为俄罗斯的大公国，1812 年迁都赫尔辛基，1917 年 12 月 6 日宣布独立，曾试图成立王国，但最终于 1919 年成立共和国。1940 年芬兰在芬苏战争（冬季战争）战败后，被迫向苏联割让东部领土。第二次世界大战期间，1941 年—1944 年德国进攻苏联，芬兰参与对苏战争（继续战争）。1944 年 2 月，芬兰作为战败国与苏联等国签订了《巴黎和约》。芬兰一直未加入北约，1955 年加入北欧理事会，1986 年加入欧贸联，1995 年退出欧贸联，转投欧洲共同体——欧盟（European Union，以下简称 EU），1999 年创始加入欧元区。笔者认为，北欧五国中大多数国家长期中立地位的保持使其更为关注自身经济的发展，也是其经济富足的一个重要原因。

从上述历史来看，北欧五国的历史文化进程从来就没有完全割裂过，它们彼此之间一直有千丝万缕的联系。目前，除了芬兰和冰岛实行总统制外，丹麦、挪威、瑞典三国的政体均为君主立宪制。执政党——社会民主党长期执政，治理腐败的成效远远超过了世界其他国家。第二次世界大战之后，北欧五国的政策更是具有了共同的特色，如所有北欧国家都有由税收支付的庞大的公共福利体系，以及社会民主主义的立法政体，主要由在第二次世界大战期间上台的社会民主主义者主导。此外，北欧五国语言传统上的一致性①，宗教文化上的同源性②以及发展历程上的纠缠性，也导致了其经济发展上基本步骤的一致性和特色法律系统的形成。

二、北欧富足的经济对廉政心态和文化的影响

从欧洲的角度而言，北欧的总面积为130多万平方千米，人口密度较小，而资源丰富，因此人均资源的占有量很大，这就为国家社会福利事业的开展和社会福利政策的推行打下了坚实的基础。国家在运用税收手段调节社会财富分配的过程中，由于资源富足，对于北欧的国民而言，最大程度的平均分配是实现公正的最佳途径，因为即使在平均的状态下，实现养老、医疗、教育等社会保障也是比较容易的。在没有生活后顾之忧的状态下，富足仅仅是锦上添花的事情，而不是一种必须。人都有生老病死，富裕的人在富裕的时候多纳税，以保障自己在出现意外情况时仍然能够享受比较安逸的生活，这是一个很现实，也很容易让人接受的选择——当富足的生活唾手可得，何必费更大的力气去争夺不当利益？相反，如果一个国家资源较少，平均分配会导致大家都很贫困，这就会造成恶性的资源分配竞争，而在恶性竞争中，贫富不均是必然的，人的心理也容易失衡，甚至可能会催生出恶的制度，以维持这种竞争下的资源分配态势。因此，在北欧，相互攀比和心理失衡的现象很少发生，心理失衡导致的不同社会阶层对抗甚至恶性对抗的局面更是鲜见。

北欧各国均实行普遍的、民众共享的福利制度。以芬兰为例，芬兰的收入分配政策可谓“杀富济贫”“社会均富”的收入分配政策。芬兰的面积约为33万平方千米，总人口数量为548万（2015年），人均月收

---

① 尽管目前芬兰的官方语言是芬兰语，瑞典的官方语言是瑞典语，挪威的官方语言是挪威语，丹麦的官方语言是丹麦语，冰岛的官方语言是冰岛语，但其都具有同源性，现在被统称为斯堪的纳维亚语系（Scandinavian languages）。

② 经过宗教变迁和基督教的本土化之后，目前，北欧五国都是新教国家（Neo-Christianity）。

入约 3000 欧元，这个数字与欧盟国家相比是比较高的。在北欧，月最低生活补助约 1300 欧元，个税累进税率 12%至 50%，在高税收政策调节下，贫富差距不大，没有贫困和无家可归的群体，也没有十分富有的人群。幼儿园老师与警察署长的税后收入相差无几。而对于收入特别高的群体，可能还会为了逃避高税负而移民。[①] 在这种福利制度的前提下，公务员无论在社会地位方面，还是在薪酬水平方面，均享有较高的待遇，也没有退休之后得不到良好经济保障的后顾之忧；而相对于这种高福利保障，公务员贪腐的成本是很高的，如果发现其存在腐败行为，即使不受到司法追究，也会被从公务员行列里剔除出去，其原来生活的社会圈子也会拒绝其再行进入，代价不菲：贪腐所需要的勇气是巨大的。因此，北欧各国的贪腐案件非常罕见。比如，瑞典的一位女检察长说，她当检察官 32 年来，从未受理过一起官员腐败案件。对于瑞典政府高官而言，住普通住宅，自理家务，开私家车上下班及出行是特别普遍的事情。在廉政文化的影响下，瑞典人认为腐败行为是天理难容的，幻想通过腐败发财的人也是鲜见的，因为那是不可能的，也是羞耻的。1995 年，瑞典前副首相萨林女士就是因为使用公务信用卡购买个人衣物引起非议而被迫辞职。

显然，对这种公平的普遍认同的民众心理形成了廉政文化的特殊基础。由此，北欧官员的平民化特征是十分明显的：特权感对于官员而言是绝对没有的。总统上下班骑自行车，市长上下班坐公交、地铁也不是什么稀奇的事情。为了配合这种平民化，更是为了杜绝反平民化状态下的腐败，北欧各国的政府都纷纷建立了全国统一的请客吃饭标准，每顿饭一菜一汤，官员们无一例外。“从住宅上看，北欧国家的官员和普通民众一样，不分级别、头衔，一律居住在普通的住宅区。”[②]

① 广州市纪委监察局赴芬兰学习培训班：“2013 年芬兰反腐败机制和监督体制培训班学习培训总结”，http://www.360doc.com/content/14/1105/18/26005_422766167.shtml，最后访问日期 2015 年 3 月 13 日。

② “北欧廉政文化”，http://www.360doc.com/content/13/0605/15/37133_290664979.shtml，最后访问日期 2015 年 2 月 2 日。

相应地，北欧各国政府都十分重视对廉政文化的宣传和教育，在这方面进行了不懈的努力。公务员队伍的职业操守和职业道德是北欧国家关注的重点，但与此同时，司法和执法系统的廉洁性教育也是它们工作的重要内容。在瑞典和芬兰，在中学阶段就开始培养学生的守法观念，法律基础教育课程是中学开设的必修课程；公务员在接受录用的过程中必须参加法律知识考试，上岗必须进行守法宣誓。1923 年，瑞典成立了反贿赂研究所，专门负责宣传有关法规，同时开展咨询活动。丹麦在廉政建设中也主张重视事前教育，道德教育、廉洁教育和法制教育是学校教育的重要组成部分。对公务员，则更加重视廉政教育。学生大学毕业后进入公务员系列，就要接受频繁的培训，以使其清晰地界定“腐败”的界限。以警察群体为例，针对警察进行的包括内部的纪律教育、价值观教育在内的职业道德教育是经常性的。同时开展警察工会活动，以培养警察的高度荣誉感和责任感。此外，常态性的纪律状况统计和分析也是必须开展的，以防范各种违纪和腐化苗头。总的来说，北欧各国每年都要花费大量的人力、物力开展针对包括企业在内（主要是预防企业的行贿行为）的各方主体的廉政教育工作。

在廉政宣传过程中，北欧各国政府同时表现了对制度的依赖，其认为制度比道德水准更可靠。例如，在社会事务管理方面，北欧各国普遍建立了严密的政府监督体系，使政党自我监督、专门机构监督和普通民众监督构成一个完整的廉政监控体系。在这种体系下，官员想贪污是十分困难的，因此北欧各国的官员都向民众呈现了一种清廉的姿态。官员的自我示范作用和长期的廉政宣传教育，使北欧各国的廉政文化氛围极其浓厚，侵吞社会财富、贪污受贿等行为被全社会所鄙夷和痛恨，追究这些行为的积极性也极高。这种对廉政的全民的高度认同所形成的廉政文化无疑在北欧廉政建设中发挥了重要作用。

三、北欧独特的法律体系的历史形成

北欧法律制度的形成在世界法律体系中十分独特，其既不能归为普通法系——因为北欧的法律不能回溯到中世纪的英国法律制度体系，其发展历程是完全独立于英国法的；也不能完全归于大陆法系——因为在北欧的法律发展过程中，罗马法的作用微乎其微，而且北欧各国至今仍然没有编纂任何一部类似于《法国民法典》或者《德国民法典》的法典，而这种法典编纂又是大陆法系国家的重要特征之一。不过，相比普通法系而言，北欧的法律体系还是更接近于大陆法系，因为普通法系发展过程中长期形成的法官的选拔、形成及英雄般的地位，以及普通法系国家标志性的判例制度，在北欧国家的法律中几乎是找不到的。[①] 确切地说，由于地缘关系的密切性，以及以此为基础的历史发展的相似性，北欧各国的法律体系的形成存在极其密切的亲缘关系，基本具有相同的法律范式，可以将其归为一个独立的法系——斯堪的纳维亚法系[②]，与普通法系和大陆法系并行。

如前所述，北欧的历史文化进程一直就是相互纠缠在一起的，从未完全割裂过，这也造成了其法律体系在历史发展历程上的相似性。日耳曼法是北欧各国法律共同的历史基础，但是在北欧不同的地区，其发展进程中很多方面已经偏离了罗马法。12 世纪到 14 世纪之间，北欧法律的立法形式表现为大量的地方法，这种地方法的特征就是零散而不统一。从 14 世纪开始，北欧法律的统一化过程由瑞典发端，经由丹麦而得以展开。1683 年，丹麦法典施行；1687 年，挪威法典施行；1734

---

① 这方面的内容可以参见［德］K. 茨威格特、H. 克茨：《比较法总论》，潘汉典、米健、高鸿钧、贺卫方译，法律出版社 2003 年版，第 406 页。

② 正如 K. 茨威格特、H. 克茨在其所著的《比较法总论》中所叙述的，“虽然丹麦和冰岛在地理上不属于斯堪的纳维亚，但是‘北欧’和‘斯堪的纳维亚’二词在本文中是作为同义词使用的”。实际上，由于历史传统的相似性，现在人们提到斯堪的纳维亚国家时，实际上也就是在指称包括冰岛和丹麦在内的北欧各国。

年，更为细致的瑞典法典施行。在这一过程中，北欧的立法语言趋向于简单化和大众化，逐步抛弃了大陆法系理论推演性和教义性的特征，规则的制定更为具体而明了。当然，这个过程并不能认为其与大陆法系传统完全割裂。毕竟，瑞典和大陆法系法学之间的关系是密切的，因为在17世纪，瑞典经由30年战争而成为强国，在欧洲政治中扮演着重要角色，相应地，欧洲大陆法系的法律思想也流入了瑞典。在17世纪瑞典的司法实践中，罗马法在契约制度、破产制度等诸多领域都对其产生了重大影响。

拿破仑时代，也是瑞典和芬兰之间、丹麦和挪威之间长达数百年来的结合关系的破裂时期。随着“法国大革命”带来的自由、民主等思想在北欧地区的蔓延，斯堪的纳维亚各民族之间的文化和语言独立性意识不断加强，公民参与政治的呼声也在增高，妇女与男子平权的思想从萌动到高涨，以至于到了19世纪中期，丹麦和瑞典先于典型的欧洲大陆法系国家实现了法律上的妇女解放。

到了19世纪后期，北欧各国又开始了在立法领域中的密切合作，这种合作的兴起还是与其共同的历史文化渊源和民族感情分不开的。同时，商贸的发展和交通的逐渐便利也增加了这种合作的可能性。此外，语言方面的相似性也是这种合作的一个重要基础：尽管北欧各国都有自己的语言，但除了芬兰语之外，其他各国的语言都是十分相似的。北欧各国就单个国家而言，人口都比较少，各国的案件整体数量有限，因此司法实践经验在单个国家略显不足，而这种合作带来的经验上的交流和沟通就显得尤为重要，这使北欧立法技术和立法质量有了大幅度的提高。在财产法、买卖法、契约法、家庭法以及消费者保护法等诸多领域，北欧各国一般都是先进行统一立法，然后再在各国分别实施（可能在具体实施过程中法律的名称会发生变化）。

总之，近代以来，斯堪的纳维亚地区的法律既保持了欧洲大陆法系的一些固有传统，又保持了自己显著的地域性和民族性特征。历史发展的共同性、地缘上的亲近性、语言上的相似性、人口和经济发展上的均衡性、政治上的彼此包容性与文化上的相互认同性都不断促使北欧法律制度建设上的同化。其廉政建设的过程也明显地体现了这一点。北欧各国廉政建设制度和进程呈现了高度的相似性和统一性，这也为其廉政制度的有效实施打下了坚实的基础。

北欧国家反腐败立法的进程开始得很早，可以追溯到20世纪初期。对于这方面立法的宗旨，北欧国家一直坚持的是预防和惩治相结合，但更重视预防的原则。

瑞典于1919年、1962年、1978年分别制定和完善了《反行贿受贿法》，其《刑法》也对贪污行为进行了明确规定。1920年，芬兰制定了《公务刑法》，并且在之后根据时代的发展对该法进行了修订和完善。根据该法，如果公务员受贿罪成立，最高刑罚为4年，同时永久性免职。被纳入公务员受贿范围的不仅包括我们常见的金钱和实物，还包括特殊（低利息）贷款，以及各种款待和免费服务或者待遇，比如免费旅行，授予荣誉头衔。由于监督体系的有效开展，芬兰的贪腐行为极少，全国各地法院每年受理的行贿受贿案件不足10起，而且几乎没有大案。芬兰因此被公认为世界上最廉洁的国家之一。

相比而言，丹麦没有制定专门的反腐败法典，但《丹麦刑法典》（*Danish Criminal Code*）的有关章节对贪污受贿罪的定罪标准和量刑处罚幅度进行了明确的规定。"滥用权力以牟取个人私利"是丹麦刑法对腐败的解释。与其他经济犯罪相比，丹麦对贪污罪的处罚幅度较高。[①]对行贿行为的刑罚是罚款或者不超过3年的监禁；对受贿行为的量刑则是在减轻处罚的情况下处以罚款或者不超过6年的监禁。此外，丹麦的相关法律规定，政府的所有预算都要经过财政部的批准和使用上的监控。对这种预算的使用的规定特别细致，例如在差旅方面，除了首相、副首相、各部大臣、议会主席外，其他公务人员出差时的住宿和乘坐交通工具的标准都是一样的，乘坐飞机的只能坐经济舱；出差时原则上应

① 参见章义、李胜检：《北欧国家反腐败的成功经验对我国的启示》，载《当代经理人》2006年第21期，第636-637页。

当搭乘公共交通工具，一般不能打车，除非当地没有公共交通；在出访第三国时，如果是官方代表团公务出访，一般不能在没有公务活动的国家过夜，除非当天没有返程的交通工具。丹麦近年来的贪腐案件也极少，而且数额都不大，如有人为了提前拿到驾驶证，给承办官员送了500克朗（约合600元人民币）。北欧反贪方面的法律一般实行的是属地管辖原则，即其适用范围不仅包括本国人，如果外国的公务员或企业雇员在本国行贿或受贿，刑法等法律对他也同样适用。

第二节　公开透明的北欧政务系统

在北欧的廉政建设中，作用最大的一项工作就是其“廉政体系”（integrity system）的建立。北欧五国都建立了自己的廉政体系。该“廉政体系”的核心是建立透明公开的政务系统，让国家权力的运行和官员的所有行为都暴露和展示在公众的面前，接受公众舆论的批评和监督。在媒体时代、数据时代，公众意识的觉醒使这种监督和批评成为可能。而民主政治体制的成熟化和政治竞争对手的存在，也使这种本来不具有强制执行力的监督和批评变得非常有力，因为任何一个执政党都知道，太多的民众批评所引发的政治不信任，甚至对这种批评的置若罔闻，都会导致这个政党执政失败，从而退出政治舞台。面对公众的眼睛，政府人员无不如履薄冰。因此，将自己的一言一行暴露在阳光下，在公众的视野中行使权力既是一种极大的政治勇气，也是一种极强的政治自信，更是一种敢于担当的政治态度。

北欧这种政务系统的公开透明主要是通过公众信息获取制度的普遍建立而实现的。北欧各国政府需要公开的信息特别广泛，如包括政府预算在内的财政信息都需要公开，以便任何公民都有可能监督政府花钱。同时，北欧这几个国家大多还针对公务员制定了相关的“行为准则”，在规范公务员行为的同时，补充和进一步落实信息公开制度。例如，丹麦的公务员行为准则要求所有一定级别的公务员，如部长，每月就其公务消费和接受礼品或宴请款待等情况进行公布，而瑞典的公民则有权随时申请查阅有关官员的消费和支出清单。目前，北欧各国都通过不同的立法确立公众对行政行为等信息的获取权，并且随着时代的进步，北欧各国也与时俱进，不断修改相关信息公开的立法。

一、冰岛的信息公开制度

（一）信息公开的目的

冰岛于2012年颁布了新的《信息法》（*Act of Information*），自2013年1月1日起生效。该法第1条就开宗明义地指出："本法的宗旨是保证政府行政和处理公共利益的透明度，特别是为了加强以下几点：1. 获取信息和言论自由的权利；2. 让公民参与到民主社会中；3. 媒体和公众对政府机构的制约；4. 媒体对公共事务的信息交流；5. 公众对政府管理的信心。"这部法律适用于所有的政府活动，甚至适用于公有份额占51%以上的企业法人的所有活动。

（二）信息公开的范围及限制

当然，冰岛的《信息法》也有一些不适用的范围。例如：（1）不适用于根据《证券交易法》已申请或获得上市股票的企业法人及其子公司。（2）不适用于财产登记、执法程序、财产扣留、扣押、禁令、强制出售、暂停支付、财产清算以及其他行政案件，也不适用于刑事案件的调查和诉讼。（3）本法不包括《行政程序法》规定的信息获取情况，也不包括任何属于国际协定中冰岛需要保密的信息。（4）材料公共获取权还不包括内阁会议记录、部长级会议备忘录以及此类会议的准备材料；由地方政府及其组织或机构共同准备的材料、制定的提议或有关机构或个人与政府就地方金融问题协商的材料；诉讼程序或调查中是否要进行诉讼所用的与专家来往的信函；与人事相关的材料。除了上述列明的排除适用的范围，一般保密法律条款是不应限制材料的获取的。该法同时还出于对公共利益的考虑，对获取包含以下信息的材料的信息权，因关系到重要公共利益而进行了限制：（1）国家安全和国防问题；（2）与其他国家或国际组织的关系；（3）重要的国家经济利益；（4）国有企业或市有机构或公司在此范围内正与其他机构竞争；（5）公共计划安排或检查，如果这些安排或检查公布后会失去意义或达不到预期效果；（6）类似稀有矿物、化石、岩层、稀有生物栖息地等环境问题，如果材料泄露可能严重影响相关方面的环境保护。

此外，尽管政府工作人员的工作申请、职业发展和雇用关系方面的人事材料一般是不公开的，但是这只是一个一般性规定，当这些材料不符合上述对于信息权获取的限制性规定时，仍然需要公开有关公务员的以下信息：专业职称；雇员姓名和职责；除高级管理人员以外，雇员的固定薪酬；高级管理人员的薪酬；在高级管理人员的雇用协议或其他材料里有关高级管理人员的学历、工作重点以及要求他们取得的成果。再有，处罚不超过4年的，须提供高级管理人员同意的员工工作处罚信息，包括开除、警告的处罚，即使这些信息不在某一具体问题的材料中，公众也有权从相关雇主方获取。当然，除相关人士同意，公众禁止获取任何有关私人事务或财务的合理受保密材料。该限制还包括企业或其他法人组织的任何有关重要财务或商业利益的材料。

如果得到相关部门的授权，公众的信息获取权的范围可能更大，有可能突破上述限制的规范，而且一旦得到授权，将不受任何其他法律的限制，特别是隐私保护的立法条款的限制。而即使是上述受到信息披露限制的信息，也不是绝对不能被公众获得的，比如对于内阁会议记录、部长级会议备忘录以及此类会议的准备材料，相对于诉讼材料或人事材料而言，材料生效8年之后公众可以获得。而对于公共计划安排或检查的资料，在相关安排或检查完全完毕后可被公众获取。对于类似稀有矿物、化石、岩层、稀有生物栖息地等环境问题的信息和材料，如果没有任何理由认为该信息的交流会给环境带来负面影响，且材料历史超过30

年，公众可以查询。另外，如果获取这些被限制公开的信息是为了研究，在不侵犯公共和私人利益的情况下，提出合理书面申请的，有关部门可以以书面形式批准这种申请，准许其获取该信息资料。但即使是出于研究目的而被获准接触这些信息，政府仍然可以根据获取的信息的本质，并基于获取材料使用的潜在目的而设定一些条件，进一步限制这种信息获取，例如，(1) 有关私人问题的信息，包括财务问题不得进行交流；(2) 不得与特殊文件中提到的个人及其血亲、姻亲联系；(3) 特殊文件不得完整地公布；(4) 特殊文件不得复印；(5) 准许获取的信息公布在研究结论中时不得被识别出来。特殊情况下，还可以设置其他条件。获得材料的当事人不能公布、转交信息，也不能以政府允许以外的形式使用该信息。否则，获得材料的当事人应接受罚款或最长 3 年的监禁，同时会被判处对信息相关当事人造成的伤害和经济损失进行赔偿。

如果一个政府机构的材料包括敏感个人信息，如《隐私法》（*The Act on the Protection of Privacy*）中定义的有关个人数据处理的信息，或者交流该材料有特殊风险，可能会侵犯相关主体的权利和自由，政府应在泄露信息前获得信息保护专局的同意。信息保护专局应针对申请批准确立更明细的条规，一旦确立了有关此类信息流通的通用规则和安全标准，便可决定撤销获准申请。

（三）政府主动提供信息的义务

冰岛《信息法》第 13 条明确规定了政府主动向公众提供信息的义务。政府应定期向公众提供政府活动信息，如通过公布电子报告、总结重大项目或发布其他类型的材料。政府还应系统地提供电子版的案件卷宗、材料清单及材料本身。数据库和数据文件也应如此。在处理时应谨慎，以免侵犯个人或公共利益。

政府各部部长应向议会（Althingi）提交定期报告，包括在有关扩大公共信息公开工作上获取的成果，还应在制定 5 年信息政策中采取主动，准备好与公众、冰岛记者联盟、当地政府组织、公共档案馆、大学及科学社区的档案管理员进行商议。这么做的一个目的是满足民主社会对成熟、可靠信息的需求。此外，各部的部长应提供有关信息的具体细节，包括政府完成特殊目标的阶段和时限，还包括信息公布的方式及地点，以及政府为了确保材料被公众顺利获知所采取的手段和措施，以便尽可能地确保公众有权平等获取已发布的信息。而且，政府的出版物应该符合相关标准。政府各部部长还应制定规则来尽可能地确保信息发布平等，如惠及残疾人。

（四）各方主动获取政务信息的方法

冰岛的法律规定，冰岛的每个公民都有权获取相关政务信息，而且当其提出这种要求时必须得到满足，但是需符合法律对信息权限制的规定，也即那些不能被获取的信息是例外。比如，如果材料还包含其他个人的私人事务信息，鉴于要对该信息保密的利益大于获取信息的利益，允许限制获取这些信息；病患访问医疗记录应遵循《健康记录法》（*The Health Records Act*）的规定等。

如果公众主动要求获取相关信息，其流程如下：当事人请求获取材料须详细说明请求，或能够说明该请求与事件相关的内容，当事人可能会被要求在官方为其提供的表格中阐述该请求。依据对有关信息性质的明确法律规定，有关机构如果认为不可能详细说明具体材料和事件，当事人的请求可能将不会被接受。然而，在拒绝请求前，相关机构须向当事人提供指导和更加准确地说明请求的机会。基于此情况，为了使当事人能够获取阐述相关事件的材料，政府需要向当事人提供事件说明明细。在特殊情况下，如满足以下情况，有关当局可能会拒绝该获取信息的请求：（1）处理该请求需要大量的时间或精力，由于此原因认为完成这些工作是不可能的；（2）有明显迹象表明提交的请求是出于非法目的。

若材料已经转交到国家档案局或其他公共档案部门，相关档案部门有权根据材料历史年限，根据材料获取的限制性规定，决定是否提供材料的影印件或复制品。

在政府当局审批信息获取申请的流程速度方面，法律也做出了明确规定：是否同意材料获取请求应尽快作出决定。请求答复不应超过 7 天，否则须通知申请人延迟决定的原因和预计决定时间。然而，处理第 33 条中的请求期限为 20 天。在决定获取有关私人利益、政府或个人处理请求的材料前，要求信息相关人员解释清楚是否认为该信息需要保密，并须在 7 天内答复此申请。

获取材料应尽可能以保持原材料语种的形式，除非该材料已经对公众开放。在仅有电子材料的情况下，当事人可选择接收电子版或打印版。若文件数量过大，可要求申请人负责影印材料。如果转交材料的人无设备打印文件，也由申请人负责打印。在此类案件中，申请人应支付需要的打印费用。同时申请人还应支付除文件外，依情况需要复印的费用。根据政府的收费项目清单，有关机构负责人应根据《信息法》决定哪些影印件和转交材料的复印件是必须支付费用的，以保证收支平衡，支出包括材料的成本、设备及工作人员的费用。如果复印或打印费用预计超出 10,000 冰岛克朗（约 546 元人民币），申请人须提前支付该费用。

（五）信息委员会

在冰岛，信息委员会（The Information Committee）的一个重要职责就是处理要求获取政府政务信息的民众和有关当局之间的纠纷。如果民众获取材料的申请遭到有关部门的拒绝，可以上报信息委员会，由该委员会解决争议。同样，政府转交规定格式的材料的请求也由信息委员会裁定。委员会应独立工作，其裁决不必提交其他政府机构。信息委员会由 3 名信息委员会委员以及 3 名替补成员组成，任期 4 年。无论是委员，还是他们的替补委员，都应满足地方法院法官的职业资格。

信息委员会有权在需要时向专家咨询建议或请求帮助。同时，信息委员会委员应对材料的任何信息保密，同样，协助该委员会的相关人士也应对信息保密。

案件在申请材料获取当事人收到答复决定 30 日内，应以纸质版形式将争议提交给信息委员会。在案件最终解决前，信息委员会给被申诉法人简短的时间来发表对案件的意见。该法人有义务向信息委员会提供与案件有关的材料复印件。在申请材料复印件的信函中，信息委员会要求对秘密转交的任何材料进行特别鉴定。如果信息委员会委员没有对案件达成一致意见，多数人的意见将决定其结果。各方人数相等时，由委员会主席投票决定。

信息委员会应尽快向申请获取材料的当事人和被申诉的法人宣布裁决。一般而言，信息委员会做出的这种裁决具有强制执行的效力。在信息委员会已指定一个政府机构或其他法人提供材料的情况下，信息委员会在相关法人的要求下，如认为有特殊原因，可延迟裁决的法律效力。延迟法律效力的申请须在裁决宣布后 7 天内向信息委员会提交。裁决法律效力的任何延期应保证：在裁决宣布后 7 天内，案件与信息委员会的优先处理申请一同提交给法院。如果申请优先处理被法院拒绝，诉讼程序应在拒绝后 7 天内开始。

信息委员会的裁决或相关总结，应至少每年公布一次。在开放的网站上公布裁决可以视为合适的公布方式。

二、丹麦的政务信息公开查阅制度

丹麦的政务信息公开查阅制度主要是由《丹麦获得公共行政文件法》（*The Danish Access to Public Administrative Documents Act*）确立下来的。该法于 1985 年 12 月由议会颁布，于 1987 年 1 月 1 日生效实施。可见丹麦在政务信息公开方面的意识早已得到确立。由于北欧各国对信息公开制度的规定有很多相似之处，因此为了避免重复，在冰岛有关制度介绍的基础上，对于其他北欧国家，本章仅做特色性规定的介绍。

根据这种政务信息公开查阅制度，除了例外情况，任何人都可以要求查看行政机关在其活动过程中收到的或发布的文件，包括记录在政府部门文件中的个人信息情况。除非保密规则规定等，行政机关可以允许广泛的文件访问权限。总之，获得行政文件的权利适用于所有涉及相关政务问题的文件，包括由有关机关向相关人员发出的信件的复印副本、登记簿以及其他与问题有关的文件的目录。此外，有关的部长可规定公众有权访问存储在电子数据库等的信息，并规定相应的获取费用。

（一）获得行政文件的权利的例外情况

首先，访问文件的权利不适用于机关的内部工作文件。内部工作文件包括：（1）任何为机关自用准备的文件；（2）同一机关不同部门的通信文件；（3）地方议会及其各委员会，各部门和其他机构的通信文件，或这些机构之间的通信文件。但对于这些例外，也有例外规定。在下列情况下，也可以获得机关内部工作文件的最终报告：（1）该文档仅包含机关关于某一案件处理结果的最终决定；（2）文件仅包含要求机关负有记录责任的信息；（3）由机关起草的，可以为案件事实提供证据或澄清事实的内部文件；（4）包含对某些类型案件审议的一般准则的文件；（5）任何人对于其医院的病例记录，都有权查阅。

其次，获得行政文件的权利还不适用于：（1）国务院会议记录、部长会议记录和政府机关为诸如此类会议准备的文件；（2）部委之间关于立法方面的（包括财政拨款法案方面）的通信文件；（3）起草的内容为欧洲共同体的决定或对其规则的解释或符合其规则的承诺的提案有关的文件；（4）与另一机关秘书处相关的信息交换的文件；（5）政府机关和外部专家通信，以供法院诉讼或可能的法律诉讼审议使用的文件；（6）为公共数据或科研提供基础而收集的材料。

但是，如果上述被限制访问的信息资料包含的事实性信息对于某一个正在审理的案件是至关重要的，那么这种限制将被打破，该信息应当被披露。然而，这种披露也是有限制的，比如在与司法部部长协商之后，对于与行政活动的实际履行相关的特定集团诉讼案件，可以不遵守这种披露义务。

再次，第三类获得行政文件的权利不适用的信息材料包括：（1）关于个人的私人信息或财务状况的信息，但如果这种信息只是有关文件资料的一部分，那么相关人士可以要求查阅该文件资料的其他部分；（2）有关技术设备或工艺过程的信息，以及有关业务或运作程序及政策之类的信息。在某种程度上，这类信息对相关人或企业的经济利益很重要，因此获得该信息的请求应该被拒绝。

最后，第四类对获取行政文件的权利的限制是出于国家安全等方面的考虑。出于保护以下情况的考虑，对文档访问的权利可以被限制：（1）国家安全和领土防御；（2）丹麦外交政策和丹麦的外部经济利益，包括与外国势力和国际机构的关系；（3）预防和调查任何违法行为，起诉罪犯，刑罚执行和保护被告人、证人和其他刑事或纪律检控；（4）根据税法，开展公众监督、监管和规划活动以及措施；（5）保护公共财政利益，包括与公共商业活动相关的利益；（6）保护私人利益和公共利益，这是指由于案件的特殊性质，保密是必要的。同样，如果这些考虑只涉及相关文件的一部分，那么对于其他部分，应当允许公众获取。此外，尽管行政机关有义务披露信息，但这种披露应受法律规定的保密义务特殊条款的限制，以及受雇为公职人员或民选公职人员遵守的法律的限制。但《丹麦刑法典》、《丹麦公共事业管理法》（*Danish Public Administration Act*）及相关的公务员立法中规定的一般保密义务在这里并不适用。

（二）获取政务文件的程序

对于某一访问政务文件的请求需要由某特定行政机关做出是否准许该请求时，该机构应当不迟延地做出决定。在其他情况下，是否要准予访问文件的请求，应当由持有文件的行政机关决定。对不予访问文件的决定可以提出复核请求，复核可提交到被指定为复核机构的机关，让其做出准予或不予访问的决定，或对该文件相关的案件做一般处理。有关部长可以制定与这些规定相符的统一规则。

总的来说，有关行政机关应尽快决定是否给予访问，以及访问文件的方式是当场访问还是给访问人邮寄文件副本。如果有关行政机关在收到请求的10天内做出了不予批准或者拒绝的回应，该机关应告知申请人理由。

三、芬兰在透明政府方面的努力

芬兰是世界上最廉洁的国家之一，这与其在政府工作上公开透明的努力是分不开的。在立法方面，芬兰于1999年就制定并颁行了《政府行为公开法》（*Act on the Openness of Government Activities*），并顺应时代的变化于2002年对该法进行了大幅度修改。根据该法的规定，芬兰要求公开的政府信息范围广泛，强制力度极大。而就在《政府行为公开法》颁布后不久，为了配合该法的实施，芬兰司法部又于2000年颁行了《选举筹资信息公开法》（*The Act on the Disclosure of Election Financing*），旨在促使选举筹措资金的相关信息公开透明。①

在芬兰，政府的一切都要公开，每年公民和团体的收入和财产都需要在纳税表上进行申报，并予以公布，任何人都可以进行查询监督。由于这种公开和透明，政府官员贪腐的可能性非常小，每年法院受理的行贿受贿案件不足10起，而且没有大案、要案。

举例来说，在芬兰，政府基本上不购置公车，而且对于购置的公车的管理也非常公开透明。芬兰能够享受公车专用待遇的只有4个人，分别是总理、外交部部长、内务部部长及国防部部长；芬兰对专车使用目的的限制也非常严格，即只能在执行公务时使用。如果这4个人想在执行公务之外使用公车，比如上下班接送（上下班不视为执行公务），将被视同增加了个人收入，需要按照税务规定纳税。其他部长或国会议员

① 对于这两部法律的介绍，详见后面章节中芬兰部分的内容。

在执行公务时，由秘书或助理申请用车。政府部门定期如实公布公车使用情况，如有违规决不姑息。前国家警察局局长马库·萨米森自2005年起违规利用公车上下班，2008年被媒体曝光后便失去了局长职位。①

总之，芬兰的政府决策都是公开透明的，获取政府的政务文件和相关信息是公民不可侵犯的法定权利，芬兰的电子政务系统近年来发展非常迅速，公民可以在政府的各个门户网站上便捷下载有关各部门财政和绩效评估的报告。连续多年来，芬兰在全球廉洁排行榜上都名列前茅。

四、挪威政务信息公开的努力与成绩

自2009年1月1日起，挪威政府正式开始实施开放格式文档计划。开放格式又称透明方式编码（OASIS标准文件，即Open Document Format for Office Applications，以下简称ODF）。它是一种适合办公应用的XML的文件格式规范，适用于文本文档、电子表格、演示文档和图形文档等。而原来与其相对应的封闭文档（又称为私有文档）在数据描述模式上不透明，而且其不支持公开阅读。制定ODF标准是为了打破由办公软件和文档之间的不兼容导致的用户不易获取资料的壁垒。挪威政府开展的这一计划共包含了3种格式：一是用于网页信息的HTML；二是针对需要长久保存的文件的PDF格式；三是ODF——针对可以提供编辑的文件。在这个计划实施之后，挪威政府和各个地区政府机构仍然可以发布和保存以前使用的各种格式的文件，但必须同时发布相应的开放格式的文件，以更方便公众查询。但在2014年之后，所有文档就只能用这3种格式中的一种发布了。这一举措的最终宗旨就是推进挪威的政务公开体系，确保每一个公民都能充分实现查看政务文件的权利。在这个过程中，政府应当承担起扫除公民获取政务信息的障碍的义务。

与其他国家不同的是，挪威没有专门针对官员的财产公布制度，原

① 该案例选自"2013年芬兰反腐败机制和监督体制培训班学习培训总结"，广州纪检监察网，http://www.duwenxue.com/html/1590/1590936.html，最后访问日期2015年1月29日。

因是不需要，因为这其实是针对所有公民的一项具有普遍适用性的制度。财产公开的精神已经渗透到了国民的骨髓，所以尽管没有一个总体的财产公开的系统，但在各个子制度中，这种财产公开的做法已经很成熟了。与其他北欧国家一样，挪威是高福利、高税收国家。个人和企业纳重税是为了在自己失业或者遇到老弱病残孕等情况时能够得到高福利。因此，如何确保这些税收能够取之于民、用之于民就是政府面临的最大的问题。而在这个过程中，政府信息，包括纳税信息的透明化是保障纳税人信心，能够使其心甘情愿地、信任性地纳税的最重要的因素。近年来，挪威政府的财政收入中四分之一来自税收，而“一般而言，挪威人每月工资总额的至少36%要用于缴纳个人所得税和社保金；高收入者的个税税率可达47.8%。在挪威买东西，购物发票上会清楚标明所支付的增值税，一般消费品的增值税为25%”[①]。每年，每个公民的收入和纳税情况都会在税务局的网站上予以公布，所有公民都可以在特定的时间段内进行查询。可以查询的内容包括：纳税额度，需要纳税的财产总额，所拥有的房产和其他财产信息。这种查询可以在线上进行，也可以在税务局的线下数据库查询，还可以前往税务局设置在各地的办公室进行资料查阅。而对于企业的纳税和收入状况，也可以通过类似途径查询。实际上，很多挪威人承认，自己曾经查阅过自己家庭或者别人家庭，尤其是富豪的财产信息。有时候是因为好奇，有时候是为了了解自己是否符合购置不动产的标准。但由于社会公平制度的建立和社会保障制度的完善，这种查询并不会给其带来很大的不平衡心理或者仇富心理。在这种透明的税务制度下，官员的收入和财产也无所遁形了。被中国人熟知的一个故事是：捕鱼队员出身的挪威人洛克，白手起家成立海产公司，后来成立知名的投资公司。他花140万美元买了一个小岛，并且计划在小岛上盖一幢豪华别墅。由于存在财产公开制度，洛克的购买行为很快就被公众得知。加上他傲慢地宣传自己的购买行为炫富，很快招致公

---

① 李国荣：“挪威：公民依法纳税是一种文化”，网易财经，http://money.163.com/14/1210/13/AD3VC9KK00253B0H.html，最后访问日期2015年1月30日。

众批评责骂，最终他被迫卖掉小岛，收敛心性，低调处事。[①]

税务部门不仅积极收集个人财产信息资料并予以公布，而且对企业的财务信息也不放松。2012 年年底，中国海洋石油总公司就因其收购挪威 COSL Drilling Europe AS 公司前没有对其税款进行清缴而遭遇 7.8 亿挪威克朗额外税项及罚款，并缴纳额外税额的利息。[②]

其实，不仅是税收信息，在挪威，所有的政务信息都是必须公开的。例如，环保部门要发布所有有关环保的信息，而且随着公众环保意识的增强，及对环保信息关注点的不断变化，如人们通常对灾难性和突发性事件更感兴趣，如酸雨问题、切尔诺贝利核泄漏问题等，环保部门不仅要公布这些相关信息，还需要组织专家就公众关心的问题进行数据等专业解释，与公众进行充分沟通。

可以看出，挪威的信息公开化已经不仅是一种散见于各个系统的制度了，而更是一种文化和信仰。[③] 而且，为了促进信息公开化，挪威的记录存档制度不断地发展和完善，公共和私人部门的个人交易和决定都需要加以记录和存档，以便公众查询。政府部门鼓励包括税收和财政在内的政务信息公开，促进全民对政府的监督。而且，政府对这些信息并不垄断，实际上允许他人随意整理转载。挪威有很多网站整理个人财产信息，并进行排名和分析。尽管外界有人质疑这种大规模的个人信息的公开可能会侵犯隐私权，但这种制度在防治腐败上的功能是毋庸置疑的，因此两害相较取其轻，信息公开制度还是得到了挪威绝大多数人的赞同。其实，世界各国都已经认可，隐私权在很多情况下是必须让渡

① http://money.163.com/13/0325/05/8QPP3ENM00253B0H.html，最后访问日期 2015 年 1 月 30 日。

② http://money.163.com/13/0325/05/8QPP3ENM00253B0H.html，最后访问日期 2015 年 1 月 30 日。

③ 例如，在挪威大大小小 400 多个城市，市里一切重大事项如预算和决算等的决策权，属于通过选举产生的市政理事会，以市长为首的市政厅只有执行市政理事会决策的权力，并向市政理事会报告执行情况。此外，市里的公共工程和政府采购有一套专门的透明机制，市长根本不可能插手。参见“中国反腐能从世界借鉴什么”，来源于新华网，凤凰网资讯转载，http://news.ifeng.com/a/20141211/42696682_0.shtml，最后访问日期 2015 年 3 月 6 日。

的。比如，如果一个人选择作为明星或者其他公众人物，这种隐私权就要克减。而且，在一个法治完善、社会基本正义和公平得到彰显的国家，信息公开带来的副作用是很小的，因为关键不是在于个人知道了他人的信息，而是在于知道这些信息之后，自己能够冷静地做出判断，而且也能知道自己在税收或其他政府行为的过程中是否遭遇了不公正的待遇。公正在消弭妒忌上的能力是巨大的，而挪威人民也笃信这一点。

五、瑞典的信息公开制度

瑞典在官方文件必须公开的立法规范方面走在了世界的前列，瑞典是世界上最早同时建立新闻出版自由和信息公开制度的国家。早在 1766 年瑞典就颁布了法令，该法令规定所有涉及政府部门的文件、信息以及相关记录，都必须公开，任由民众查询。这个规定经由之后的立法修改被保留了下来。据说，这个规定曾闹出国际笑话。2003 年，瑞典公投否决加入欧元区，时任法国总统希拉克写信给当时的瑞典总理佩尔逊，批评反对欧元的人“冥顽不灵”，其后瑞典报纸大肆报道这封信的内容。于是希拉克又写了第二封信，埋怨佩尔逊不该泄露他的信件，但这封信很快又出现在瑞典的报纸上。[①] 这个例子足以说明，瑞典的信息公开化已经做到了极致。

公民的信息权在《瑞典宪法》中得到了认可和广泛的保护。作为创制瑞典宪法的四个基础性文件之一的《政府文件》在第 2 章第 1 条就明确规定：“在涉及公共机构时，每位公民均享有以下权利和自由：……（2）信息自由，指索取并接收信息或者以别种方式了解他人意见的自由。”与其他国家情况不同的是，瑞典的《信息自由法》作为一个整体构成了其宪法的一部分。创制《瑞典宪法》的四个文件统名为《关于官方文献的公共性质》，《新闻自由法案》也是其中之一，该法案的第 2 章

① “北欧反腐机构成冷衙门　多年未现轰动腐败案”，http://ido.3mt.com.cn/Article/201308/show3175529c32p1.html，最后访问日期 2015 年 1 月 29 日。

事实上就是瑞典的《信息自由法》。

瑞典在信息权制度的建立上走在世界的最前列，其是第一个以立法形式将个人获取政务信息权确立下来的国家。早在 1766 年，其《新闻自由法案》中就有关于信息权的规定。1980 年，瑞典又制定了《保密法》，该法于 1981 年正式实施，规定了哪些信息是可以不予公开的，由此对信息权进行了补充。[①] 此外，《个人资料法》也是瑞典信息权保障的一个部分。

（一）公民的信息获取权

瑞典的《信息自由法》第 2 章第 1 条规定："为了促进观点的自由交流及启迪公众，每个瑞典国民都应能自由获取官方文件。"这句话言简意赅地阐明了信息公开的立法目的。该法虽然规定获取政务信息的主体是瑞典国民，实际上，本法的第 14 章第 5 条第 2 款又同时指出，除非另有规定，外国公民与瑞典公民享受平等待遇。所以这种信息获取权是惠及外国人的。

根据该章节的规定，官方文件的范围很广，凡是由公共机构掌握的，被政府接受、加工或者制定的文件都是官方文件。如果一份记录可以供某公共机构用来制作副本，该机构就"持有"了那份记录。这实际上可以包括机构持有的一切被记录的信息。对于"公共机构"的界定是，"被授予决定权的议会或任何地方政府大会都应等同于公共机构"。由于这个界定过于简单，因此瑞典司法部部长补充认为："中央或地方政府内的各种实体，如政府、中央公共机关、商业性的公共机构、法院和市政委员会等都属于公共机构。但公司、协会和基金会即便直属于国家或市政府或受其全权管辖，也不算在公共机构之列"。这一规定是有

---

① 瑞典《保密法》的立法与其他北欧国家不同。瑞典是将不能公开的政务信息统一制定在其《保密法》当中，而其他国家的是散见在各种信息立法中的。当然，开放的文化使所有北欧国家都面临一定的挑战，瑞典《保密法》自制定之日起，历经多次修改，旨在扩大保密信息的范围。挑战也来自与欧盟的冲突，因为欧盟有时基于最小公约数原则，设法限制瑞典开放相关信息。

明显缺陷的，因为其将国有公司和国家控股公司排除在外了。不过《保密法》却将经由公共授权的公司也列入了管辖范围，这些公司也要承担信息公开的义务。对公共机构“接受”文件的界定则包括两种情况：第一，文件送达该机构或负责人手中；第二，包含官方信息的文件被送至政府官员的私人地址。以封缄信封投送的竞赛作品和投标项目书在规定的启封时间到达之后才视为收到。但是，如果相关文件仅仅经过了公共部门的技术处理，不应视为该部门收到了该文件。[①] 而对于“制定”的解释则是，如果公共机构已将文件发送或形成定稿，那么该文件就已被“制定”。文件在被送出机构之外时，就被视为已发送；而对“定稿”的界定是，文件所涉及的问题“已经由相关机关得到了最终确定”“最终审核并批准”或者“以其他方式定稿”。不过，该法规不意味着所有定稿的文件都在公开的范围之内，如分类账、讨论中的中心议题列表或某些法院裁决书等都属于免予公开的信息。“定稿”披露原则的例外还涉及已被审核和批准的记录或备忘录，但其中不包括“议会事务委员会、议会审计署、地方政府审计部门、政府委员会或地方政府仅为了议论某事等”所做的记录或备忘录。

对于那些在有关人员要求信息公开时仍然未处理完毕的事项而言，这些事项在被确定之后，大多数该事项所涉及的文件还是要公开的。

需要说明的是，备忘录是指辅助的备忘信息或者其他为准备某案件或事务所做的记录。初拟大纲或草稿与此类似，如果该备忘录不准备归档的话也不属于官方信息。在很多国家信息权法中都可以找到类似的规定——内部工作文件免予公开。此外，通过技术手段为其他机构保管的文件也不属于保管机关的官方信息（《保密法》第 9 条、第 10 条）。

《信息自由法》所规定的文件的形式也非常宽泛，任何“可以被读、听或只有借助技术辅助手段才能被理解的记录”都属于《信息自由法》

① 这一点主要适用于电子文件。

中的文件。

（二）对信息获取权的限制

不属于需要公开的官方信息的文件包括：（1）公共机构仅为交流而提供或拟写的信件、电报等；[①]（2）仅为在公共机构内部刊物上发表之用的文献；（3）图书馆馆藏的或者某公共机构为留存或研究之用而收藏的文献及与之有关的记录。

此外，《信息自由法》还规定，与下列7种利益相关的信息，不予公开：（1）国家安全，或与别国或国际组织间的关系；（2）中央财政政策、货币政策或外汇政策；（3）视察、控制或其他监管职能；（4）为了预防或起诉犯罪；（5）公共经济利益；（6）对个人操守和经济隐私的保护；（7）保护动植物物种。其实，这些规定与其他北欧国家基本一致。《保密法》也做出了类似的规定。《保密法》规定了相关文件登记造册的制度，即凡是经由登记造册的文件，一般是需要公开的，但这也有例外：（1）剪报等明显不重要的文件；（2）没有密级而且易于确定公共机构是否收到或者已制定的文件；（3）由于大量可见而免予公开的文件；（4）中央登记保管的电子版记录。这四类文件不需要登记造册。

《信息自由法》和《保密法》也同时规定了一些情况下这些不公开信息公开的例外，比如用于研究，或者做出不发表的保留申明。此外，如果相关当事人放弃了隐私权，也可以公开。再有，在得到政府授权的情况下，也可以突破这些不公开的规定。

对于违反保密义务的行为，包括故意或者过失公布涉密文件，或者违规处置信息或信息获取申请，法院可以做出制裁。而且，一般这种违反信息保密原则的行为都被认定为犯罪。

针对与个人及企业的隐私和利益等有关的文件，《保密法》规定了保密期，比如限定文件的保密期为2至70年；对隐私和私人利益的保

---

① 邮政或电报部门等公共机关为执行公务而发送的信件、电报或其他信息本来也是包含在内的，但是现在在很大程度上，这些工作已经被私有化了，所以这个规定在实施中基本是无用的。

密期为 50 至 70 年；对公共或私营商业利益的保密期通常限定为 20 年。

（三）信息获取的程序

《信息自由法》没有规定相关政府机构对信息的主动公开义务，这不能不说是一个缺陷。[①] 一般而言，公众要想获取政务信息，需要提交申请，申请向掌握信息和资料的部门提出，并由该机构进行批复。但“凡因特殊原因”须经《保密法》规定或特别授权的，该申请要求可由其他机构处理。一般而言，申请是不需要说明理由的，除非涉及保密信息或通常不予公开的信息。

根据《信息自由法》，相关机构没有协助申请人的义务，但是在行政程序立法中，这一义务得到了确认。因此，在实践中，申请人提出查阅信息的申请之后，相关部门必须予以配合。

但是，对于处理申请的期限，法律并没有做出清晰的界定，只是模糊地说“在第一时间尽快处理”。如果得到批准，申请人可以查阅有关资料，查阅文件是免费的，但是如果复印，超过 9 页的部分需要按照国家规定付费。如果申请被驳回或者部分被驳回，相关政府机构必须给予申请人明确的理由说明。

在查阅信息的请求遭到拒绝之后，个人可以提起诉讼，一般这方面的诉讼都属于行政诉讼。对议会机构所做决定提起的诉讼将依据特别规定（《保密法》第 15 条）。

瑞典并没有以法律形式规定政府信息公开的义务，但是政务公开的理念已经深入人心，实践中各个部门也有很多内部规定以约束这种信息公开的义务。因此，以立法形式来促进信息公开反而显得不那么重要了。

---

① 但是，大多数瑞典公共机构，都主动通过网络发布了机构的相关信息，以免遭到诟病。而且，对于所有通过的法律，包括政府通过的和经由政府授权的国家机构通过的，都必须公布。

第三节　北欧的监察专员制度

监察专员制度（Ombudsman）是北欧廉政体制建设中一个特色制度，而且是一个同时为北欧五国都采用的制度。在研究北欧国家的反腐和廉政制度的过程中，这绝对是一个不能绕过的重点。在介绍北欧廉政总况的章节，笔者将对监察专员制度先进行一个整体的概括性介绍，然后在每个国家的分论中再详细介绍这一制度。

一、"监察专员"一词的词源考察

"Ombudsman"这个词的原意是指代表和代理公民的人。正是基于这个意思，监察专员职位的设置就是为了专门负责人民对各个部门官员的控告，包括对相应控告展开调查。实际上，如果进行类比的话，这个制度与我国的人大监督、信访、督察、监察、巡视等很多制度均有联系，也正因为如此，国内对"Ombudsman"的中文翻译也五花八门，大致有"议会监察专员""监察专员""申诉专员""纪律检察官"等。[①] 但笔者认为，将这个职位与议会挂钩不太合适。因为在北欧有些国家，这个职位尽管是在议会之下建立的，但是却与议会保持相当的独立性；此外，在芬兰、冰岛等国，监察专员根据其负责的领域的不同，分成了很多类，如海关监察专员、银行监察专员、少数民族事项监察专员和儿童事项监察专员等，而专门的议会监察专员只不过是监察专员中的一种。因此，笔者认为，"议会监察专员"的译法不够准确。另外，笔者认为"纪律检察官"的译法也有欠妥之处，因为这个职位在有些国家并不承担检察官最重要的职能——提起公诉并支持诉讼。相比而言，

---

① 胡杨：《北欧的 Ombudsman 制度与反腐败》，载《中国纪检监察报》2009 年 10 月 29 日，第 004 版。

“申诉专员”和“监察专员”的译法比较准确。译为“申诉专员”侧重体现了这个制度对民众申诉的受理功能，但不足之处在于：首先，在汉语的语境中，申诉事项一般都是与申诉人有利害关系的事项，而北欧的“Ombudsman”受理的案件其实不一定与申诉控告人有利害关系，可能仅仅表现为对一种违法事件的控告和揭露；其次，“Ombudsman”还可以不经其他人的申诉和控告，主动对其发现或有证据怀疑的公务部门及其工作人员的违法行为发起调查程序；最后，“Ombudsman”这个职位在北欧有些国家，比如丹麦，还可以监督立法。而“监察专员”的译法则侧重了这个职位的工作方式，其实“Ombudsman”这个职位的设置就是以监察的方式揭露并纠正公共事务的错误和不足的。因此，在本书中，笔者选择了“监察专员”的翻译方式。

二、监察专员制度的起源

监察专员制度最早起源于瑞典，后来由于北欧各国在政治法律制度上的紧密联系，这一制度逐渐被北欧其他国家所接受。第二次世界大战结束之后，很多欧洲、亚洲、非洲乃至美洲的国家都或多或少地受到了这个源自北欧的制度的影响，建立了类似的制度，只不过在使用的名称上不尽相同。比如，西班牙和一些拉丁美洲国家称之为保卫人民专员。可以说，监察专员制度对申诉受理、公共事务监督制度的发展，在近现代史上起到了相当重要的作用。其实，现代国家基本都已经建立了这样的制度，至2004年前后，世界各地已经大约有120个国家在全国范围内或者省一级范围内建立了监察专员机构。我国香港地区的廉政公署制度的建立也受到了北欧监察专员制度的影响。总之，监察专员现在已经成了一个世界性的名词。

（一）监察专员制度在北欧的确立

监察制度的起源相当早，可以追溯到两千多年前中国的御史制度，但现代监察制度则起源于北欧的瑞典。监察制度最初的产生是为了平衡国家立法机关和行政机关之间的权力。正如有的学者所指出的，“一七〇九年瑞典国王查尔斯十二世在俄国的波尔塔瓦战场被击败，逃往土耳其，多年亡命国外。一七一三年查尔斯十二世为了平定内乱，从土耳其发布了一道命令，要在瑞典设置一个以国王最高专员为首的官署，以便保证法律法令的实施，监督公务人员履行其对国家的义务，这个官署即今日依然存在的大法官”。[①] 在之后的几十年里，瑞典的议会实际上掌握了国家的行政大权，凡大法官的任命均须经过议会。这种状况一直持续到 1772 年瑞典国王古斯塔夫三世从议会手中夺回了行政大权，包括任命大法官的权力。但到了 1809 年，瑞典议会再次夺权——废除了暴君古斯塔夫四世（阿道夫）。就在这一年，瑞典议会通过了一部宪法，以宪法的形式完成并固定了王权和议会权力的划分。在这部宪法中，明确了以下内容：大法官的任命仍然由国王进行，但议会同时设置了一个新的职位：司法监察专员（Justice of Ombudsman）[②] ——议会从一些杰出的法律人才中选出一名德才兼备的人员，由议会任命为监察专员。此人仅对议会负责，代表议会对政府各个部门和政府官员行使监督权。可见，最初监察专员的产生目的并不具有那种纯粹的高尚性，其是王权和现代议会长期较量的一个结果。不过，一经产生，这个职位就在实践中发挥了监督行政恶行的作用。

这种监督权的行使主要是以受理投诉并展开相应调查的方式进行的。而当时，根据议会的授权，其受理的投诉形式其实并不限于针对政府机关及其职员的内容，还包括对广义司法系统的投诉。也即，监察专员的监督领域实际上是极为广泛的。通过对相关投诉和申诉的调查，监察专员工作的最终目的是发现并限制公共部门及公职人员的不合法或违

① 龚祥瑞：《议会司法专员制度——瑞典“翁巴其曼”（Ombudsman）制度的发展概况》，载《法学研究》1981 年第 3 期。

② 又称为公义监察专员，在瑞典语中是“Justitie Ombudsmannen”，简称 JO，英语中才是“Justice Ombudsman”。

规行为，达到政治和司法的清廉及公正。目前，瑞典的监察专员共 4 名，由议会两院投票选举产生，并由议会任命，均是法官或者律师出身，任职期间的待遇和最高法院的大法官的一样高。

瑞典的这种监察专员制度很快得到了其他北欧国家的重视和模仿。1917 年，芬兰从俄罗斯的统治下独立，旋即仿照瑞典建立了自己的监察专员制度。1946 年，丹麦也通过修宪的形式在丹麦国会之下建立了类似的制度——国会专门委员会，以监督政府；1953 年，丹麦又通过宪法修正案的形式正式确立了监察专员制度（丹麦语：Folketingets Ombudsmand）。1962 年，挪威正式确立监察专员制度。至此，北欧国家对这一制度的建制基本完成了。当然，冰岛对监察专员职位的建立比较晚，直到 1987 年，其才通过当年的第 13 号法令（The Decree of Law 13/1987）确定了这一制度，而且这一制度在冰岛得到普遍适用就是更晚的事情了。实际上，在最初的几年里，监察专员制度在冰岛的影响力并不大，直到 1997 年通过第 85 号法令（The Decree of Law 85/1997），制度才得到了冰岛地方层面的普遍接受。

（二）监察专员制度对世界各国的影响

对于行政权力的制约在监察专员制度的后期发展中逐步处于优先地位。即使在法治比较完善的国家，行政权力的扩张也是一个现实的危险。政府出于对公共事务的过分热衷或者其他人性弱点的驱使，总是会出现滥用职权，侵犯个体权利的行为，尤其是随着行政机构的扩张和膨胀，行政人员越来越多，其中大有庸才，甚至品行不端之人。如何控制他们的行为，监督他们，使其在法制的轨道中行事，成了现代国家面临的一个重要问题。在解决这个问题的路途中，各个国家建立了不同的制度。比如，英美普通法系国家普遍建立了司法审查制度，公民可以对违法的行政行为进行控告，由司法系统审查被控告的行政行为的合法性。但其缺陷也在于，司法系统审查的仅仅是这种合法性问题，对其合理性和适度性是在所不问的，而且司法权的行使也时刻保持被动和中立的态度，未经告诉是不能主动发动的。相应地，欧洲大陆法系国家出于对行政权的警惕，普遍建立了行政法院，而法国更是做得极端，直接建立了与普通法院系统完全平行的行政法院系统。行政法院在处理不端的行政行为时，审查的内容较英美法系的司法审查有所发展，其不仅审查具体行政行为的合法性，而且还要权衡相应的事实和政策。

由于司法的被动性，由司法系统牵制行政行为和审查行政政策合法性与合理性总是有些滞后，并且由于司法程序在很多国家具有冗长性，这种滞后性和效率的缺乏带来的救济不足日益凸显。而监察专员制度的出现宛如一剂新鲜的血液。其管辖范围普遍，审查机制灵活，审查手段多样，处理方式多元，优势明显。1955 年，斯蒂芬·赫维茨教授（Porfessor Setphan Hurwzit）当选为丹麦第一任司法监察专员。该教授用英文写作关于这一制度的报告，由此引起了英语国家的广泛兴趣。1959 年，应联合国的要求，斯蒂芬·赫维茨教授为锡兰坎迪（Kandy）开设专门课堂讲授司法监察专员制度，这一制度就这样传播开了。①

1962 年，新西兰在英语国家中率先建立了监察专员制度。其实，早在斯蒂芬·赫维茨教授对这一制度进行宣传之前，新西兰就已经广泛开展了如何控制行政权的讨论。1960 年恰逢新西兰大选，新西兰的国民党就将建立监察专员制度作为其竞选中宣传的一个项目。1962 年，新西兰国民党大选成功成为执政党后，立即正式建立了这一制度。该制度在运行的头几年就成绩斐然，充分证明监察专员制度在英美法系的土壤上也是适合的。

有了新西兰的示范样本，其他英美法系国家也纷纷效仿。1967 年，英国改良性地设置了类似制度，现在的英联邦也有包括财政监察专员（Financial Ombudsman）在内的多种监察专员形式。同年，加拿大开始试行这一制度，在两个省建立了司法监察专员。随后，澳大利亚和其他英联邦国家也逐步开始推行这一制度。欧洲大陆法系国家也不例外。

---

① 参见龚祥瑞：《议会司法专员制度——瑞典“翁巴其曼”（Ombudsman）制度的发展概况》，载《法学研究》1981 年第 3 期。

法国于1973年建立了监察专员制度，其他包括瑞士、奥地利、葡萄牙等国家在内的传统大陆法系国家也建立起了类似制度。

到了二十世纪七八十年代，亚洲各国也开始逐渐引入监察专员制度，直接建立监察专员公署或者根据该机构变形而来的类似机构。例如，我国香港地区1974年仿照监察专员制度建立了专门针对腐败行为的廉政公署，其又于1989年设立了专门接受和处理市民投诉的申诉专员公署，两个公署均直接对最高行政长官负责。

现在，即使是像美国这样对自己的制度建设极其骄傲和自信，在历史上“司法英雄”辈出而对自身的司法制度推崇备至的国家也建立了监察专员制度。自20世纪70年代起，美国就开展了监察专员项目（Ombudsman Program），甚至在1978年，美国就通过相关立法规定，每个州都必须至少设立一个监察专员职位，并于1987年赋予了监察专员广泛的信息获取权，还赋予了监察专员职务上的免责特权。目前，美国监察专员的种类也在日益细化和精分之中。

在仅仅一个多世纪的时间里，源自北欧的监察专员制度就对全世界的政治生活和政治制度产生了深远的影响。新西兰前首席行政监察专员约翰·罗伯特森指出：“就连世界上的几大宗教，也没有以如此速度获得如此广泛的认同。”①

三、北欧监察专员的职能

监察专员制度在传播的过程中自身也一直在进行改良。在瑞典，任命监察专员的权力已经不仅仅由议会掌握，还出现了政府委派的监察专员以及民间团体聘请的监察专员。而且，随着社会事务分工的细化，监察专员的种类也在逐步增多，出现了很多专门领域的监察专员，如瑞典的男女同工同酬监察专员、新闻监察专员、反托拉斯监察专员、市场政

① 转引自胡杨：《北欧的Ombudsman制度与反腐败》，载《中国纪检监察报》2009年10月29日，第004版。

策监察专员等。这种分工的细化也是现代行政权力发展的一个必然趋势。在当代社会中，专业化程度的大幅度提升导致了事务的繁杂，由此导致了行政权力在事务管理上的分工日益细致，而这种精细化的分工必然进一步导致行政机构的扩大，行政人员的增多和行政权力的急剧膨胀。分工的细化在使人们的生活受益的同时，也让国家行政对个人和团体的压迫遍及每一个角落，实际上，社会的发展正在逐步缩小而非扩大市民社会的空间。庞大的国家机器已经呈密网状分布。而与此同时，专业化的分工必然导致竞争优势的集中，形成垄断，在市场化的过程中使传统作坊式的小型工商业逐步失去存在的空间，从而成就一些市场中的庞然大物。当这些大团体和行政的大机构进行不可避免地交错勾连时，传统的制衡机制如三权分立中的制衡机制，能起到的作用就逐渐不足了。即使是英美法系引以为豪的司法审查制度和法官对宪法的解释权也开始褪色而显得力量薄弱了。在面临诸如环境问题、劳工保护、移民问题、能源问题、核问题、反垄断问题以及卫生和食品安全等问题时，传统的制度反应过慢。而且，在新时代下出现的很多问题是多元化的、多中心性的，不是单一的立法、行政或者司法部门就能解决的，因为有些问题本身就涉及这三个部门。因此，新的监察制度的建立显得日益重要。

（一）监察专员的机构设置

就北欧而言，其监察专员是在中央一级直接设置的。而且其设置也仅在中央，直接对议会负责，地方不予设置。[①] 监察专员一般只设置一

① 在欧洲其他国家，监察专员的设置还存在其他两种形式。一是在中央和地方层面同时设置监察专员，如德国。德国的监察委员会隶属议会，是议会的专门委员会之一。其成员是 29 名议员，主席被称为监察专员。另外，还有 89 名工作人员协助工作。二是在中央层面设置监察专员，在地方层面设置监察专员的派出机构。采取这种方式的国家以法国和比利时为代表。法国除了在中央设置监察专员外，各省都派驻驻省协调员，这种协调员一般是由志愿者担任，其中多数是退休人员，也有在职的公务员志愿兼任。比利时则自 1995 年开始设置类似于监察专员的机构，叫作联邦议会监察局。在相当于省级的全国的 6 个大区都设有工作室，监察专员每个月去工作室负责接访任务或者查阅相关信件。

名，当然有的北欧国家也设置多名，比如瑞典设有 4 名，芬兰设有 3 名。无论一名还是多名，都是直接向议会报告工作。监察专员的办公室也被称为监察专员公署，一般会下设多个机构办公，分别受理不同种类的申诉或控告。

监察专员在机构设置上的灵活性是其他政府机关不可比拟的。在某个时期，如果某类问题成了国家行政中的重点，议会可以设置专门负责该领域的监察专员，而当监察专员在该领域的使命完成之后，可以随时裁撤。这种灵活性极大地节省了行政资源。

（二）监察专员的地位

北欧的监察专员是一个独立的制度，这种独立性很特殊，其不仅独立于立法和行政，甚至独立于司法。从设置之初，监察专员的职能就是监督行政机构和司法机构。在最开始，由于监察专员是由议会产生并对议会负责的，因此尽管其在工作机制上独立于议会，但是并不承担对议会立法行为的监督工作。不过这一点在该制度之后的发展过程中有所改变，有些国家的监察专员已经承担起了对立法工作的监督职责。然而，在国家行政权力日益膨胀的今天，监察专员的工作重点还是在对行政行为的监控上。这种行政行为主要被界定为行政当局的行为，实际上包括了所有行使公共权力、处理公共事务的机构和人的行为。另外，一些私营或者国有企业，如果受到了有关当局的授权或者委托而处理公共事务，也要受监察专员的监控。尽管各个国家对于监察专员的设置不甚一致，名称也各异，但在这一点上，即其主要工作职责上却是一样的。此外，在实行议会制的国家，只要监察专员是经由议会而产生的，一般其也对司法机构和人员的行为进行监督，但是行政司法机构除外。只不过其对普通司法行为的监督（如对司法裁判不服而提起的申诉）并不能改变司法裁判结果本身，只能通过影响法官而间接影响判决。再者，军事机构由于其特殊性，一般也不归监察专员管辖，而是在军队内部设置专门的监督机构。但这并非没有例外，比如芬兰和瑞典的监察专员就有权对军队和军官的行为进行监督。

监察专员的工作独立，不受政府、议会或者国会以及各党派的直接或间接干涉。监察专员被议会选出之后，尽管向议会报告工作，但是其职位和职权并不会受到议会中政党情势变化的影响；也不受任何党派、机构、机关、团体的指挥。其地位崇高，享受相当于政府部长的待遇，但其是一种很特殊的“部长”——负责监督其他政府部门。当然，国会议员也有对监察专员的工作进行监督、质询的权力，如果监察专员本身违规，也会面临被撤职、惩戒的风险。然而，也只有当其存在重大违法行为时，才会面临这种风险。而且，除了议会之外，没有任何机构和个人能够罢免监察专员。

（三）监察专员的资质

监察专员崇高而独立的地位部分来自他的权限，部分来自其自身的资质。监察专员可以说是从精英之中千挑万选而来，其不仅须具有公认的崇高的道德和良好的操守，而且还须有一定的社会声望。这种对品行的要求看似是将国家的一个重要职权的履行状况很大程度上寄托于缥缈的道德要件，但实际上是很有道理的。一个人的社会地位和公众认可必定不是天生的，而是通过千辛万苦地努力，小心翼翼地自我克制而逐步获得的。如果被选任监察专员，其职位的崇高性和丰厚的薪金待遇会让其更加爱惜羽毛，轻易不会自损这种地位和社会认可。

此外，监察专员必须出身于法律行业，接受过良好的、系统的职业训练：要么是律师，要么是法官。而且，监察专员的辅助工作人员也须符合这种要求，即从事过律师或法官职业。在任何一个法治状况比较成熟的国家，法律行业的准入门槛都是极高的，其从业之前接受的训练也极其艰苦，能够在律师行业中风生水起，尤其是能够担任法官职位的，绝对是社会精英中的精英。对监察专员这种资质上的要求从很大程度上保证了其工作的质量。而且，为了保证监察专员职位的纯洁性，使其能够在处理案件的过程中中立而无偏私，北欧国家一般都规定，监察专员不得同时担任议员，或参加任何党派。

（四）监察专员的权限

由于监察专员被看作人民的直接代表，地位崇高，所以其职权一般都会在宪法中列明，并在相关立法中得到进一步的细化。例如，1974年《瑞典宪法》第12章第6条就明确规定："议会选举司法专员一人或数人，根据议会的训令，监视法律、法令在公共事务中的执行"。《芬兰宪法》对此的规定大致相同。而《丹麦宪法》则仅仅做出了简单的规定："司法专员应努力监视民事和军事行政"。挪威则在相关法律中规定，监察专员"应努力保证公共行政不对任何公民作违法行为，文官及其他人员在执行公务时不得玩忽职守"。[①]

一般而言，监察专员具有以下职权。

1. 接受公民[②]对行政行为的申诉控告

控告申诉对于监察专员开启调查而言十分重要。而对于普通民众而言，其向监察专员提起某一具体的申诉控告的方式非常灵活，即可以用信件方式提起，可以面谈，甚至可以通过电子邮件进行控告申诉。但是，北欧国家都不接受匿名申诉或控告，相关申诉控告人必须实名。而有的国家，比如挪威，将监察专员的调查程序视为一种后置型的救济程序，也即相关人员必须在通过普通行政举报程序，在行政机关内部没有得到解决之后，才能向监察专员提出申诉控告。

接受申诉控告之后，监察专员的处理结果有三种：自行开展调查，移交其他相关部门处理，拒绝受理（后两种处理方式是在其没有管辖权的时候，当然拒绝受理有时也是出于查无实据等原因）。

当然，申诉控告的提起不是不限期的，而是有一定的时效性，如丹

---

① 龚祥瑞：《议会司法专员制度——瑞典"翁巴其曼"（Ombudsman）制度的发展概况》，载《法学研究》1981年第3期。

② 在有些北欧国家，比如瑞典，只要是居住在瑞典的人（包括瑞典公民和外国人）或者不居住在瑞典的瑞典公民，都有这项权利。

麦要求投诉必须发生在被投诉事项发生之日起1年之内，而瑞典的时效为2年，芬兰的时效则为6年。

2. 在行政行为可能违法或有违公正性时展开调查

监察专员一般都有接受申诉、视察、开展调查、批评建议、转交提起公诉及自行发动惩戒程序的权力。而这几项权力在实践操作中是紧密相关的。例如，在经由公民或有关人员的申诉或控告（这是监察专员发现违法事项的主要途径）之后，或者监察专员通过媒体报道或日常生活偶然发现行政行为违法或行政人员行为不端，如果有初步证据（对这种初步证据的认定也是由监察专员自行裁量的），监察专员可以自行决定是否开展调查程序。

监察专员的调查程序和普通的侦查程序有些类似，在查询相关信息和证据材料的过程中，需要充分听取相关利害关系人的意见，让其做出充分陈述，必要时还要举行听证程序。

3. 获取信息的权力

在决定针对具体行政行为进行调查之后，相关机构必须予以配合——在这种调查程序中，监察专员的信息介入和获取权是相当广泛的，而且是强制性的，被要求提供信息的机构必须提供相关资料和信息。在必要时，监察专员可以要求进入任何建筑物，接触任何材料和信息。被投诉的机关不仅要予以配合，而且须要进行相关陈述。不配合监察专员调查的结果是相当严重的。比如，如果相关部门以消极抵触的态度拒绝配合监察专员的工作（不仅包括不提供有关信息和资料，还包括在监察专员调查或听证的时候故意缺席等行为），监察专员可以在其报告中说明，而抵触行为可能会被认定为犯罪，引发相关的刑事追诉程序。

4. 纠错的权力

当发现相关行政行为确有错误或者有失公允时，监察专员应当提出纠错建议，并通知相关的利害当事人。不过，这种纠错权仅仅表现为一种建议权，没有强制执行的效力。监察机构不能强行要求相关当局接受，更不能改变政府的决定，或者直接导致有关判决或行政行为的撤销。如果相关当局或个人不接受监察专员的建议，监察专员可以向立法机构报告。这种报告方式可以通过每年年度报告的方式进行，也可以通过临时的特别报告的方式进行。也就是说，监察专员主要是通过批评建议，以及公开这种批评意见（比如向新闻媒体通报），给相关机构或人员施加压力，迫使其纠正错误行为。这种压力尽管不是强制力，但也被事实证明是非常行之有效的。

当然，如果监察专员经过调查，没有发现被调查的部门或者个人存在被怀疑的违法行为，就可以在有关部门澄清事实之后，通知相关的申诉控告人（如果有申诉控告人）。

监察专员对于行政行为的纠错结果往往会体现在立法的修正或其他变动上，也即监察专员的工作间接弥补了立法的不足。这种作用渐渐扩展到了其他社会领域，在这种发展过程中，有些国家的某些监察专员的设立仅仅是为了解决某些专业领域的问题，比如瑞典设立的公正交易监察专员、男女平等监察专员等。由于监察专员职权领域的不断扩展，在其工作的过程中，这个职位起到了维护人权、反腐败的重要作用。北欧各国目前越来越倾向于将监察专员当作一个促进国家人权状况和反腐败的重要制度。

监察专员在向议会报告的过程中，不仅要报告其发现的腐败类案件和事实的具体情况，而且要将自己的整个工作流程和相关资料公之于众，这种公开性其实也是将监察专员自身处于民众和舆论的监督之下，以高度的透明性保证其工作的公正性和妥当性。

5. 部分国家监察专员的刑事起诉权

在监察专员对相关行政行为进行调查的过程中，如果发现涉及犯罪的行为，监察专员也可以将案件调查结果交由国家检察机构，由检察机构决定是否提起相关诉讼。当然，对于不涉及犯罪的违法行为，有些国家规定，监察专员也可以自行向法院提起诉讼。[①] 对于监察专员的刑事起诉权，并非所有的北欧国家都进行了授权。赋予监察专员这项权力的国家，比如瑞典，其最初的原因须追溯至这一制度的起源。在1809年刚设置监察专员职位时，监察专员的地位其实就是一个专门的检察官，其专门性体现在针对官员的渎职等错误行为提起公诉。《瑞典宪法》明确规定："司法专员应该监视法官、政府官员及其他文官遵守法律和其他法令，追诉那些以官员身份违法乱纪或玩忽职守的人……" 在19世纪，官员的玩忽职守不论其主观形态是什么，都被规定为一种犯罪行为，但这随着刑法学的发展渐渐成为历史。目前，玩忽职守只有在故意或者严重过失的情况下才是犯罪，因此监察专员其实已经很少运用这种刑事起诉权了。在这方面的权力规定上，瑞典和芬兰相似；丹麦的监察专员次之，其没有刑事起诉权，但是可以要求检察机关起诉，也可以发动惩戒程序；挪威的监察专员的这方面的权力最弱，不仅没有刑事起诉权，连建议起诉权，或者建议有关部门惩戒的权力都没有，也即只有具体的行政行为纠错建议权和批评权。[②]

目前，在北欧国家，对于那些可能被提起公诉的案件，监察专员一般是不插手的，只有当司法不插手时，监察专员才开始调查。当然，这一点也不是绝对的，有时司法程序和监察专员的调查程序是并行的。而在理论上，法院裁判权的行使是不受监察专员调查的干预和限制的，但

---

① 比如，芬兰的监察专员就可以自行因违法官员提起诉讼。但是，其不轻易动用这种刑事起诉权，而是一般先规劝、训诫，对于不悔改者才可能提起诉讼。不过，在北欧之外的其他赋予监察专员起诉权的国家大多是设有宪法法院的国家，监察专员就相关公共机关的行为或公职人员的行为向宪法法院提起违宪诉讼，起诉内容也多是要求进行违宪审查，比如西班牙、葡萄牙、奥地利和一些拉丁美洲国家。法国甚至赋予了其类似于监察专员职位的人员（调解专员）以针对官员不良行为发动刑事追诉的权力。相关资料可参见王建学：《从行政调解专员到基本权利保护专员——法国行政调解专员改革述评》，载《国家行政学院学报》2008年第5期，第101-104页；孔祥仁：《芬兰行政监察专员公署：守护廉洁》，载《检察日报》2003年9月23日，第8版。

② 在北欧之外的大部分施行类似监察专员制度的国家大多都没有赋予监察专员以独立的刑事起诉权，只有批评建议权。但是，北欧国家监察专员的批评建议权既可以针对具体的行政部门，也可以针对具体的行为人个人做出。但在盎格鲁-撒克逊国家，由于实行部门责任制，所以监察专员一般不能直接对个人提出批评和建议，而只能针对做出行政行为的部门提出这种建议和批评。

在实践中，法院一般会自愿采纳监察专员的调查意见，因为监察专员很多也是专业的法官和律师出身，法院很尊重其专业素养。甚至有时候，如当北欧最高法院的判决过时时，监察专员还会建议行政当局按照自己的建议来解释法律，以此弥补司法程序的滞后性。不过这种做法很少被北欧之外的其他国家采用。① 因此，相比而言，北欧国家的监察专员在批评和纠正行政行为错误方面的力度比其他国家更大，监察专员也显得更为强势。

6. 职务豁免权

监察专员在履行职务的过程中实际上是在与其认为不良或违法的相关行政行为②或者司法行为对抗。其面对的大多是强有力的行政机构或行政官员，承受的压力可想而知。有时可能会受到当局的威胁，尤其是当调查涉及位高权重之人时。因此，为了保障监察专员工作的独立性，北欧的监察专员一般都具有职务行为的豁免权。非经议会决定，不是出于其自身的严重违法行为，不能追究监察专员。

随着社会的发展和权利意识的觉醒，北欧监察专员的工作范围也在逐步扩大，从原来的单纯关注公民基本权利的实现到兼顾公民社会权利的实现，从关注个体权利到兼顾群体性权利。目前，公民的工作权、教育权等社会保障性权利，以及环保、医疗、住房保障、消费者权益、性别平等及种族歧视等新型问题都逐步纳入了监察专员的工作范围。监察专员这一源于政府但独立于政府的特殊机构，在预防行政自我擅断，实现行政清廉方面的作用越来越明显。不过，可能是该机构的存在对腐败等行为具有很强的威慑力，也可能北欧的廉政环境或其与其他廉政措施

---

① 在北欧之外的其他国家，比如英美法系国家，为了解决监察专员在处理案件过程中和司法权行使的冲突，一般采取的方式是：（1）用尽司法救济原则。即只有在当事人经过了上诉等司法程序之后，监察专员才能就有关事项开展调查，也即监察专员的工作被当作司法权救济之后的一个补充性救济，如加拿大的若干省份。（2）可以经由司法裁判的行政命令或行政行为，被排除在监察专员的管辖范围之外如新西兰和英国。只不过英国（包括北爱尔兰在内）、加拿大某些省份、澳大利亚等国家还附加规定：监察专员在特殊情况下可以对相关案件进行调查，而不交付司法裁判。

② 对于“不良”行政行为（Maladministration）的解释今天已经变得极其广泛，甚至上升到了社会正义的标准。这种扩大性的解释范围给了监察专员更大的工作空间。

的配合产生了极佳的效果，监察专员在北欧国家中普遍地从设置时的“炙手可热”变成了现在的“冷衙门”。丹麦的监察专员拉森尔就说过：“我印象中不记得监察专员处理过任何出名的反腐败案件——也许是因为丹麦压根就没有真正的腐败吧！”①

小　结

如前文所述，北欧各国由于历史发展相似和文化亲近等原因，在包括廉政制度建设的整体法律体系建设过程中都具有“同化”的特征。普遍被认同的廉政文化、透明的政务系统和以监察专员制度为代表的、各部门紧密合作而形成的强有力的反腐监督和追究体系是北欧各国政治清廉的保证。进一步而言，北欧各国在反腐败方面的立法，公务员权力约束机制的建立和完善，以及对公务员现代化管理等方面做出的努力在其廉政制度建设中的作用是有目共睹的。

北欧国家对公职人员的权力制约机制十分健全，其依赖于整个社会，并广泛存在于行政、司法和议会系统中。司法机关、议会、审计、内部监督和舆论紧密配合，构成了一张廉政大网：司法不受行政干预，这种对司法独立的认知和实践使司法系统得以独立地开展工作，在反腐过程中真正起到监督的作用；议会凭借立法权和重大政策审批权对行政进行强有力的监督，对政府的不良行政行为及时进行纠正；独立的审计部门使其在进行审计工作的过程中能够最大限度地屏蔽来自各方的干涉，做出清晰准确的判断；内部监督（包括行政监察、立法内部监督和政党相互监督等）和舆论的外部监督也是廉政建设的重要组成部分。最为重要的是，北欧国家的选举和弹劾制度确保了当政机构和人员始终在执政过程中如履薄冰，因为一不小心就会遭遇弹劾而下台。

另外，除了制度的原因之外，北欧廉政建设的业绩与其公务员的高

① 记者吴黎明：《北欧反腐机构为啥成“冷衙门”》，载《新华每日电讯》2013年8月22日，第3版。

素质也有很大的关系。而对公务员素质的确保主要是通过严格的考核制度和管理制度实现的。第一，北欧各国对于在各个公共机构担任公务员的人选都会进行比其他行业更为严格的考核，其入职条件一般也非常严苛，不仅对学历和家世有所考察，对个人品行的考察也是全方位进行的。第二，在公务员的管理和行为监控方面，北欧各国运用的是现代管理规范和原则，比如重要岗位轮岗制，严格限制公务员的兼职行为。第三，国家和用人单位每年都要对公务人员进行全方位的考评工作，包括工作业绩和能力、个人素养与廉政状况等。

第二章　冰岛的反腐廉政建设

第一节　冰岛廉政建设概况

在 2008 年全球金融危机前，很多国际观察家认为冰岛是最廉洁，治理最好的国家之一。然而，2008 年的金融危机对冰岛的经济和政治均产生了深远的影响，引起了人们对冰岛管理机构廉正和独立的严重质疑。

此次金融危机和后续的披露使冰岛人民认为冰岛的政党、私营企业和议会是冰岛最腐败的机构。根据反腐败国家集团（The Group of States against Corruption）《2013 年评估报告》，潜在的裙带关系、公职人员与企业间亲密的个人关系及地方的政治庇护，削弱了冰岛的政治体系。然而，美国国务院 2012 年报告（US Department of State 2012）显示，腐败并不是冰岛的普遍问题。

在此次金融危机后，冰岛实行了许多改革。欧洲委员会的 2012 年进度报告（The European Commissions' Progress Report 2012）显示，冰岛政府已为各部长和公职人员制定了道德准则、利益冲突规则和政治财务披露规则，并且已经在反腐政策和培训方面取得了较大进步。

一、商业腐败的指数

冰岛一直坚持依法行政，对腐败持零容忍态度。美国国务院 2013 年报告和《2013 年传统基金会报告》（Heritage Foundation 2013）显示，尽管冰岛有个别腐败案例发生，但并不影响外国投资。然而，在 2008 年金融危机席卷冰岛后，许多诈骗丑闻被揭露出来，这些丑闻主要涉及冰岛的金融部门。反腐败国家集团《2013 年评估报告》显示，此次金融风暴表明，商界和政治人物之间存在密切关系和利益冲突，并且可能已经导致了对公共资金的滥用或操纵。

根据世界经济论坛《2013—2014 年全球竞争力报告》（Global Competitiveness Report 2013—2014），接受调查的企业高管将外汇管理、通货膨胀和融资渠道列为企业经营中问题最大的因素，但诸如腐败、犯罪、盗窃等因素却是问题最小的（共 16 个因素）。接受调查的高管还称，在商业领域，非法支付和贿赂现象几乎从未发生，企业与公职人员、政治家和其他企业间的交流都是符合道德标准的。

在冰岛，有关反商业腐败的规则都是透明的，可以在各类门户网站上找到相应的指导。比如，在“商业反腐门户网站”（Business Anti-Corruption Portal）的“廉政系统”（Integrity System）下，可以找到基于国际最佳做法，关于如何制定和加强企业反腐措施的综合指导方针；在“恪尽职守”（Due Diligence）的门户网站下则可以找到关于在使用代理人、分包商和企业合作伙伴时如何减少腐败风险的做法。这些网站还提供了一个专门避免公共采购中腐败行为的工具。

二、商业行为监管环境

美国国务院 2013 年报告和《2013 年传统基金会报告》显示，尽管官僚机构的拖延情况时有发生，但冰岛的商业行为监管系统透明、高效，且投资制度开放，有利于投资增长。在冰岛，任何规章制度变动之前，都必须以草案形式公布拟议的法案和条例，征求公众意见。冰岛是欧洲经济区的成员，这意味着欧盟的大部分商业立法和指令在冰岛同样有效。管理外国投资的主要法律是《1996 年工商企业中非居民投资法》，冰岛竞争局负责执行反垄断条例，并促进商业活动的有效竞争。

世界经济论坛《2013—2014 年全球竞争力报告》认为，在接受评估的 148 个国家中，冰岛是第 31 个最有竞争力的经济体，而世界银行和国际金融公司《2014 年营商环境报告》则认为冰岛的经商便利度在 189 个国家排名第 13 位。冰岛在用电、合同执行、破产处理和资产登记方面管理得很好，但进出口流程比经济合作与发展组织的平均水平还慢，而且成本更高。根据世界经济论坛《2013—2014 年全球竞争力报告》，被调查的企业高管认为，在冰岛经商，遵守政府行政要求的负担处于中低水平。此外，他们认为政府政策制定的透明度很高，很容易就能获得影响私人投资者的政府政策及管理变化的信息。

欧洲委员会的 2012 年进度报告显示，冰岛法律系统能很好地保护和执行产权，还为代理人在具有法律确定性的环境下制定经济决策提供了清晰稳定的框架。美国国务院 2013 年报告和《2013 年传统基金会报告》显示，冰岛司法部门是独立的、无差别待遇的，没有关于司法腐败的报道。冰岛已经批准了一些管辖仲裁和投资争端的国际协议，包括 1958 年《纽约公约》（*New York Convention*）和《关于解决国家和他国国民之间投资争端公约》（*Convention on the Settlement of Investment Disputes*）。商业纠纷由普通法院来解决，因为没有专门的国内机构来处理此类案件。

然而，即使在这样的商业环境中，企业通过政府办事，效率也不是很高的，比如世界银行和国际金融公司《2014 年营商环境报告》就指出，在冰岛实施商业合同，一个公司平均要办理 27 项行政手续，费时 417 天，而在这个过程中，企业需要支付申请合同标的的 9%的费用。

三、冰岛司法系统的廉政指数

美国国务院2013年报告、《2013年传统基金会报告》和世界经济论坛《2013—2014年全球竞争力报告》都显示，冰岛的司法系统是非歧视性的、独立的，为资产和合同提供了有效的保护。《2013年传统基金会报告》还显示，冰岛的法律框架目前仍然是世界上质量最高的法律框架，并且总体上坚持了依法治国。

几乎所有的调查报告都认为，冰岛的司法部不受政治干预。欧洲委员会2012年进度报告对冰岛司法系统的评价等级是高标准，并指出：高效的司法系统，包括高质量的司法和执法队伍，能够保证冰岛人民对法治的尊重。反腐败国家集团《2013年评估报告》也显示，冰岛的司法系统在廉政方面运行的标准非常高，从未有涉及法官的腐败的指控。此报告还显示，冰岛已经采取措施，提高司法的透明度，比如2010年公布了有关法官任命问题的新规定，旨在阻止任命过程中政治的潜在干预。

世界经济论坛《2013—2014年全球竞争力报告》显示，对于冰岛司法独立于政府成员、公民或公司影响的程度，企业高管在7分的量表上给出的分值是5.6分（1分代表严重影响，7分代表完全独立）。而对于冰岛的法律框架对于私营企业解决争议和质疑政府行为及法律规定的合法性的效率，企业高管在7分的量表上给出的分值分别为4.7分和4.5分（1分代表极为低效，7分代表非常高效）。

此外，根据冰岛的法律规定，检察官向法院提起刑事犯罪指控时，警方和检察官都要参与。在审判前，警方和公诉人负责对刑事犯罪进行起诉，其中警察局负责人负责调查和起诉较轻情节的犯罪。然而，根据反腐败国家集团《2013年评估报告》，在地区一级的层面上，检察官和警察之间的这种松散的角色区分是存在问题的，因为同一个案件中负责侦查的人同时也扮演着检察官的角色，这样难免会在案件追诉的过程中有失公允。

针对公众对警察的信赖度，世界经济论坛《2013—2014 年全球竞争力报告》显示，对于冰岛警方在执法和维持秩序的可靠性，企业高管在 7 分的量表上给出的分值为 6.1 分（1 分代表完全不可靠，7 分代表始终可靠）。

四、冰岛基础设施建设和公共事务中的腐败指数

1. 商业审批负担

世界经济论坛《2013—2014 年全球竞争力报告》中接受调查的企业高管认为处理政府行政要求（批准、许可、报告等）的负担相对较低，贿赂非法支付现象几乎从未发生。世界银行和国际金融公司《2014 年营商环境报告》把冰岛列为全球最容易经商的国家之一。世界经济论坛《2013—2014 年全球竞争力报告》显示，对于遵守政府行政要求（批准、许可、报告等）的负担，企业高管在 7 分的量表上给出的分值是 3.9 分（1 分代表极为繁重，7 分代表一点也不繁重）。

2. 教育系统

透明国际《2010/2011 年全球腐败晴雨表》（Global Corruption Barometer 2010/2011）显示，在 5 分的量表上，公民给教育系统的分值是 2.4 分（1 分代表毫不腐败，5 分代表极度腐败）。

3. 登记许可服务

在 2010 年与登记和许可服务机构有过接触的家庭中，有 2.2%的家庭报告曾经行过贿。在 2010 年不得不获得公用事业的家庭中，1.7%的家庭有过行贿行为。

4. 医疗服务

在 2010 年与医疗服务机构有过接触的家庭中，1.8%的家庭有过行贿行为。

5. 土地管理

在土地管理方面，透明国际《2010/2011 年全球腐败晴雨表》显

示，在2010年冰岛土地服务行业中行过贿的公民人数是最多的。世界银行和国际金融公司《2014年营商环境报告》表明，为了在冰岛登记财产，一个公司要经过平均5项行政手续，平均用时4.5天，且花费财产价值的2.7%。而世界经济论坛《2013—2014年全球竞争力报告》显示，对于冰岛的产权保护，企业高管在7分的量表上给出的分值是5.2分（1分代表非常薄弱，7分代表非常有力）。透明国际《2010/2011年全球腐败晴雨表》显示，受调查的家庭的8.5%曾经在2010年向土地服务部门行过贿。

6. 税务管理

在税务管理方面，冰岛《个人所得税法》禁止对贿赂性支付减免税款。根据美国国务院2013年报告，创造有利的商业环境、相对较低的企业所得税税率和低能源价格，都是政府吸引投资者的主要激励措施。然而，在银行业危机后，冰岛出现了巨大的财政缺口，政府已经通过提高税率的方式来增加财政收入。世界银行和国际金融公司《2014年营商环境报告》显示，冰岛一个中型企业每年须向税务机关缴26次税，平均耗时140小时，总税率占利润的29.9%。

7. 海关管理

世界经济论坛《2012年全球促进贸易报告》中接受调查的商业人士表示，冰岛进出口及边界透明度很高，所以冰岛边界的腐败不是一个重要的问题。世界银行和国际金融公司《2014年营商环境报告》显示，标准出口货物装运要求有4个文件，平均耗时10天，每集装箱花费1530美元；标准进口货物装运要求有4个文件，平均耗时9天，每集装箱花费1620美元。世界经济论坛《2013—2014年全球竞争力报告》表明，对于冰岛海关的办事效率（管理商品进出口的手续），企业高管在7分的量表上给出的分值是5.3分（1分代表非常低效，7分代表非常高效）。世界经济论坛《2012年全球促进贸易报告》则指出，对冰岛边界管理的透明度（额外付费和进出口受贿的普遍性），企业高管在7分的量表上给出的分值是6.1分（1分代表不透明，7分代表透明）。

5.2%的受访者认为冰岛出口货物最大的问题是国外边境繁琐的手续和腐败现象，但只有1.2%的被访者提到冰岛边界的腐败现象是一个会对进口造成影响的因素。

8. 公共采购和承包

世界经济论坛《2013—2014年全球竞争力报告》中接受调查的企业高管认为，非法贿赂支付在诸如发放合同和执照的过程中几乎从未发生。然而，他们认为公职人员在决定合同是否发放时，会偏向关系较好的公司。美国国务院2013年报告显示，由于冰岛的金融监管系统在20世纪90年代才落实到位，所以在金融部门的公共采购和私有化方面，透明度有时是一个问题。然而，2008年冰岛的金融部门崩溃后，冰岛政府对大部分非透明的管理条例进行了重新审核，并加以改进。世界经济论坛《2013—2014年全球竞争力报告》显示，对由于腐败造成的公共资金转移到公司、个人或集团的现象，企业高管在7分的量表上给出的分值是5.1分（1分代表很常见，7分代表从未发生）。而在“政府官员在决定政策和合同时偏向关系好的企业和个人”方面，企业高管在7分的量表上给出的分值是3.6分（1分代表总是偏袒，7分代表从不偏袒）。

第二节　冰岛的反腐及廉政建设举措

一、立法举措概况

冰岛《刑法》（*Iceland's General Penal Code*）明确规定，腐败是犯罪。其中，对贪腐类犯罪认定的最重要的刑法内容是，将以下行为都认定为犯罪行为：冰岛公职人员主动索贿和被动收受贿赂（第109条第1款和第128条第1款）；外国公职人员行贿和受贿（第109条第2款和第128条第2款）；利用影响力交易（第109条第2、3款）；私营部门的行贿与受贿（第264条第a款）。主动行贿（国内、国外）的刑罚制裁从 30 天到 3 年监禁不等，而被动受贿的最大惩罚是 6 年监禁。法人（如国有企业或私企）如违反《刑法》第 109 条和第 264 条第 a 款（公共和私营部门行贿受贿），则将受到罚金处罚。此外，他们还应对通过中间人实施的腐败行为负责。

根据经济合作与发展组织的《2013 年后续报告》（The OECD Follow-Up Report 2013），2012 年，一个旨在加强对贪腐行为惩罚力度的议案被提交给了议会。该议案将把原《刑法》第 109 条规定的主动型的海外贿赂行为的最高处罚由 3 年监禁增加到 4 年监禁，同时对私营部门贿赂犯罪部分进行修订，将国有企业经理和员工的贿赂行为包括在内。其他抑制腐败犯罪的法律措施包括《政府机关工作人员道德准则》（2012 年）（*The Code of Ethics for Staff in Government Offices*）（2012）和《部长道德准则》（2011 年）（*Code of Ethics for Ministers*）（2011）。

此外，《2006 年政治协会财务法》（*The* 2006 *Act on the Finances of Political Associations*）制定了关于披露财务及给政党和候选人捐款的规定。冰岛是许多国际法律反腐承诺的签署国，其中包括经济合作与发展组织的《禁止在国际商业交易中贿赂外国公职人员公约》（*Convention on Combating Bribery of Foreign Public Officials in International Business Transactions*）、《联合国反腐败公约》（*The United Nations Convention Against Corruption*）和欧洲理事会的《反腐败刑法公约》（*Criminal Law Convention against Corruption*）。

冰岛并没有严格限制公务员从商，但为了防止政府雇员在商业活动中的腐败，1996 年生效的《政府雇员法》（*The Government Employees Act*）明确规定：在担任政府雇员期间，如果某一雇员打算为另一个政党工作、参与企业管理或成立一个公司，必须向雇用其的部门说明目的。无论上述工作是否与其岗位工作冲突，无论部门是否禁止其参与上述工作，该部门均应在两周内告知雇员。如果上述工作性质与其政府雇员的职责不相符合，部门将禁止其从事这类工作。禁止其从事这些工作，出现争议时可将争议提交给部长。

在冰岛，除了所谓的“政府雇员”之外，被称为公务员（public servant）的职位也很广泛，包括（1）议会职员领导、国家审计长和议会监察专员；（2）总统秘书、各部门的常任秘书、各部门办公室的主管、在外交服务中的各大使、参赞；（3）最高法院法官、最高法院秘书和地区级法院法官；（4）冰岛主教、主教牧师、大教堂教长和牧师；（5）检察长、副检察长和其他检察官；（6）司法部副部长、国家调解人和儿童监察员；（7）地方执行长官、国家警察局局长及副局长、雷克雅未克警察局局长及副局长以及国家警察学院院长和警官；（8）国家海关署署长、雷克雅未克海关署署长和海关官员；（9）国家监狱狱长、地方监狱狱长和监狱看守；（10）国内税收主管、税务调查主管、税务委员会全职委员和税务办公室领导；（11）地方医生和地方护士；（12）国家兽医、地方兽医和鱼类疾病兽医；（13）政府机构领导和上述外的国有企业领导。公务员的任期为5年，如果违反职责（这种职责中很大一部分是廉政职责），则必须离职。立法规定，如果公务员故意违反职责，将被临时解除职务，并应由专家委员会对此事件进行调查，来判断是应该永久解除其职务，还是恢复其职务。政府机构或雇员可依照刑事案件程序提交案件进行调查。如果一个公务员承认其应受处罚的行为，该行为依照《刑法》第68条可能会解除该公务员的职务，则该公务员应被永久解除职务，无须通告。

冰岛还是反腐败国家集团的成员。根据欧洲委员会的2012年进度报告，冰岛已经起草了《刑法修订案》，此次修订《刑法》主要是为了充分落实《反腐败国家集团合规报告》（2010）（*Compliance Report*）和经济合作与发展组织《2010年第三阶段报告》（*The Phase Three Report by the OECD*）的建议。然而，议会还没有采用该修正案。

二、政府反腐策略

冰岛没有一个全国性的反腐策略协调反腐措施和目标，但欧洲委员会 2012 年进度报告认为，冰岛在制定反腐政策，尤其是反腐法律措施方面取得了整体进步。例如，冰岛政府在腐败最容易产生的公共采购领域进行了积极的立法；积极推进政务公开，以使行政环境更为透明，同时加大电子政务的发展力度，为廉政和透明的政务助力；疏通公民对于官员不廉洁或失职行为的举报途径。

（一）公共采购

冰岛的公共采购由《2007 年公共采购法》（*The Public Procurement Law* 2007）进行规范，由隶属于财政与经济事务部的国家贸易机构（Ríkiskaup）进行管理。采购规则符合欧洲经济区标准，大体按照平等对待、无差别待遇、透明和均衡的原则制定。

欧洲委员会 2012 年进度报告认为，冰岛的公共采购程序成熟完善，显示公共采购发展得很好，规则的一致性和执行情况足以达到欧盟成员标准。依照《2007 年公共采购法》，对于那些已被裁定为犯有包括贿赂和腐败在内的刑事罪行的公司，鼓励公职人员终止或禁止它们与国家进行任何采购。

然而，根据经济合作与发展组织《2010 年第三阶段报告》和《2013 年后续报告》，公职人员并没有采取尽职调查措施来检查申请方是否有过犯罪前科。[①]

（二）政务公开

冰岛的电子政务比较成功。冰岛统计局 2012 年报告（Icelandic Statistics Reported in 2012）显示，近 75%的人从政府网站获取过信息。政府鼓励通过立法使用数字签名和电子存档，例如《公共管理法》（*The Public Administration Act*）。

政府应定期向公众提供政府活动信息，如通过公布电子报告、总结

---

① 有关采购立法、合同通知和联系方式的英文信息请见 http://www.rikiskaup.is/english/contract-announcements/，最后访问日期 2015 年 12 月 1 日。

重大项目或发布其他类型的材料。

政府应系统地提供电子版的案件卷宗、材料清单及材料本身。数据库和数据文件也应如此。政府在处理时应谨慎，以免侵犯个人或公共利益。

部长应依照该法向议会提交定期报告，包括有关扩大公共信息获取的成果；还应在制定五年期信息政策中采取主动，准备好与公众、冰岛记者联盟、当地政府组织、公共档案馆、大学及科学社区的档案管理员进行商议。商议的一个目的是满足民主社会对成熟、可靠信息的需求。

除了定期公开的电子政务之外，如果相关人士有特殊的需求，还可以提出申请，说明理由，获取自己需要的材料和信息。当然，如果有关部门认为不可能详细说明具体材料和事件，请求可能不会被接受。然而，在拒绝请求前，须向当事人提供指导和更加准确地说明请求的机会。基于此情况，为了便于当事人详细陈述获取材料的理由，政府须要向当事人提供相关事件明细。

特殊案件中，满足以下情况时，该请求可能会被拒绝：(1) 处理该请求需要大量的时间或精力，由于此原因认为完成这些工作是不可能的；(2) 有明显迹象表明提交的请求是出于非法目的。

对于是否同意材料获取请求，有关部门应尽快作出决定。请求答复不应超过 7 天，否则须通知申请人延迟决定的原因和预计决定时间。在决定获取有关私人利益、政府或个人处理请求的材料前，有关部门应要求信息相关人员解释是否认为该信息需要保密，此申请也须在 7 天内答复。但是，获取材料用于研究使用时，处理请求的期限为 20 天。

（三）举报措施

根据经济合作与发展组织《2013 年后续报告》，2012 年 5 月，冰岛正式通过《政府机关工作人员道德准则》，要求公职人员有义务报告工作中的可疑或违法活动。2011 年 3 月，冰岛正式通过《部长道德准则》，要求部长对员工关于违背行为道德准则或非法活动的举报做出反应。此外，2010 年修订了《政府雇员法》，规定公职人员不应因举报可疑非法活动或违反道德准则行为而受到任何形式的责难。但私营部门没有这类的预防性措施。

三、非官方反腐活动

（一）媒体的作用

冰岛《宪法》保证并保护言论自由，1996 年实施的《信息自由法》（*The Freedom of Information Act* 1996）保证人人都可以获取政府信息，且不要求提供获取信息的理由。

近些年，一些记者引用诽谤言辞被判诽谤罪，但 2011 年通过的《媒体法》（*Media Law*）规定，记者不再对引用可能是诽谤的言辞负责。一项名为《冰岛现代媒体计划》（*The Icelandic Modern Media Initiative*，以下简称 IMMI）的立法提案从 2010 年起就在等待议会批准。该提案旨在把冰岛转变成一个全球安全港，为媒体、博客和举报人提供前所未有的透明环境和法律保护。

尽管相关人士为推进该计划进行了很多游说，但通过该计划的工作进展仍然很缓慢。自由的媒体环境使媒体在监督政府行政方面得以发挥有效的作用，媒体由此可以发挥其“无冕之王”的作用，真正作为社会的“第四种权力”而存在。媒体在批评和披露有关腐败的信息时不必担心自己受到政府的报复和司法追诉，这对于一个国家的廉政建设而言无疑是至关重要的。

（二）民间团体

冰岛《宪法》保护集会和结社自由，自金融危机以来，集会和结社行为已在实例中出现过几次，并未受到政府的限制。许多非政府组织自由运作，并在各个领域与政府广泛合作。冰岛没有直接处理与腐败相关的非政府组织。而且美国国务院 2012 年报告中指出，冰岛没有任何参与反腐的政府机构主动与民间团体合作。

第三节　冰岛廉政建设中的重要职能部门

冰岛没有专门的反腐机构来负责反腐的方方面面，例如预防、调查、起诉和协调等，腐败案件主要由检察机关和警方处理。当然，在整个廉政建设的过程中，审计署等审计部门也是极其重要的，其在发现腐败线索、提供相关案件的证据、审计警示相关人员方面，发挥着事前预防和事后辅助司法部门调查的作用。

一、检察机关

冰岛的检察机关负责犯罪案件的调查和起诉。根据反腐败国家集团《2013 年评估报告》，冰岛共有 83 名检察官，其中 19 名是警察局和特别检察官办公室的高级检察官。他们负责区级起诉决定，并监督 55 个下级检察官的工作。检察长是检察机关的领导，一名副检察长和另外 8 名检察官协助其工作。

检察长的职责是提供与起诉有关的总指导，监督检察机关工作。检察长可以就具体案件给其他检察官加以指导。检察长和代表检察长的协助高级检察官可以在案件中发出指示或作出决定，接管诉讼工作，决定继续还是终止一项调查。

二、特别检察官办公室

特别检察官办公室（Office of the Special Prosecutor，以下简称 OSP）拥有成员国管辖权，可以调查金融犯罪活动。然而，特别检察官办公室并没有下设专门的部门，所以也就没有专门负责处理有关腐败犯罪的分部门。欧洲委员会2012年进度报告和反腐败国家集团《2013年评估报告》显示，特别检察官办公室工作效率很高，也没有独立性方面的问题。根据冰岛新闻网2013年2月的一篇文章，特别检察官办公室自成立以来已经收到了447宗控诉，涉及内幕交易、欺诈、市场操控及其他金融犯罪行为。

1. 权力范围

2008年12月12日生效的《特别检察官办公室法》（*Act on the Office of a Special Prosecutor*）经历了3次修正案修正，分别是自2009年4月1日起生效的第25/2009号修正案、自2009年7月1日起生效的第80/2009号修正案和自2010年6月12日起生效的第52/2010号修正案。根据该法，特别检察官办公室负责调查与金融项目有关的犯罪嫌疑行为，并调查金融项目中的持股人或投票人，和有犯罪嫌疑的金融项目经理、顾问、雇员和其他相关人员。特别检察官办公室依情况而定，通过提起诉讼继续这些调查。

特别检察官办公室开展调查并起诉的权力范围包括经济犯罪、不正当利益犯罪、违法纳税，还包括金融监管局、竞争管理局、国家税务调查局以及警方负责开展调查的犯罪行为。特别检察官如有需要，应与金融监管局、竞争管理局、国家税务调查局及其他执法监督机构一同工作。

2. 相关机构和人员配合调查、提供材料的义务

在需要的情况下，上述这些机构、决议委员会及其他参与金融机构重组、合并、解体或破产程序的人员有义务向特别检察官提供相关信息、保管的材料以及特别检察官认为对调查犯罪案件或决定是否开展调查有重要意义的材料。这里的“材料”包括报告、会议记录、合同。在特别检察官的要求下，这种提供信息或者材料的义务是强制性的，即使有些信息或者材料涉及保密义务，也不能例外。而且，警方是否已经对相应的行为指控为犯罪并不影响这些材料及信息的提供。此外，这种向

特别检察官提供资料的义务也延伸到了相应的金融项目之中。一般而言，这些项目是根据金融市场的特殊环境，由政府财政部门出资创建的。

3. 担任特别检察官的条件

司法部部长应任命一位特别检察官领导侦查和起诉机构。此外，司法部部长应任命3名特别检察官办公室的独立检察官。特别检察官和这3名独立检察官应满足所有区级法官任命条件，但与申请法官的70岁的年龄限制不同，申请特别检察官职位没有年龄限制。

为了保障特别检察官的独立性，《公务员权利与义务法》（*The Provisions of the Civil Servants' Rights and Obligations Act*）中有关公务人员任职5年期限的规定，不适用于特别检察官。除非特别检察官办公室被废除或与其他政府机构合并，特别检察官的任职才到期；而且即便如此，也应自到期日起3个月继续给他们付薪。特别检察官还可以从法官中选任，但从被任命为特别检察官或独立检察官之日起，司法部部长应宣布其法官任期结束。

4. 特别检察官的工作程序

在特别检察官与警察的关系方面，根据《警察法》和《刑事诉讼法》的规定，特别检察官有权任命一位警务处长，并对其发布命令。特别检察官因此也对和其合署办公的警察们有命令权。特别检察官可以自己承担任务，也可以将任务分配给其办公室的其他检察官，检察官可负责案件侦查的方向。

侦查结束时，若特别检察官把案件分给其办公室的其他检察官，相关检察官应就诉讼作出是否起诉的决定。如果决定起诉，则应起草案件起诉书，依情况进行案件辩论，除非特别检察官委托另一个人负责此案。特别检察官或附属其办公室的检察官应作出决定，将诉讼案件提交高级法院。在整个过程中，特别检察官还负责监督特别检察官办公室中其他检察官的工作，以确保他们工作的一致性。在特殊情况下，特别检察官可以接管原本分配给其他特别检察官办公室的检察官的案件或将该案委托给另一检察官办理。当然，特别检察官还可以聘用检察官之外的其他人员参与工作，受聘人员的地位与特别检察官办公室的其他检察官的地位一致。

在提起诉讼之后，在地区法院，特别检察官将支持控诉。同时，对于支持控诉这一职责，特别检察官也可以让其办公室的一个检察官、警务长、最高法院的律师或地区法院的律师为这些案件支持控诉。如果律师受委托来为此案件支持控诉，其将担负与检察官同样的义务。一般情况下，检察总长应对地区法院的审判结果作出是否上诉的决定，并在最高法院规定的日期前，提起这一上诉申请。但检察总长也可以将此任务分派给特别检察官或其办公室的一位检察官承担。

5. 特别检察官的金融信息披露义务

特别检察官应公布其在受政府行为影响的金融公司的股权信息，并同时公布以下信息：其对金融公司的责任、职业联系、其妻子和近亲在该金融公司持股或其他相应的职业关联性信息。对于其他可能影响职能履行的信息，特别检察官也需要一并披露。这些信息应当包括《特别检察官法》实施前 5 年、金额超过 500 万冰岛克朗的信息，以及其在某金融企业中持有股份折价超过 500 万冰岛克朗的信息。

三、冰岛国家审计署

国家审计署（National Audit Office，以下简称 NAO）是议会领导下的独立审计监管机构。根据《国家审计法》（*National Audit Act*），国家审计局的职责是对各大机构和国有企业进行审计，核实财务报表，审查经济，评估公共支出的效率性和有效性以及审查政府资金是否按照议会的计划进行管理。根据欧洲委员会《2012 年进度报告》，冰岛外部审计与内部审计已分开进行，国家审计署在 2011 年年底停止了所有与内部审计有关的活动。国家审计署还审查《2006 年政治协会财务法》，该法规定了关于披露财务及给政党和候选人捐款的内容。

根据《宪法》第43条的规定，国家审计署在议会的领导下履行其职能。国家审计署对中央政府及其他负责政府运作与监护的机构的年度财务收支进行审计。此外，根据《国家审计法》第9条规定，国家审计署可以开展绩效审计工作。此外，根据该法第1条规定，它监督预算的执行情况，并协助议会委员会履行与政府财政事务相关的职责。

（一）审计署概况

国家审计署是议会下设的一个独立审计监管机构。根据《国家审计法》，国家审计署的主要任务是：（1）对国有机构和企业进行审计，核实财务报告真实公正地反映其运作与财务状况；（2）审查公共支出的经济性、效率性和效益性，政府资金管理是否与议会计划一致；（3）评价政府机构的内部控制是否良好，表现是否令人满意。

审计长由冰岛议会的总统委员会任命，任期6年，审计署其他工作人员则由审计长来聘任。国家审计署的工作人员应完全独立于正在进行审计的各部委和机构。这种独立性保证了审计工作的公正性和客观性。

国家审计署的大部分审计项目是法定的，或是应议会总统委员会、政府部门或中央政府机构的要求执行的。尽管有这种按要求执行审计的特征，但《国家审计法》明确规定国家审计署独立执行其审计工作。这就要求国家审计署积极主动选择并组织审计项目，审计程序客观、专业，并符合公认的审计准则和规定。《国家审计法》还规定国家审计署有权获得所有对审计的进行有重要作用的数据。

国家审计署主要以审计报告或审计意见书的方式报告其审计项目的审计结果。这些报告都要交给被审计方及被审计方所属的部门。一些审计报告会公布出来，并交给议会及媒体。这种公开的审计情况主要是针对与机构和企业绩效审计相关的报告，以及与公共机构的具体问题和指导方针有关的审计报告。对中央政府财务报告的审计则必须公布。

（二）审计署的使命

国家审计署遵照冰岛法律、公认的审计标准及指导方针进行审计。其主要价值准则是独立、客观、称职及可信。近年来，国家审计署设定了提高审计工作质量、效率和透明度的目标，在进行传统财政审计的同时，还通过考察中央政府机构和企业运行环境中的各种因素来努力扩大审计范围。

未来公共审计机构的监管职能将更多地集中于风险评估、中央政府机构的管理、组织及其内部控制系统。除了传统的财政审计，他们还将重点关注财政管理质量和信息系统质量。这些工作内容对于廉洁政府而言至关重要。

目前，国家审计署正致力于制定一项环境审计政策，其重要任务包括审查中央政府机构是否以及以何种形式执行国际协议和公约中与环境相关的条款。

（三）冰岛审计署的组织结构图

国家审计署的审计活动分属四个主要部门：财政审计司Ⅰ-Ⅲ（Financial Audit Divisions Ⅰ-Ⅲ）、绩效审计司（Performance Audit Division）、法律与环境司（Legal and Environmental Division）和信息系统审计司（Audits of Information Systems）。另外，国家审计署还设有一个秘书处（Secretariat）（见下图）。

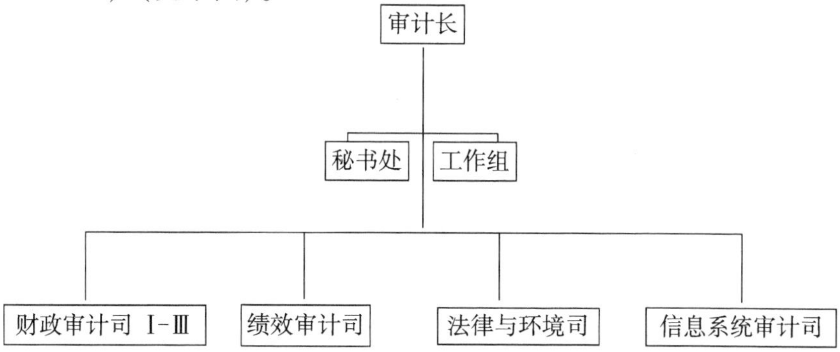

（四）财务审计司

国家审计署最主要的工作是传统财务审计，财务审计在三个部门之间进行。审计一司负责对中央政府财政报告中 A 组（Group A of the Central Government Accounts）以外的机构、企业和有限责任公司进行审计。审计二司负责中央政府财政报告中 A 组内实体的审计，但不包括财政部的下属机构。审计三司审计财政部的下属机构，并且一直以来越发强调对各机构内部控制及其风险评估程序的审查。

根据《国家审计法》，财政审计在任何时候都尤其要达到以下目标：（1）根据公认的会计原则，财务报表公正地体现机构的运行与财政状况；（2）检查内部控制是否保证了良好的结果；（3）账目与预算案、补充预算案或议会的其他法案、合法规定及商业行为与适用的服务合同的授权是否一致；（4）审查并核实体现政府部门的活动和绩效以及出现在财务报表中的指标。

国家财务审计涵盖大约 250 个完全或主要由国家财政支持的机构与企业，及另外的 100 个预算项目。财务审计司的审计报告通常不会正式公布，但可在国家审计署对中央政府账目审计的报告中看到该部门每年的工作总结。

冰岛国家审计署将花更多的时间审查被审计机构的运行状况、运行环境、会计及监督系统；根据审计任务的重要性安排审计顺序；通过使用高质量且对被审计机构、议会和公众三方均有益的审计报告，力求确保审计工作取得预期结果。国家审计署将使用的方法是风险管理。

（五）绩效审计司

绩效审计的目标是为中央政府机构和企业在管理、组织、人事、控制、目标设定和工作流程方面提供各种改善建议，改进中央政府机构和企业的活动及成效。《国家审计法》规定绩效审计主要由以下任务组成：

（1）审查公共资金处理及支出情况；（2）审查中央政府机构和企业运行中是否保持节约和高效；（3）审查他们在活动中是否遵守了适用、合法的规定；（4）评估拨款和捐款是否取得预期成果。

国家审计署自己决定承接哪些审计项目，但也会常常考虑议会总统委员会、各部门或机构的要求。审计项目在审计内容、审计方式以及审计范围上都有可能截然不同。审计项目可能在对各机构，无论是作为一个整体的某个机构或一个以上的机构的具体运行领域进行审查时都会不同。审计结果通常以官方报告或备忘录的形式公布。国家审计署每年提出 8 至 10 份审计报告。

由于绩效审计需要大量的时间和人力，所以国家审计署在选择审计项目时非常审慎。在选择审计项目时，其把重点放在对公共管理、各部门或机构有重大意义的问题上，也会考虑人们对中央政府机构或企业活动的弱点或缺陷做出的合理评论。国家审计署力求按照公认的审计准则客观地处理每个审计项目。冰岛国家审计署的报告中常有批评的内容，但这些批评都是尽量以公正、有建设性的方式提出的。被审计方也有机会评价国家审计署提出的观点，并在报告定稿完成之前提交评论或校正之处。审计报告公布后，国家审计署在相关问题上的活动通常也就结束了。

（六）信息系统审计司

信息与通讯技术的迅速发展已多方面影响了政府机构的运行和服务。近年来，冰岛国家审计署强调对中央政府机构和企业的信息系统进行审计，目标是保证这些系统的完整、效率和安全，并证实他们达到所有要求且遵守法规和标准。为此，除了准备大量与审计署责任领域相关的最佳实践指南，冰岛国家审计署的工作人员还对各机构的信息系统进行各种审计。

信息系统审计司的电脑专家还向冰岛国家审计署的其他工作人员提供建议和帮助，并负责管理国家审计署所有计算机系统的运行。

（七）法律与环境司

法律与环境司的主要任务是为其他部门就与审计项目相关的法律问题提供帮助和建议。此外，其还负责检查特许资金和特许机构，进行环境审计，即特别关注冰岛是如何遵守与环境保护相关的法规和国际协议的。

法律与环境司每年就与国家审计署审计项目相关的法律问题提出大量意见。这些意见很少公布，但有时会出现在国家审计署发布的出版物和报告中。

（八）国际关系

冰岛国家审计署是几个国际审计组织，如最高审计机关国际组织（The International Organisation of Supreme Audit Institutions，以下简称 INTOSAI）、最高审计机关欧洲组织（The European Organisation of Supreme Audit Institutions，EUROSAI）的成员，与其他国家审计署有着良好的关系。冰岛国家审计署的工作人员每年都参加国际合作、议会和会议，向其他国家提供审计署的运作信息，同时也从其他国家的经验和知识中获益。

四、监察专员

冰岛议会监察专员的职责是监督国家和地方政府的整体管理情况，保护公民权利不被政府侵犯。监察专员还必须确保平等原则得到遵守，国家和政府的管理符合法律和行政范例。公民可向监察专员办公室投诉公职人员滥用职权或行政失当，监察专员办公室会就投诉进行调查。监察专员的调查结论没有法律约束力，但通常会被当局采纳。公民可直接通过监察专员办公室的网站进行投诉。

第三章　丹麦的反腐廉政建设

第一节　丹麦的反腐及廉政建设概况

在全球清廉指数上，丹麦是最廉洁的国家之一。尽管如此，相对于其他国家来说，丹麦关于反腐倡廉的正式法律规定很少。根据透明国际2011 年 12 月发表的一篇文章，丹麦廉政制度是一个以公众信任、政治透明和社会资本为基础的自下而上的体系。透明国际《2013 年全球腐败晴雨表》显示，公众并不认为腐败是丹麦社会的主要问题。受访者认为宗教机构、私营部门、媒体和政党是丹麦最腐败的行业，而教育系统、警察、公务员和司法部门是最廉洁的行业。

丹麦已经很少出现令公众大为震惊的丑闻，通过行贿以获得公共福利和服务的现象几乎不存在。虽然巨额贪污的例子为数不多，但近年来媒体多次报道了某些“灰色地带”的贪污现象，包括一些政界人士和公职人员接受私人礼品或招待。另外，就业中关系网的重要性掀起了关于丹麦裙带关系的公众辩论。丹麦《政治报》（*Politiken*）2011 年中的一篇文章和丹麦广播电台 2013 年的一个播客表示，很多案例都被视为孤立的现象，在公众辩论中也很少被视为腐败现象。但据这两家媒体表示，实际上这种做法在公共和私人管理文化中可能更加根深蒂固，这让大多数丹麦人都无法接受。

丹麦签署了一系列国际反腐败公约，《丹麦刑法典》将大多数腐败行为都刑事化了。然而，经济合作与发展组织 2013 年 3 月的评估报告批判丹麦对于涉外贿赂案件调查不充分，而透明国际和反腐败国家集团则认为丹麦在政党融资方面没有透明的法规。丹麦 2013 年 6 月正式通过的《信息自由法》（*Freedom of Information Law*）也因限制了人们获得部级和公共管理文件的途径而饱受诟病。尽管如此，透明国际《2012 年国家廉政体系评估报告》（*National Integrity System Assessment* 2012）发现，丹麦反腐败和禁止滥用职权的保障措施主要依赖于公职人员的自身廉洁，而不是正式的法律规定。

一、商业与腐败

透明国际《2013 年全球腐败晴雨表》的受访者认为，工商部门是丹麦较腐败的部门之一，但实际情况也并非很严峻。这反映在世界经济论坛《2013—2014 年全球竞争力报告》中，接受调查的企业高管将获得资金渠道、税务和低效的政府机构列为经商过程中最棘手的因素。在 16 个影响做生意的因素中，腐败和政府不稳定则是影响最小的因素。受访高管也表示，他们对政治家的道德标准非常信任，而且不合规定的支付和贿赂现象几乎从未发生过。对公职人员的现有准则——《反腐败法》（*Avoid Corruption*）和《公共部门行为准则》（*Good Conduct in the Public Sector*）都规定公务员不准接受与其工作有关的任何礼品或好处，特别庆祝活动中的小礼品除外。

世界经济论坛《2013—2014 年全球竞争力报告》中受访的企业高管指出，公司与公职人员，政界人士和其他企业之间的互动行为都符合道德规范，公司的财务审计和报告也都有着高标准。2009 年，报告法修订案强制要求丹麦上市公司每年报告一次他们的企业社会责任活动，丹麦大多数大公司在运营中都遵循企业社会责任战略。丹麦商务局发布“企业社会责任行动计划”，以推动企业社会责任进展。丹麦商务局，与丹麦工业联合会和北欧部长理事会共同合作，创建了专门针对中小型企业的免费在线工具——企业社会责任罗盘，帮助他们实施负责任的供应链管理以及告诉他们如何应对腐败。

只有极少数研究可有助于厘清与商务有关的犯罪的实际程度。在公平贸易联盟（The Fair Trade Federation，以下简称 FTF）2010 年的一项调查中，90%的受访者表示：从来没有在工作场所目睹过金融犯罪，也从未怀疑过他们的工作场所存在金融犯罪；最常见的犯罪是盗窃和贪污，其次是篡改账目。2011 年普华永道会计师事务所（Price Waterhouse Coopers）的一项调查显示，29%的丹麦公司报告，公司在过去的一年中存在犯罪现象，据估计平均造成 850 万丹麦克朗的损失。但这项调查同时还提到，腐败与贿赂现象在丹麦极少发生。两项调查均显示，丹麦也可能发生腐败案件，因此腐败预防措施仍然很重要。[①]

二、商业腐败的监督环境

美国《2013 年传统基金会报告》显示，丹麦的监管环境高度透明并且高效。美国国务院 2013 年报告表示，《丹麦竞争法》（*Danish Competition Act*）与现行欧盟立法基本一致，并且其法律、监管和会计系统公开透明，符合国际标准。

就经商便利度而言，在世界银行和国际金融公司发布的《2014 年营商环境报告》调查的 189 个国家中，丹麦排名第五位。根据世界经济论坛《2013—2014 年全球竞争力报告》，受访企业高管认为遵守政府行政要求的压力为中等。受访者将政府官僚机构效率低下列为影响企业运作的最大的因素之一。然而，受访企业高管也认为政府决策的透明度很高，因为他们可以获得可能影响私人投资者的政府法规政策变化的信息。

丹麦的法律制度享有政治独立性，被广泛认为是公平的，并且近几年一直没有大的投资争端。丹麦已经正式批准了关于仲裁和投资争端解

---

① 关于如何建立和加强企业反腐败措施的全面准则详见商业反腐门户网站的“廉政体系”，在使用代理、分包商和业务合作伙伴时，如何降低腐败风险的程序详见“尽职调查”。

决的主要国际协定，包括《纽约公约》《关于解决国家与他国国民之间投资争端公约》《欧洲国际商事仲裁公约》（*The European Convention on International Commercial Arbitration*）；随后的国家立法也规定投资争端国际仲裁在丹麦同样具有法律约束力。①

三、丹麦司法系统的廉政状况

透明国际《2013 年全球腐败晴雨表》的受访家庭表示对司法系统信任度很高，并认为其是丹麦最廉洁的机构之一。美国国务院 2013 年报告和《2013 年美国传统基金会报告》也表示，丹麦的司法系统是独立的、公平的，且在整个经济体系内得到制度化。其严格执行产权保护，贯彻商业法和破产法。

世界经济论坛《2013—2014 年全球竞争力报告》中受访的企业高管表示，丹麦的司法系统很独立，并且能够有效地解决争端。他们还认为，民营企业挑战政府行为合法性的法律框架也很有效。同时，根据透明国际《2012 年国家廉政体系评估报告》，丹麦司法机构稳健独立，且民众普遍认为司法系统不存在腐败。

此外，世界经济论坛《2013—2014 年全球竞争力报告》显示，在评估丹麦司法体系独立于政府职员、公民或公司成员影响方面，企业高管在 7 分的量表上给了 6.2 分（1 分为严重影响，7 分为完全独立）。

而在民营企业挑战政府行为和/或法规合法性的法律框架的效率方面，企业高管在 7 分的量表上打了 4 分（1 分为非常低效，7 分为非常高效）。

透明国际《2013 年全球腐败晴雨表》显示，只有 5%的受访家庭认为司法机关“腐败”或“极其腐败”，但只有 1%的人声称曾在过去 12 个月内贿赂过司法机关。

---

① 丹麦法律汇编详见《世界法律指南》（*The Lexadin World Law Guide for a Collection of Legislation in Denmark*）。

四、丹麦警察系统的廉政指数

透明国际《2013 年全球腐败晴雨表》表明，警察和公民之间几乎从来没有贿赂现象。根据透明国际《2012 年国家廉政体系评估报告》，至今警方只有过一个腐败判刑案件。

世界经济论坛《2013—2014 年全球竞争力报告》显示，在丹麦警察部门执法和维持秩序的可靠性上，企业高管在 7 分的量表上给了 6.1 分（1 分为根本不可靠，7 分为非常可靠）。透明国际《2013 年全球腐败晴雨表》显示，只有 9%的受访家庭认为警察部门“腐败”或“极其腐败”，但只有 1%的人声称曾在过去的 12 个月贿赂过警察部门。

五、丹麦基础设施建设和公共事务中的腐败指数

透明国际《2013 年全球腐败晴雨表》表明，丹麦几乎从未出现过为获得各种公共设施和服务而行贿的现象。

1. 商业审批负担

尽管《2013—2014 年全球竞争力报告》显示，受访企业高管认为在处理政府行政规定（许可证、执照、报表等）时相对繁琐，但世界银行及国际金融公司《2014 年营商环境报告》仍然将丹麦列为经商最容易的国家之一。此外，报告的资料来源表明，所有与政府官员的交往都以透明的方式进行，一般不需要担心与政府官员交往时会碰到贿赂、欺诈性的业务检查或法律的任意适用这样的问题。

2. 登记许可服务

透明国际《2013 年全球腐败晴雨表》指出，只有 1%的人声称曾在过去 12 个月内为了获得公共事业方面的好处而行贿，而只有 2%的人声称曾在过去的 12 个月向注册和许可机构行贿。

3. 医疗服务

透明国际《2013 年全球腐败晴雨表》显示，只有 13%的受访户认

为医疗体系"存在腐败"或"极为腐败"，但只有1%的人声称曾在过去12个月内支付贿赂。

4. 土地管理

透明国际《2013年全球腐败晴雨表》显明，公民和土地管理机构之间几乎没有发生过贿赂，只有2%的人声称曾在过去12个月给土地管理机构行贿。2013年美国国务院表示，在丹麦，财产权在法律和实践中均受到良好保护，并且财产担保利益也得到承认和执行。

5. 税务管理

透明国际《2013年全球腐败晴雨表》显示，公民与税务机关打交道的过程中几乎从未出现过贿赂现象，基本自动化的税务申报系统在其中发挥了重要作用。《丹麦税务评估法》（*The Danish Tax Assessment Act*）第8D条详细规定，公司需要注意，给外国公职人员的贿赂不能算作抵税，给国有控股企业员工的好处费和贿赂也包括在内。然而，据经济合作与发展组织《2013年后续报告》，给私人部门的贿赂可算作抵税。该报告还说，税务部部长预计将提出修改这条规则。《2013年全球腐败晴雨表》显示，只有1%的人声称曾在过去12个月内贿赂税收机构和/或海关。

6. 海关管理

透明国际《2013年全球腐败晴雨表》表明，行贿几乎从来没有在公民和海关人员之间发生。

世界经济论坛《2013—2014年全球竞争力报告》的受访企业高管认为，丹麦进出口几乎从未发生额外付款或贿赂。丹麦的航运企业马士基航运公司在2010年年底成立了海事反腐败网络。据《航运观察》2013年6月的一篇文章，海事反腐败网络由航运业26个供应商和组织组成，专注于如何应对高风险市场的腐败现象，并创建一个特定行业的反腐败培训计划。此外，为应对腐败问题，该组织旨在收集支付给世界各地海关当局好处费的范围和价值的数据。

透明国际《2013年全球腐败晴雨表》显示，只有1%的人声称曾在过去12个月内贿赂税收机关或海关。世界经济论坛《2012年全球贸易报告》指出，业务主管给边境管理透明度（丹麦与进出口相关的无证额外付款或贿赂的普遍性）的评分为6.5分（7分制，1分为不透明，7分为透明）。

7. 公共采购和承包

2011年2月，丹麦专用车及汽车零部件供应商Bukkehave，被丹麦地方法院裁定为在2000年和2001年与伊拉克政府签订价值1.25亿丹麦克朗的“石油换粮食计划”时，非法支付10%的回扣。根据《贝林时报》2011年2月的文章，该公司被判处没收约2500万丹麦克朗的财产。

《丹麦采购法》（*Danish procurement law*）遵循欧盟对公共采购的规定——《公共部门指令（2004/18）和公用事业指令（2004/17）》[The Public Sector Directive（2004/18）and in the Utilities Directive（2004/17）]。然而，低于欧盟指令最低门槛的公开招标是由《丹麦采购法》管辖的。欧盟指令要求丹麦当局排除犯有腐败罪行的公司参与公开招标。尽管如此，2013年经济合作与发展组织对丹麦实施《反贿赂公约》的评估显示，政府当局并没有采取排除犯有腐败罪公司参与公开招标的统一做法。

世界经济论坛《2013—2014年全球竞争力报告》显示，在是否出于腐败把公共资金转移给公司、个人或群体的评价上，企业高管给了6.3分（7分制，1分为非常普遍，7分为不存在）；在决定政策和合同时，政府官员偏袒关系良好的公司及个人方面，企业高管在7分的量表上给了4.4分（1分为总是偏袒，7分为从不偏袒）。

第二节　丹麦的反腐及廉政建设举措

一、立法举措概况

（一）国内立法

国际反腐败公约列出的大多数腐败行为均在《丹麦刑法典》中规定

为犯罪，包括公务人员主动和被动收受贿赂（分别规定在第 122 条和第 144 条），各种形式的滥用公职（第 155 条至第 157 条），贪污（第 278 条），欺诈（第 279 条），背信（第 280 条），洗钱和贿赂所得（第 290 条）以及私营部门贿赂（第 299b 条）。

此外，第 306 条规定，公司作为法人，并且可以按照第 5 章（有关司法人员的法律责任）的规定，对违反《丹麦刑法典》的行为追究刑事责任。公务员和企业境外犯罪均可在丹麦被起诉。除了《丹麦刑法典》第 290 条外，《反洗钱及资助恐怖主义措施法》（*Act on Measures to Prevent Money Laundering and Financing of Terrorism*）也于 2007 年生效，并要求受监管的金融机构和其他实体向“重大经济与国际犯罪国家检察官”（Public Prosecutor for Serious Economic and International Crime）下属的反洗钱秘书处（The Money Laundering Secretariat）提交可疑交易报告。

《丹麦税务评估法》（*The Danish Tax Assessment Act*）第 8D 条详细规定，在丹麦，给海外公职人员的贿赂不能算作抵税款项，给国有控股企业员工的好处费和贿赂也不能算作抵税款项。然而，目前丹麦的法律允许将“给具有‘特殊国情’的国家的公职人员支付好处费”这一行为作为正当辩护理由。但据 2013 年 3 月经济合作与发展组织对丹麦海外贿赂犯罪的评估，这种辩护尚未成型，而且在实践中存在可能导致海外贿赂合法化的风险，因此丹麦当局应澄清并详细说明这一辩护的性质（这种好处费是否真的具有正当性），并就好处费的性质给私营部门做出详细解释，传达一致信息。

虽然丹麦立法中将公务员行贿受贿刑事化的内容规定和界定得很直接（公务员不得接受不当礼品或利益），但在什么可视为“不当”方面，灰色区域仍然存在，这引起了人们对使用礼品和招待的疑虑。为了阐明公共部门在这一领域的立场，丹麦政府于 2007 年发布了两个指导手册：《避免腐败》和《公共部门的良好行为》（*Avoid Corruption and Good Conduct in public Services*）。根据这两个手册规定：除了特殊庆祝活动的小礼物，丹麦公务员不得接受任何与工作相关的礼品或好处。近年来，丹麦媒体报道了很多关于高层官员收受易被界定为“不当”的礼物的事件，但法院几乎没有受理过此类贿赂案件。为了增强这方面的透明度，透明国际丹麦分会在《2012 年国家廉政体系评估报告》中建议，应强制高级官员披露有关费用和收到礼物的信息。

（二）反腐败公约

丹麦签署了多项国际法律反腐承诺，其中包括经济合作与发展组织的《禁止在国际商业交易中贿赂外国公职人员公约》、《联合国反腐败公约》和欧洲理事会的《反腐败刑法公约》。根据经济合作与发展组织对丹麦实施《反贿赂公约》的最新评估（2013 年 3 月第三期报告），经济合作与发展组织“关于国际商业交易中的贿赂问题工作组”对丹麦海外贿赂法的执行情况主要持批评态度：在 13 项针对海外贿赂的指控中，只有 1 宗起诉成功，该工作组对丹麦执法机关的总体评价是查办案件不够积极主动。总之，经济合作与发展组织“关于国际商业交易中的贿赂问题工作组”建议，丹麦必须检讨其海外贿赂执法的整体做法，提高海外贿赂和伪造账目的最高刑罚，阐明为小额好处费做辩护的条件，更好地保护公共和私营部门的举报人，并把经济合作与发展组织公约扩展到格陵兰岛和法罗群岛。

不过，丹麦在提高企业认识和促进企业社会责任上的做法得到褒奖。但《反腐败国家集团合规报告》（2011 年）表示，丹麦在其法律中实施欧洲理事会《反腐败刑法公约》的努力和政党经费透明度方面的努力都很令人失望。

二、政府反腐策略

丹麦从未起草过国家反腐败战略来概述优先反腐的领域及战略。丹麦国际援助署（The Danish International Aid Agency，以下简称 DANIDA）

在2003年实施了一项行动计划，以防止在使用发展援助资金和项目的过程中发生腐败和诈骗。丹麦国际援助署同时还运行了一个透明门户网站，其中包含了践行透明需要的工具和信息。丹麦贸易委员会也一直积极向在国外经营的丹麦公司推动反腐和企业社会责任，有几个丹麦使（领）馆还提供企业反腐培训和咨询的服务。

（一）公共采购

丹麦的公共采购主要采用欧盟关于公共采购的规则——《公共部门指令（2004/18）和公用事业指令（2004/17）》——进行监管。然而，低于欧盟指令最低门槛的公开招标是由《丹麦采购法》管理，要求公共采购方公布所有介于50万丹麦克朗和欧盟最低门槛之间的采购，仅有少数例外情况。该法还要求所有价值超过300万丹麦克朗的建筑工程进入强制竞争性招标。竞争和消费者管理局（Konkurrence OG Forbrugerstyrelsen）负责丹麦公共采购的立法工作，包括相关欧洲法律的实施。它还运营公共采购在线门户网站，在网站上公布低于欧盟指令最低门槛的公开招标信息，但它也允许公共机构和部门在这个门户网站上而不是在《每日电子标讯》上为欧盟的招标信息做广告。如果有理由相信有人违反了采购法律，可以向丹麦竞争局或公共采购投诉委员会提出投诉。丹麦市政协会建立了采购门户网站，为私人供应商和公共采购员提供信息、工具和指导。透明国际《2012年国家廉政体系评估报告》显示，丹麦规范公共采购的框架足以确保采购流程公平、透明。然而，2013年经济合作与发展组织对丹麦实施《反贿赂公约》情况的评估显示，在排除被判犯有腐败罪的公司参与投标（欧盟采购指令是这样要求的）方面，政府机构没有统一的做法。此外，丹麦没有进行系统的监控，主管部门不使用犯罪记录数据库，这使他们无法监测出应被排除在外的公司。

（二）电子政务

电子政务的发展极大地促进了政务公开和透明。电子政务的推广最关键的意义并不在于节约了人力成本，而在于使政府职员在行使相关权力的过程中，其每一个环节都受到了来自各方面的监控，对政务的廉洁性起到了极大的作用。此外，办公的电子化减少了人际接触的可能性，程序化模式也使腐败空间大大缩小。也因为如此，电子政务的实施状况在北欧的廉政建设工作和相关报告中均占有极其重要的地位。而这一反腐利器的重要性恰恰是我国很多人都没有意识到的。

电子政务在丹麦高度发达，许多公共服务都是以电子方式提供。自2001年发布第一个数字化战略以来，国家、市政、地区当局已在整个公共部门建立了数字化和自动化合作。这促成了数字化解决方案，如公民网关（borger. dk），数字签名（Nem ID）和电子发票（Nem Handel）。据丹麦数字化局（Digitaliseringsstyrelsen）的数据显示，目前公民与公共部门的沟通约40%是通过数字渠道实现的。

1. 信息通信技术在政务方面的作用

丹麦在电子政务方面的成就是举世公认的，丹麦政府一直将信息通讯技术视为解决社会问题，促进社会发展及保持政府清廉的重要手段。自1994年至今，丹麦政府已经开展了7项与电子政务相关的国家型战略，并且一直以公共需求为导向。比如，borger. dk就是从民众使用角度提供政府服务的代表，这个网站于2008年得到了联合国电子政务调查报告的高度赞赏。borger. dk经过了两个阶段的发展。在2006—2008年的第一阶段，该网站的主要定位是“信息导航”，主要是让民众可以通过网站方便地检索有关法律法规，政务新动向，实现养老、医疗、住房和生育等全方位的信息覆盖。而自2008年起，该网站进行了升级换代，用户可以根据自己的需求和爱好设置不同的主题，访问更加人性化。

2. 居民身份证认证制度

此外，居民身份证（ID）以及电子签名等辅助手段更是强化了丹麦的电子政务系统。丹麦的居民 ID 又被称为 CPR（Central Persons Registration），这种 CPR 由 10 位个人识别号码组成，很像我们中国的身份证。丹麦国民的生活，从就诊到银行开户，租赁办理，租借光盘等小物品都要使用这个 10 位身份代码数字进行身份识别。这一点与中国的身份证类似，但是其使用范围比中国的身份证要大得多，中国的社保卡等其他身份证明的功能都被这一个 CPR 包含了。另外，与中国的居民身份证不同的是，丹麦的 CPR 真正做到了"居民"持有，即不仅丹麦公民，所有在丹麦居住的外国人和留学生都需要有这个证件。[①] 丹麦 CPR 制度的发展其实从 1968 年就开始了，只不过当时的主要目的和功能是纳税，随着时代的发展和信息时代的到来，其功能也在不断拓展当中。

而且，CPR 还有一点与中国身份证不同，即相关企业在办理客户业务，比如电信局为客户办理宽带时，可以通过输入 10 位客户的 CPR 号码查询客户电话、住址信息，以提高办公效率，因为其本来就是以打通政府和企业互联障碍的目的而推出的。而中国的身份证信息只有公安系统等少数机构才能查询。

3. 电子签名制度

丹麦的电子签名制度和居民身份证号码制度一样，在政务信息化方面发挥着重要的作用。丹麦的居民可以通过在线方式申报自己的电子签名。这种签名具有个人安全认证功能，在纳税、结算、银行业务以及其他个人信息认证方面都起着重要作用。相比而言，在我国，出于信息安全等考虑，还在电子纳税等方面使用较为陈旧的 IC 卡与读卡器等硬件结合的方式。这种方式成本较高，负担较大，安全系数其实并不比电子签名制度更大。其实，我国使用的这条 IC 卡认证系统也是丹麦曾经使用的，但是实施效果并不理想。在直面失败的前提下，丹麦积极发展并推动了电子签名制度的普及。

在电子政务的运行过程中，政府和企业以及个人之间的利害冲突是

---

① 详细信息介绍参见 http://www.echinagov.com/quality/government/89.html，最后访问日期 2016 年 12 月 2 日。

常见的问题。丹麦通过在财政部内设信息化专家组的方式，解决了这个协调利害冲突的问题。具体做法是：信息化专家组每周召开一次联合执行委员会（Steering Committee for Joint Cross Government Cooperation）会议，该委员会是由各机构的副部级官员与地方政府的代表组成，作为信息化政策的最高决策机构，负责关于电子政务过程中所有部门之间的协调工作。

丹麦在电子政务上的业绩不是偶然的，其强有力的政府保障，以公众为导向的施政目标，科技方面的高度支持，以及有效的政府和民众之间的意见沟通和对话，都是保障其电子政务获得成功的要素。

（三）举报措施

丹麦没有给公共和私人举报人提供全面的保护。根据经济合作与发展组织的报告，丹麦历来依赖于社会伙伴规范与劳动力市场来保护检举人，立法主要是起辅助作用。根据《丹麦宪法》（*Grundloven*）第 77 条的规定，每一个公民都有言论自由，但要承担相应的法律责任，同时允许公职人员向媒体披露非机密信息。但根据《丹麦刑法典》（§152E，2）的规定，只有在为了保护公众利益或有利于保护公众利益的情况下，公职人员才可以公开机密信息。除非有特殊理由，公共机关不得收集举报人的身份信息。《2012 年国家廉政体系评估报告》表示，有关言论自由和告知权的现行规则在目前的框架中已经足够满足需求。然而，公平贸易联盟（一个丹麦公职人员贸易联盟）2010 年的调查发现，只有极少数公务员知道自己拥有告知权。其中许多公务员表示他们担心会遭到报复，所以永远不会使用自己的这项权利。此外，很少有公共机构将举报制度化。基于《2012 年国家廉政体系评估报告》的调查结果，透明国际丹麦分会已将倡导建立一个举报人服务中心作为其公开的目标，以为私人和公共部门雇员提供法律指导和咨询。

三、非官方反腐活动

（一）媒体的作用

《丹麦宪法》保障言论自由，并保障它得到广泛的尊重。媒体反映各种政治意见，也经常批评政府。国家为无线电和电视广播提供资金，但国有电视公司拥有独立的编辑委员会。根据《2012 年国家廉政体系评估报告》，丹麦媒体在揭露政治案件中发挥了核心作用。媒体通常首先披露涉嫌欺诈的案件，随后由相关政府部门接手调查。国会于 2013 年 6 月通过了具有争议的《信息自由法》，但受到国际国内批评。对这部法律的批判主要针对第 24 条和第 27 条，即禁止公众获得部委及其行政管理部门的文件。根据几个监督组织的调查结果，大学甚至对立的政客将阻碍媒体调查，防止媒体披露公共管理中的渎职和滥用权力。2013 年 5 月有人发文认为，因为这部法律中的这些段落，过去 10 年中 3 起最大的滥用职权案将永远不会公布。尽管如此，丹麦民众还是以为媒体环境是“自由”的，其媒体自由度排在世界前列。

（二）民间团体

《丹麦宪法》规定了集会和结社的自由。其民间社会充满活力，工人可以自由组织。根据《2012 年国家廉政体系评估报告》，丹麦没有统一的立法来管理民间社会组织，但其独立性受法律保障，在民间社会组织的各项事务中，也没有非自愿的政治干预的情况。丹麦有 10 万多个民间社会组织，其中大部分与文化和体育有关。

透明国际丹麦分会这样的团体在丹麦的廉政建设中起到了非常积极的作用。透明国际各地方分会是一个非营利性的独立的非政府组织。该组织的主要目标是通过安排会议和其他活动、针对具体案例发表意见及倡导改革和法律发展来防止腐败。透明国际丹麦分会是丹麦唯一一个专门针对反腐，旨在向政府问责的组织。

此外，“DanWatch—关于企业伦理的调查性新闻”（DanWatch-Investigative Journalism on Corporate Ethics）、“举报人法律援助组织”（The Organisation for Legal Assistance for Whistleblowers）、“丹麦工业联合会”（Confederation of Danish Industries）等民间组织在反腐工作中也表现得非常积极。

“DanWatch—关于企业伦理的调查性新闻”是一个非营利、独立的监督研究中心，对私营企业的全球活动以及它们如何影响环境做调查性新闻报道。DanWatch 的一些重点主题是私营部门与人权、气候与环境、腐败、贫穷以及劳工权利的关系。

“举报人法律援助组织”是一个独立的组织，通过筹集资金给举报人提供法律支持，并倡导通过丹麦立法加强对举报人的保护。

“丹麦工业联合会”则是一家私营组织，完全由制造业、贸易和服务业内 10,000 家成员公司资助、所有和管理。“丹麦工业联合会”在其网站上为那些希望在海外长远发展的公司编制了相关反腐败信息和工具，其中有关于如何避免腐败、如何建立举报制度的指导和对《英国反贿赂法》的介绍。

第三节　丹麦主要的反腐机构

一、重大经济与国际犯罪国家检察官

丹麦最主要和最专业的反腐机构当属重大经济与国际犯罪国家检察官（Statsanklagerenfor Særlig Økonomisk og International Kriminalitet，以下简称 SIØK，或 Bagmandspolitiet），其负责调查和起诉丹麦境内外最复杂的经济犯罪和腐败案件。它不是一个专门的反腐败机构，但调查范围广泛，如诈骗、贿赂、挪用公款、税务欺诈、背信和勒索。近年来，重大

经济与国际犯罪国家检察官调查了大量经济犯罪案件，但经济合作与发展组织一项评估发现，在调查涉及海外贿赂的案件时，重大经济与国际犯罪国家检察官不够积极主动，因为鲜有海外贿赂案件被起诉。

在调查过程中，重大经济与国际犯罪国家检察官会与其他有关机构如丹麦税务局（SKAT）和金融事务监察局（Finanstilsynet）紧密合作，这一合作在金融犯罪和洗钱案件中尤为突出。重大经济与国际犯罪国家检察官不经手的经济犯罪案件一般由当地警察部门处理。当地警方在处理某个案件时，重大经济与国际犯罪国家检察官可以提供协助和建议。到目前为止，重大经济与国际犯罪国家检察官几乎只处理国际案件。

在实践操作中，重大经济与国际犯罪国家检察官实际上分为两类检察官，即严重经济犯罪案件检察官（SØK）和严重国际犯罪案件检察官（SIK）。其中，严重经济犯罪案件检察官成立于 1973 年，作为检察总长下属的一个特殊分支。严重经济犯罪案件检察官负责处理全国范围内呈辐射状的重大金融犯罪；严重国际犯罪案件检察官负责全国范围内呈辐射状的境外严重国际犯罪案件，包括种族灭绝案件、反人类案件和战争。

和普通的检察官一样，严重经济犯罪案件检察官和严重国际犯罪案件检察官都应当遵循“客观性原则”，确保那些应受法律制裁的人受到起诉以及无罪的人不受起诉。如上所述，严重经济犯罪案件检察官负责处理全国范围内最复杂和最严重的经济犯罪案件，如各种形式的欺诈犯罪（包括投资欺诈）、挪用公款、背信、偷税漏税、贪污、勒索、高利贷和内幕交易。当接手某个案件时，检察署应当考虑以下因素：案件的复杂程度、是不是有组织犯罪、是否涉及特殊商业手段或是否在其他方面影响严重。此外，严重经济犯罪案件检察官还是负责处理严重贪污案件、以一般程序处理的普通贪污案件的主要机构，如当地警方和治安官贪污。其实，由于丹麦贪污率较低，检察署处理的贪污案件总量上很少。需要补充说明的是，严重经济犯罪案件检察官已调查的案件有，一起有关市政公务员收受贿赂的严重腐败案件（1980 年），以及一起有关私人贿赂的贪污案件（1986 年）。2013 年，其还负责调查了一起重大腐败案件，涉及国际组织和多个国家的公民。通过与其他北欧国家的密切合作，检察署已经成功调查了该案件，现已将案件转移到邻国。

二、检察署

丹麦检察署（Anklagemyndigheden）的任务是，按照《丹麦司法行政法》（*The Danish Administration of Justice Act*）的规定，与警方合作，共同追诉犯罪。①

丹麦的司法部部长是丹麦检察机关的最高领导机构，但检察长拥有检察机关的最高管理权，并在最高法院（Højesteret）进入程序之前负责对刑事案件进行诉讼。地区检察官在高等法院（Landsret）办理刑事案件，并监督警方的工作。但需要说明的是，丹麦的警察总长和哥本哈根的警务处长在市级法院出庭时的角色相当于检察官，因此除了管理警方，他们还负责地区警方的询问和调查工作，并肩负该地区检察机构的职能。

在组织结构上，司法部部长管辖检察机关，并负责监督检察官。检察机关是由检察长、检察官和警长（Chiefs of Police）组成。检察长负责处理最高法院管辖的刑事案件，同时，他也参与刑事案件审查委员会（Criminal Cases Review Commission）的听审程序。检察长的地位高于普通检察官，因此还负责监督他们的工作。并且，检察长可以对检察官在一审程序中做出的决定提出申诉。

在检察长的领导下，6 个地区检察官负责处理刑事案件（包括上诉案件和陪审团审结的案件），然后将其移交高等法院；负责监督警察长处理的刑事案件，负责处理针对警察长对于起诉方面的决定的投诉；处

① 检察机关的任务和组织详见《丹麦司法行政法》的第 10 部分（第 95 节至第 107 节）。

理有关刑事起诉的赔偿案件，并处理对警察的投诉。

根据《2012 年国家廉政体系评估报告》，丹麦的检察机关被评价为强大、独立、资源相对完善和充足。但是，检察机关原则上并不完全独立，因为它从属于司法部部长，且其年度预算是政治性的。不过，在检察机关处理的具体案件中还未出现政治干预办案的情况。《2012 年国家廉政体系评估报告》还认为，丹麦警方和检察机关在调查和起诉腐败上很高效，但经济合作与发展组织 2013 年第三期报告认为，这些机构在处理海外贿赂案件时效率低下。

三、审计长办公室

审计长办公室（Rigsrevisionen）隶属于丹麦议会（Folketinget），受《审计长法》（*The Auditor General's Act*）管辖和制约，是一个独立的公共机构。它的主要任务是，审计国家账目，并审查丹麦国家资金是否按照议会决定进行管理。这种工作实际上起到了廉洁政务的辅助作用。其审计结果报告给政府账目委员会（Public Accounts Committee）。政府账目委员会由议会任命的 6 名政治家组成，每人任期 4 年。审计长办公室和委员会之间的分工依赖于建立共识的传统。从国际的角度来看，这个传统有其独特之处：根据《2012 年国家廉政体系评估报告》，这两个机构合作密切，但不损害国家审计的独立性和完整性。这份报告还表示，审计长办公室是丹麦最强大的公共机构之一。2009 年的客户调查报告显示，公众和国家行政机关雇员高度信任审计长办公室。

四、监察专员

丹麦议会的监察专员（Folketingets Ombudsmand）由议会选举，负责调查与公共管理有关的投诉。公民认为某个公共机构犯了错误而提出的投诉由监察专员调查，但监察专员也会主动调查案件。监察专员可以提出批评，建议当局重审案件甚至改变决定，但不能强制执行决定。根据《2012 年国家廉政体系评估报告》，该机构被评估为拥有足够的资源，并且办案独立。

第四节　丹麦廉政建设中的几部重要法律

一、《丹麦公共部门行为准则》

为防止公共部门的贪腐现象，廉洁政务，《丹麦公共部门行为准则》规定了一系列的行为规则，主要包括保密义务、公正原则、关于收受礼品的规定等。

（一）保密义务

一般而言，公共管理部门的雇员不得向其他人透露执行的任务及职能的相关信息。然而，雇员向周围人透露信息也可能有助于提高公众对公共部门的理解和信任，这种情况下的信息透露是一个例外。不过，即使在有利于公众的情况下，对雇员透露在其工作中获得信息的程度也是有限制的。例如，雇员无权透露其参与的案件中的个人信息；有关雇员受雇单位的决策流程信息，雇员也不得向外界公开。

雇员有公开通过工作获得信息的权利，但其也受保密义务规则的限制。受保密义务保护的机密信息还包括其他一些方面，例如，涉及个人的私人情况或财务状况，一般不得披露给公民个人。

将机密信息传递给其他机关时，应采用特殊规则。而且，在一些案例中，关于保密义务应采用特殊规则。如不知泄露该信息是否可以，需要征得有关部门的同意。

对保密义务的违反有时候雇员是故意的，也存在过失的情况，但很多与职务的清廉性相关。

（二）公正原则

公正原则所要求的基本原则是：公共部门雇员必须态度公正，必须基于客观事实作出决定。公正原则对保护雇员以及对确保市民对公众管理的信心都很重要。因此，为避免怀疑不相关的因素参与到处理事务中，该法规定，涉及案件中的公务员不得参与相关案件的审理。在其他案件中，若雇员在该案件中有个人利益，可能导致与案件不相关的因素介入案件，影响对案件的处理，也适用这种回避原则。例如，如果雇员本身，或者雇员的家人，是其处理的相关事务中的当事人，或在该事务中有特殊的个人或财务利益，可能会影响处理事务结果时，该雇员不得参与处理该事务。在处理某个事务的过程中，如果出现任何对其处理的公正性的疑问，雇员必须向管理层报告。

（三）关于收受礼品等的规定

接受礼物或其他利益的原则要符合公正性规则。这两个原则都是为了防止人们对公共部门雇员公正性的质疑。因此，也有利于保护雇员自己。公共雇员是否允许接受与其工作相关的馈赠或其他利益，应受一般行政法原则和《丹麦刑法典》约束。此外，《公共部门行为准则》还建立了一些特殊的规则，并适用于个人的工作场所。

通常情况下，雇员应该坚决拒绝接受与他们的工作有关的礼物。当企业和个人对公共部门的雇员馈赠礼品时，只要雇员怀疑这种馈赠与公务事务有关，就应当拒绝接受该礼物，不管这种馈赠是否真的与公共事务有关。不过，雇员可接受具有私人性质的微小的礼物。例如生日、纪念日或退休时收的小礼物。同样地，在圣诞节或新年可偶尔接受微小的礼物，例如“业务关系”相关的人或企业赠送的礼物。此外，当赠送者送礼以示感谢，拒绝接受可能显得不礼貌或让赠送者失望时，雇员可接受微小的礼物。雇员可以接受受访问的其他国家赠送的当地礼物，以及来访国家赠送的当地礼物。如果个别机关已经制定了指导雇员接受礼品的规则，则该机关的雇员必须遵守这些指导原则。

二、《丹麦国际开发署反腐败行为准则》

《丹麦国际开发署反腐败行为准则》（*Danida Anti-Corruption Code of Conduct Guide to the Code*）（以下简称《准则》）旨在确保个人和组织行为正直、工作廉洁。其目标群体是丹麦国际开发署的所有工作人员，包括当地工作人员和顾问。尽管受其制约的目标群体相对较少，但是这部行为准则规范详细、明确，对其他部门都有较高的参照作用。

当然，准则并不是旨在确保丹麦国际开发署的个人和组织有高标准诚信的唯一文件。其他规范性/战略文件包括指导公务员行为的一般文件及一般法律、规则与惯例，以及雇佣关系相关规定，指导丹麦公务员行为的一般法律、规则与惯例（《监察员条例》中的相关规定等）。

丹麦国际开发署制定了一系列援助管理中关于规划、采购、财务管理等行为和程序的文件，旨在规范这些行为和程序。其中许多文件为公职人员的行为制定了一般规则和特殊条例。然而，在现代公共管理领域，特别是在丹麦国际开发署的复杂环境中，这样的规则还不足以引导公职人员行为，需要更加明确的道德观和价值观以补充这些正式的规则，引导丹麦国际开发署工作人员规范其职业行为。例如，尽管行为准则中有相关规定，实际运作情况往往处于某些道德的灰色地带，在这些地带人们无法准确判断相关行为是否合适。与整体使命、愿景和外交部的价值观一致，《准则》旨在通过详细阐述以伦理和价值为基础的原则，为丹麦国际开发署工作人员的专业操守填补这一空白，减少实践操作中的灰色地带。

而且《准则》很灵活地确定了一个原则，即随着时代和情况的变迁，价值观和道德观也会随之改变，准则也随时准备着为应对这些改变而做出调整。

在这部《准则》中，有若干规则得到了详细的阐述和说明。这些阐释和说明的内容在北欧其他国家的相关立法中得到了很大程度的重现。

（一）利益冲突原则

利益冲突产生的来源是丹麦国际开发署的员工在处理公务时有自己的私人利益，这会影响或可能影响公职人员执行公务时的公正性和客观性。私人利益包括给自己或家人、亲戚、朋友、有业务或政治关系的组织和个人获取好处。

《准则》要求：公职人员在办公室以外的政治活动或其他活动中应当依照法律、行政政策的规定，不得损害公众对其履行职能和职责公正性的信心。为了职务的纯洁性，《准则》要求公职人员不应当接受其他工作或活动，包括取消与之前或未来可能的雇主的来往，以及与丹麦国际开发署的职能和自己的职责发生冲突的雇佣关系。公职人员有责任避免利益冲突，无论其是真实的、潜在的或是显而易见的。公职人员之所以要承担这种责任的原因在于，公职人员往往是唯一知道自己是否处在利益冲突中的人。因此，如果出现了利益冲突的事件，公职人员自身是很难以不自知为由进行推脱的。正是由于《准则》的这种认知推定，相关公职人员才对利益冲突关系保持了高度的警惕，并在产生疑惑时及时报告上级，共同做出处理决定。

在个人交往或财务关系方面，《准则》认为：当丹麦国际开发署的公职人员与其合作伙伴或员工存在关系，包括私人关系、家庭关系、财务联系或其他性质的关系，并且这种关系可能侵犯公职人员决策或丹麦国际开发署的工作范围之内的处理结果时，公职人员应告知上司，并对行动的下一步进程共同作出决定。公职人员如代表丹麦国际开发署将合同或订单交给亲戚或有私人关系的职员时，就损害了其工作的客观性。同时，《准则》特地明确了与公职人员有密切关系的人的范围，即其未婚夫/妻、配偶、同居者、亲戚、法律上的直系亲属、兄弟姐妹、兄弟姐妹的子女及他们的配偶和同居者，以及公职人员的配偶和同居者的兄弟姐妹、父母子女

（包括养父母和养子女）。此外，每个丹麦国际开发署代表处主管负责监控潜在的利益冲突，包括正式工作人员和当地聘请的人员的经济利益。[①]

（二）关于公共职位和公共资源的滥用

对于出于私人目的，利用职位对个人或机构施加影响，或给他们提供好处的行为，以及为了私人利益使用公共财产、设施、服务和财务资源（除非得到法定许可）的行为，《准则》无疑是绝对禁止的。

这个原则意味着，相关人员不得使用其所在的官方机构为自己或家人的人身或经济利益提供便利。因此，相关人员不应该参与任何与职位、职能和职责相悖的交易，取得任何与职位或职能有冲突的财务、商业或其他类似的利益。比如，不应该用职权获得免费或降价的旅行。

（三）对法律的尊重

在一些丹麦国际开发署的伙伴国家中，地方法律与丹麦极为不同，因此这些法律可能经常与丹麦国际开发署要求职员所秉持的原则和丹麦官方政策相冲突。对于在职员工，《维也纳外交特权与豁免权公约》中的治外法权原则适用。然而，公约需要与当地的法律相符，方可从特权和豁免权中获利。因此，相关人员应该避免任何可能被视为侵犯自身外交特权和豁免权的行动。这意味着，《准则》要求其工作人员（在文中，“工作人员”和“雇员”如果没有特别说明，属于同义用语，只不过强调的是不同方面，“雇员”强调的是与开发署的从属性，“工作人员”强调的则是其受雇性质）自行支付停车和超速行驶的罚单，并履行私人法律义务。此外，还意味着其工作人员应该避免不尊重当地法律的个人行动或行为。当然，这一尊重法律的原则并不意味着其雇员不能参与当地官员谈论的关于丹麦官方政策和发展原则以及做法的某些敏感性对话。而且，作为当地雇员，雇用地的法律是完全适用于开发署的工作

---

① 在这个部分，具体参照外交部指令第 1 卷 C 章节第 6 部分。外交部秘书长于 1998 年 4 月 7 日制定了更多关于旅行支票的规定，涉及丹麦公共管理法案（议会）中关于利益冲突的规定。

人员的，若这些当地法律与丹麦官方发生了冲突，其应当及时进行报告。

（四）对个人行为的限制

《准则》指出，对于其雇员的一般性个人行为，开发署一般是不予以干预的，以保证个人的隐私和行为的自由性。但是，对于损害开发署雇员形象的行为，其是要插手的。比如，在雇员的居住国，尽管雇员的个人行为是完全合乎当地法律的，而且也没有以任何形式损害自己的工作，但如果这些雇员的个人行为与丹麦官方政策和发展原则发生冲突时，或者这种行为与其作为丹麦国际开发署员工的角色产生矛盾时，是要被绝对禁止的。比如，这些行为可能包括从事腐败行为，即获得好处费，或者使用童工，尽管这些做法在该雇员工作的国家并非都是不合法的。

上述规定适用于所有丹麦国际开发署的雇员，包括当地工作人员。不过，对于丹麦驻外在职人员，由于他们更理所当然地被认为是“代表”丹麦和丹麦政府的，他们的个人行为受到更严格的限制。对于境外工作人员，职业生活和私人生活之间的区别应该被模糊化，尤其是当地的环境倾向于在私人生活中也把外籍丹麦国际开发署员工作为丹麦国际开发署员工和丹麦的代表时，其私生活和职业生活应当等同视之，适用同样的规则。

（五）对主动和被动受贿的界定

《准则》禁止公共雇员自己或其家人、亲戚、朋友要求或接受任何与他们有或者曾经有过商业或政治关系的个人或组织给予礼物、恩惠、待客或其他任何好处，因为这可能会影响其履行职责的公正性，但这种礼物不包括传统的待客或微小的礼物。

作为一般规则，丹麦国际开发署的员工必须禁止接受馈赠和其他好处。这些包括，免费或减价的旅行，使用车辆、门票，员工合同中并未说明的其他降价好处，以及差旅费、晚餐费用等。

然而，在遵守和尊重当地接待公约的基础上，可以偶尔接受小的或象征性的礼物。代表处的负责人应该为这些类型的礼品制定价值限度，不应提供也不应接受高于此价值的礼品。来自其他国家代表处的同事们的宴会邀请被视为小礼物，即使它们超过限值，但前提是这些宴请发生在一个适当的和标准的业务框架内。而且，当赠送小礼物和晚餐邀请会导致明确冲突时，有关接受小礼物和晚餐邀请的例外条例不适用。这也适用于招标程序中其与投标人的关系的案例。

《准则》要求，当别人向雇员提供不正当的好处时，相关雇员应当自行采取的措施包括在不需要取证的时候，拒绝接受好处，但要找出送礼物的人；在需要取证的时候，可以与贿赂者进行一定的接触，但除此之外，要避免与贿赂者进行长时间的接触。如果礼物不能拒绝或退还给寄件人，应该保留，但不得使用或利用，或将它捐给慈善机构或用作其他公共用途；如果可能的话，尽快找到目击者，比如在附近工作的同事，并尽快准备记下该尝试贿赂的文件，尽快向上级报告该尝试贿赂事件。

当然，丹麦国际开发署允许员工向他人赠送礼物和提供其他好处，前提是没有不诚实、不正确或有约束力的依赖关系产生。例如，作为丹麦国际开发署员工，不得支付疏通费。疏通费，也称为“速度付款”或“贿赂付款”，是指为确保或加快常规工作进程、司法程序或必要的行政程序而进行的付款。但丹麦国际开发署对所有类型的贿赂，包括疏通费原则上采取零容忍的态度，因此应尽量避免这种类型的行为。按照零容忍的原则，所有雇员都有义务报告同事或其他人参与腐败犯罪的疑虑或证据。[①]

① 这一原则要求其雇员尊重和遵守《丹麦国际开发署反腐败行为准则》和对腐败零容忍的原则。有关这一原则应用的进一步说明，请参见“丹麦国际开发署反腐败行动计划”和丹麦国际开发署反腐败电子学习培训班（The Danida Action Plan to Fight Corruption and the Danida E-learning Training Course on Anti-corruption）。

（六）开放性和透明性原则

《准则》明确指出，开放性和透明性是工作的原则，但是必要时，为了维护合作伙伴、员工和其他人的权利，应当应用保密原则。

丹麦公共管理中的所有信息是公开的，应披露给要求访问这些信息的任何人。《准则》当然也遵循了这一一般原则。然而，某些信息对保护具有重大意义的利益十分必要，因此对该信息应予以保护，拒绝公众访问，这种保密例外尤其适用于有关（敏感）私人信息、个人情况或经济事实（如商业秘密）的信息。当然，这种例外适用的条件还必须符合如下情况，即披露该类型的信息会损害丹麦的公共利益，包括国家安全，与外国势力或国际组织的关系，国家的经济利益，以及丹麦政府进行的业务和采购交易。因此，有关准许或拒绝信息公开的任何最终决定都需由丹麦国际开发署代表处的主管做出。

三、《监察专员条例》

丹麦的《监察专员条例》（*The Ombudsman Act*）是 1996 年 6 月 12 日以第 473 号法案的形式颁布施行的。该条例就丹麦监察专员的一系列职能和工作方式做出了详细的规定，使监察专员这一北欧廉政建设中独特的建制在工作过程中更加得心应手，有章可循。

1. 监察专员的选任

该条例规定，每次换届选举或出现空缺时，议会下院应选举监察专员。成为监察专员必须获得法律学位，但是其对学位的级别没有明确规定，同时监察专员不得为议会或地方议会成员。由于监察专员是丹麦的议会选举出来的，所以其对议会负责，并受到议会的制约，不仅其薪金和退休金的额度由议会决定，而且如果议会不再信任某个监察专员，可以解雇该专员。如果是监察专员自己要离职，则需要提前 6 个月提出辞职申请。丹麦的监察专员并不拥有终身制的特权，但是为了保证其独立性，对他们的退休年龄规定得也很宽泛，其年满 70 岁才达到这一退休年龄。

监察专员可以聘请和解雇自己的员工。员工人数、薪金和养老金将按照议会程序制定。监察专员办公室的额外支出应当计入议会的预算。

在临时情况下，监察专员可任命其一名工作人员暂时履行其职能。而无论是其自身还是其任命的人员，在履行其职能时，都应当对其所负责的事件保密，当然前提是保密是必要的。监察专员的所有工作人员应受同一义务的约束。

除非得到议会下属的法律事务委员会（Legal Affairs Committee of the Folketing）的同意，监察专员将不得在公共或私营公司、企业或机构拥有办公室。

2. 监察专员的管辖范围

在丹麦，监察专员的职权范围很大，包括公共管理的各个部分，但其管辖范围不包括法庭和难民委员会。当然，对难民委员会的管辖权问题是新法的规定，因此在新法实施之前其已经管辖的针对难民委员会的投诉和意见，按照之前的法律处理。也即，该法对其实施之前的管辖问题是没有溯及力的。

在发生私人争端的时候，如果相关机构对争端的处理令双方当事人都满意，那么监察专员是不得以监察的名义对这一处理过程进行投诉的，即使这一处理纠纷的相关机构也隶属于公共管理的一部分。

如果公司、机构、协会等在《公共管理法》（*Public Administration Act*）、《获得公共管理文件法》（*Access to Public Administration Files Act*）或《公共管理数据保护法》（*Public Administration Data Protection Act*）的管辖下，监察专员可决定自己的管辖范围以同等程度延伸至这些机构。

此外，监察专员的管辖范围也包括国教，但其中直接或间接涉及教会信条或教义事宜的案件除外。[①] 在评估地方政府的公共管理时，监察专员应考虑每个地方政府的不同情况。

尽管监察专员向议会负责，在人员选任上也受到议会的制约，但是在执行公务时，监察专员是独立于议会的，议会只是制定监察专员活动的一般规则。当然，监察专员应向议会提交年度报告，而该报告是要被印刷并公布于众的。

3. 监察专员的工作范围

（1）监督现行立法的不足。如果监察专员注意到现行法律或行政法规存在不足，其应通知议会和相关部长。在地方政府规章存在不足的情况下，监察专员应通知地方当局。

（2）受理投诉意见。根据法律规定，丹麦的任何人均可向监察专员投诉政府部门。任何被剥夺人身自由的人都有权以密封信封的形式书面通知监察专员。不过，匿名投诉是不被认可的，投诉人应写明自己的名字，而且投诉应在事件发生一年内提出。不过，向监察专员的投诉应当遵循“用尽其他救济”的原则，也即如果当事人对某一机关的处理决定不满意，但可以向其他行政机关提出申诉意见的话，就不应当向监察专员提出投诉，除非该行政机构将案件主动移交给监察专员。根据《丹麦宪法》第 71 条之（7），被刑事程序之外的其他任何程序剥夺人身自由的人如果提出申诉，该申诉须提交由议会任命的监督委员会（Supervisory Board）负责。而针对这类申诉，如果监察专员在自己的职权范围内曾经处理过其投诉，而处理结果又让相关当事人不满的话，监督委员会在处理时仍可以调用监察专员协助。监察专员应判断投诉是否为其即将进行的进一步调查提供了充分的理由。在处理投诉的过程中，相关机构或个人发表声明后，监察专员方可表达批评或建议等。如果监察专员对投

① 丹麦的国教是路德教；丹麦人中，有 90%是福音的路德教教会的会员，无论其是否名副其实地信仰该教。国家元首必须是教会的会员，而所有其他居住在丹麦的人享有完全的宗教自由。

诉没有批评、建议等，则该投诉直接结案，无须提交之前处理该事件的相关部门。

（3）广泛的调查权。监察专员的职权很大，针对相关问题，监察专员可以主动发起调查。其还可以对部门处理中的案件进行一般性调查，甚至可以主动检查其管辖范围内的任何机构、公司和任何雇用机构。而监察专员管辖范围内的政府机关有义务向监察专员提供资料，并按照其要求出示有关文件。法律同时还规定，监察专员可检查任何存在雇用关系的地点，不受阻碍。而且，对其调查的任何事项，监察专员都可传唤证人出庭作证。但流程应符合《丹麦司法行政法》第 68 章的规定。

在调查过程中，监察专员有权决定不披露某一信件、某一初步陈述或某一初步解释的内容，即使根据《获得公共行政文件法》和《公共管理法》第 17 条之（2）的规定，这些内容是应当被披露的，除非之前处理这一事件的相关机关有机会就这些内容做出陈述和解释。

（4）强有力的评估权。监察专员有权力，也有义务和职责评估其管辖范围内的任何机构或个人是否有违反现行法律犯罪或失职的行为。其可以通过批评、建议或其他方式表达自己对案件或相关事件的观点。如果监察专员的案件调查评估显示，公共管理部门存在犯罪或重大失职，监察专员应向议会下属的法律事务委员会以及相关负责的部长或有关地方当局提交报告。此外，在这种调查评估过程中，其作出的决定和意见还有司法上的特权，针对监察专员所作出的决定和声明而提起的民事诉讼可以应监察专员的要求而被撤销。

当然，如果在处理相关事件或案件时，人们对监察专员的公正性产生了怀疑，监察专员须告知议会法律事务委员会。该委员会将决定谁应履行监察专员的职能。

第四章　芬兰的反腐廉政建设

第一节　芬兰的反腐廉政建设概况

十多年来，各种全球管理测评机构和腐败指数均显示，芬兰是世界上腐败指数最低的国家之一，同时也是世界上政府运行状态最好的国家之一。《2013 年评估报告》显示，在芬兰，社会透明度和公开度高的特征，强大的内部和外部调控制度，以及公民和媒体对公共管理事务的介入，使腐败现象得到了极大的抑制。其实，芬兰并没有一个全国性的反腐计划，也没有一个专门的机构负责腐败的预防工作。相反，芬兰的腐败预防工作很大程度上依赖于诚信、公开和公众审查，而这几个要素在实践中被证明非常有效。芬兰的司法部部长负责协调国内和国际的反腐工作；而芬兰的警察，包括专门设立的国家调查局（National Bureau of Investigation，以下简称 NBI），则负责处理腐败的侦查及将有关案件交付检察机关，以便其提起公诉。《2012 年欧洲晴雨表》（*Eurobarometer* 2012）显示，在 27 个欧盟成员国中，芬兰是五个受访者都不认为腐败是自己本国的一个问题的国家之一。

尽管芬兰的腐败率相当低，但近年来还是发生了一些丑闻。这些被披露出来的丑闻表明，芬兰并不是与腐败绝缘的，而其反腐制度也不是像每年的国际反腐或清廉度等排行表那样所展示的完美无缺。根据透明国际 2012 年的一篇文章，芬兰的腐败问题主要集中在市政层面，比如与政府采购和基建有关的决定，以及在芬兰的主要国有公司的董事会中。2013 年 7 月《芬兰广播公司》（*Yle*）上的一篇文章指出，一名国家调查局的探员解释，这类案件主要涉及合同事务的决策者（将有关事项交由企业办理的合同）与合同的签订者是熟人关系，并且这类合同常常以高于或低于市场价的价格被签订。

这些案件的出现，以及随后媒体的关注也许也是导致下列反应的因素之一：透明国际《2013 年全球腐败晴雨表》的受访者认为，政治党派、私人机构及议会是芬兰最为腐败的机构；44%的受访者认为，在过去的两年中，芬兰的腐败程度上升了“一点”以及有“很大”的上升。而被认为与腐败最不沾边的机构当属警察、司法机构、教育系统以及军队。然而，该调查还同时表明，行政类型的腐败，即通过行贿受贿而获得公共利益及公共服务的腐败，实际上是不存在的：只有 1%的受访者声称在过去的一年中行过贿；97%的受访者声称在有生之年从未被索贿，而在另外 3%的被索贿的受访者中，绝大部分都拒绝了索贿的要求。

一、商业腐败的指数

尽管透明国际《2013 年全球腐败晴雨表》的民众类受访者认为，商业机构是芬兰最腐败的群体，但并没有证据表明商业腐败真的在实践中对外国投资者构成了一个严重的问题。这一点同时也得到了世界经济论坛《2013—2014 年全球竞争力报告》的佐证。在这份报告中，接受调查的企业管理人员将劳动规章、税率，以及对金融的介入列为在芬兰行商的最大问题，但没有一名受访者将腐败列为影响商业的问题。受访的企业管理人员还指出，他们对政府人员的道德标准的信任度是很高的，而在他们与各类公共机构的职员和官员打交道的过程中，从未发生不符合规则的支付和贿赂情况。

根据《2012 年欧洲晴雨表》，36%的受访者认为，腐败是芬兰商业文化的一部分（而欧盟国家这一数据的平均值是 67%），50%的受访者认为，商业和政治之间的紧密关联是芬兰发生腐败的主要原因。而在《2011年国家廉政制度报告》（*National Integrity System* 2011）中，商业和政治的紧密联系也被作为一个缺点而强调，该报告还指出“老友关系网”是芬兰腐败的核心，而不正当的游说则被发现与税收和城市规划有关。

徇私、不公正的待遇，以及总体的透明性缺乏等危险在市政层面是最高的。2009年7月发表在 *Helsingin Sanomat* 上的一篇文章引述了芬兰透明国际（Transparency International Finland）以及国家调查局的访谈，确认了在地方层面上，个人的小关系网是一个导致腐败的问题，并且直接导致了芬兰的腐败现状。然而，非法的现金支付和贿赂却在芬兰很罕见，腐败的危险可能在以礼品形式、恩惠形式及其他商人和政客或公职人员之间的个人利益交换形式出现的“灰色地带”更大些。根据国家调查局的说法，在芬兰，这种基于影响力的商业行为往往并不是非法的，但如果其不小心越过了边界，就会变成非法的，但又往往很难证明其越过了边界。商业公司应当明白，芬兰的公务员必须恪守《国家公务员法》（*State Civil Servants Act*）第15条的规定。该条款规定，如果经济方面或其他方面的好处会降低公众对公务员的信任或公共当局的信任，则其不得索要、接受或接收这种好处。芬兰财政部于2010年发表了一项跨部门的规则，指导公务员在有关收受礼品、好处和馈赠方面的行为（guidelines for civil servants regarding gifts, benefits and hospitality），并进一步解释了在这一方面哪些行为是合法的，哪些行为是不合法的。议会发布的《礼品政策》（*The Gift Policy*）指出，议会议员可以接受那些被视为“正常好意”（normal hospitality）的礼品，但是这些礼品的价值不得超过100欧元。高价值的礼品将被议会收缴，归于议会，并且这些高价值的礼品，必须登记造册，并予以公告。

根据芬兰警察的报告，每年警方接警有关商业贿赂的案件寥寥无几。然而，这一点并不能作为这个领域纯净的明证，因为近年来发生的，比贿赂更为严重的违法行为呈上升趋势。比如，警方称，其接警的关于违反商业秘密以及滥用公司诚信地位的案件（与侵占和欺诈相关）近年来稳步上升。这可能不能仅仅归因于犯罪行为的增长，而更应归因于公司向警方以及投资企业报告内部滥用职权现象的更低的门槛有关，这种低门槛导致了内部控制的加强，和有关滥用职权的现象被曝光。

安永会计师事务所（Ernst & Young）的《2013 年欧洲、中东、印度及非洲欺诈调查》（*Europe, Middle East, India and Africa Fraud Survey 2013*）显示，12%的受访者认为，贿赂和腐败的商业实践遍布芬兰，而8%的受访者则认为，通过贿赂而赢得合同的事件在本部门很普遍。此外，只有 7%的受访者（这也是该项调查报告中最低的百分比）认为，公司通过做假账（cooking the books）加速金融行为是很平常的做法，而60%的受访者认为，芬兰的商业管理人员在未来的一年中承受的进行诚信商业行为的压力增大了。世界经济论坛《2013—2014 年全球竞争力报告》中受访的企业高管认为，企业与公职人员之间的良善行为互动，政治家与其他企业之间的这种互动，以及公司间的金融审计和报告标准的作用是非常强大的。在“廉政体制”（Integrity System）下面的“商业反腐门户网站”（Business Anti-Corruption Portal）下，人们可以找到详尽的如何建立和强化协作反腐措施的指南，而在“尽职调查”（Due Diligence）的门户网站下，则可以找到在涉及代理人、分包商以及商业合作伙伴时，如何减少腐败风险的程序。

二、商业行为监管环境

根据《2013 年传统基金会报告》显示，芬兰的规章制度构架的运行是有效的、透明的，并且能够对企业起到普遍的鼓励作用。而根据美国国务院 2013 年报告，芬兰于 2004 年通过了对《限制竞争法》（*Act on Competition Restrictions*）的修正案，并于 2011 年颁行新的《竞争法》（*Competition Act*）之后，芬兰的行业竞争规则与欧盟的竞争规则就完全协调一致了。企业有问题的时候，可以询问“我的芬兰企业”（My Enterprise Finland）网站，通过这个网站，可以找到大量的关于如何在芬兰运转一个企业的信息和有关规定。这同时也使人们得以接触各种各样的服务，比如何种许可和通知的电子申请。

芬兰对于国际商贸和国外投资持开放态度。在世界经济论坛《2013—2014 年全球竞争力报告》中，芬兰在参评的 148 个国家中名列第 2，是全球经济最有竞争力的国家之一；而在世界银行和国际金融公司《2014 年营商环境报告》中，在关于经商容易程度的评比中，在 189 个参评国家中，芬兰名列第 12。在芬兰，创业的行政手续只有 3 个，14 天内即可办理完毕。而且，在履行合同、破产清偿以及跨国贸易（包括进口和出口）等工作方面，芬兰运行得特别好。根据世界经济论坛《2013—2014 年全球竞争力报告》，接受调查的企业管理人员普遍认为，在芬兰经商，人们所要承担的政府行政要求的负担很低；而且，在有关可能影响私人投资的政府政策和规章变动信息的获取方面，政府的政策制定者们被认为透明度很高。

为了规制市场中不公平竞争的公共采购案件，芬兰专门建立了“市场法院”（The Market Court），对于非法竞争，法官可以给予自由刑或者罚金的处罚。该法院还可以针对公共采购做出推翻前判决的判决，以纠正采购程序，对相关人员处以惩罚性支付的判决。市场法院还受理海关监察专员（Consumer Ombudsman）和公司之间的有关货物和服务是否不正当地进入了市场的纠纷。美国国务院 2013 年报告显示，近年来芬兰没有重大的投资纠纷。芬兰商会（The Finnish Chamber of Commerce）下设一个中立的仲裁委员会（Arbitration Institute），其通过仲裁的方式解决商业纠纷，并且指派仲裁员参与国内和国际的商事仲裁程序，成绩斐然。芬兰还批准了一些与解决投资纠纷和规范仲裁的重要国际协议，包括 1958 年的《纽约公约》、《投资纠纷解决公约》（*Convention on the Settlement of Investment Disputes*）、《国际商事仲裁欧洲公约》（*European Convention on International Commercial Arbitration*）。

三、芬兰司法系统的廉政指数

欧洲委员会《2012 年欧洲晴雨表》以及透明国际《2013 年全球腐败晴雨表》同时显示，接受这两份报告调查的一般民众类受访者都表示，其对芬兰的司法体系怀有高度的信任，并且认为司法系统是芬兰最不腐败的系统。

《2013 年传统基金会报告》表明，芬兰司法体系在商业方面的运行质量非常高。芬兰的司法体系一直对腐败持零容忍的态度，对有关案件处理高效，以捍卫法治。芬兰的司法体系被认为是独立于政治影响之外的，并且能够确保在执行商业合同、保证财产权的过程中的有效性和透明性。此外，接受世界经济论坛《2013—2014 年全球竞争力报告》调查的企业管理人员对司法官员的评价也是：在处理纠纷的过程中非常独立和有效。而在私企质疑政府行为的公正性或者有关规章制度的有效性的案件中，司法过程的运行也被认为是有效的。

反腐败国家集团《2013 年评估报告》表明，芬兰的司法系统从未表现出明显的软弱。2012 年，芬兰法官协会（Association of Finnish Judges）颁行了一整套的《法官伦理准则》（*Ethical Principles for Judges*），包括公开、独立、职业化和中立等原则。反腐败国家集团建议，该准则应当与芬兰的非职业法官之间有效地交流。反腐败国家集团在芬兰的工作组在进行芬兰腐败程度评估的过程中没有发现任何证据能证明芬兰的司法系统有违规事件发生。尽管如此，该集团还是建议应当在芬兰的法官中进一步明确有关利益冲突的规章，并开展相关的辅助性活动，以确保司法系统有足够的透明性。在芬兰，没有专门的规定规范法官在接受礼品或者款待方面的行为，但是法官们都必须恪守《国家公务员法》第 15 条的规定。该规定明确指出，如果要求、接受或接收任何经济方面的或其他方面的好处会有损人们对公务人员的信任或对公务机关的信任，则不能做出这种要求、接受或接收的行为。

根据反腐败国家集团的报告，从属于议会下的监察专员对于任命非职业法官到地区法院执业的做法一直在不间断地予以批评。监察专员认为，非职业法官由市政委员会，尤其是来自行政长官的政府人员任命是很有问题的，这些任命者本身没有任何司法经验，而且监察专员还担心，这种任命制度会有损法官的独立性。

根据《2011 年国家廉政体系评估报告》，芬兰的司法人员被批评主要集中在冗长的法庭程序，以及导致上诉法院审理上诉案件的滞后上。而导致这一诟病的原因主要在于投入法院系统的资源的匮乏。为了解决这一问题，上诉法院已经进行了改革，在改革之后，下级法院的情节轻微的案件将不再进入上诉程序，这样就能节约司法资源，以处理更为重大的案件。

世界经济论坛《2013—2014 年全球竞争力报告》表明，针对芬兰的司法人员不受政府、公民或企业的影响而具有的独立性，企业管理人员在 7 分的评分表中打了 6.6 分（1 分是严重受影响，7 分是完全不受影响）。在司法体系解决私企纠纷的效率方面，企业管理人员在 7 分的评分表中打了 6.1 分（1 分是极端没有效率，7 分是高效）。而透明国际《2013 年全球腐败晴雨表》则显示，只有 9%的普通民众类受访者认为，司法人员存在“腐败”或“极度的腐败”现象，但是在过去的 12 个月中，没有一个人报告其对司法人员曾经行贿。《2012 年欧洲晴雨表》也显示，6%的普通民众受访者认为，收受贿赂以及滥用职权为个人牟利在司法工作人员中是普遍存在的，而这一百分比在整个针对 27 个欧盟成员国的调查中是最低的。

四、芬兰警方的廉政指数

透明国际《2013 年全球腐败晴雨表》显示，在芬兰的警察和市民之间几乎从未发生过贿赂事件，而芬兰的市民也对警察机构怀有高度的信任。

在芬兰，对违法犯罪的侦查主要由地方警察负责，但是较大的警务区则负责侦查较大的和更为复杂的犯罪案件，包括腐败和贿赂案件。然而，这类案件中的大多数都被移交给了国家调查局处理，因为该局中的侦查人员在侦查金融和经济类犯罪方面更加专业。根据《2011 年国家廉政体系评估报告》，公民通常对警察怀有高度的信任。警察在侦查过程中会与许多不同的组织和部门合作。不过，该报告建议，芬兰警察应当接受更多的反腐训练，以强化他们的专业性。

世界经济论坛《2013—2014 年全球竞争力报告》显示，针对芬兰警方执法服务的信赖度的打分方面，企业管理人员在 7 分的评分表中打了 6.7 分（1 分是完全不能信赖，7 分是始终信赖）。透明国际《2013 年全球腐败晴雨表》则显示，5%的普通民众受访者认为，警察是“腐败”的或“极度腐败”的，而只有 1%的受访者声称在过去的 12 个月中曾经对警察行贿。《2012 年欧洲晴雨表》显示，7%的普通民众受访者认为，收受贿赂，以及滥用职权为个人牟利在警察当中是普遍现象，而这个百分比在接受调查的 27 个欧盟国家中是最低的。

五、芬兰的基础设施建设和公共事务中的腐败指数

透明国际《2013 年全球腐败晴雨表》显示，在芬兰，从未发生过与获取各种公共设施和公共服务相关的腐败。

1. 行政许可和基础设施部门

世界银行和国际金融公司《2014 年营商环境报告》认为，从政策环境而言，芬兰是世界上最容易经商的国家之一。而接受世界经济论坛《2013—2014 年全球竞争力报告》调查的企业管理人员认为，符合政府的行政要求（在批准、执照、报告等方面）是相当容易的。此外，来自该报告中各方面的信息均显示，芬兰公职人员在处理各项公务行为的过程中都是相当透明的，因此基本不用担心诸如贿赂、欺诈性商业检查，或者仲裁程序会成为与政府官员或政府机构打交道过程中的一个

问题。

世界经济论坛《2013—2014 年全球竞争力报告》显示，针对企业符合政府行政要求（包括许可、规章、报告等）的难易程度，企业管理人员在 7 分的评分表中打了 5 分（1 分是极度的负担，7 分是根本不是负担）。

透明国际《2013 年全球腐败晴雨表》则表明，17%的普通受访者认为，医疗卫生系统是“腐败”的或者“极度腐败”的，但只有 2%的受访者声称在过去 12 个月中存在对医疗卫生部门行贿的行为；7%的普通受访者认为，教育系统是“腐败”的或者“极度腐败”的，但只有 1%的受访者声称在过去 12 个月中存在对教育部门的行贿行为；只有 2%的受访者声称在过去 12 个月中存在对公共设施部门行贿的行为；没有任何受访者声称在过去 12 个月中存在对注册和审批服务部门的行贿行为。

《2012 年欧洲晴雨表》显示，21%的芬兰受访者认为，收受贿赂及滥用职权为个人谋取私利在颁发商业许可的政府工作人员中是普遍的行为；11%的受访者认为，收受贿赂及滥用职权为个人谋取私利在负责检查的政府工作人员（比如健康、食品质量、建设、污物防控和许可证检查方面）中是普遍的行为；只有 6%的受访者认为，收受贿赂及滥用职权为个人谋取私利在公共卫生服务部门的工作人员中是普遍的行为；只有 3%的受访者认为，收受贿赂及滥用职权为个人谋取私利在公共教育部门的工作人员中是普遍的行为。

2. 土地管理

透明国际《2013 年全球腐败晴雨表》指出，芬兰公民和土地服务部门之间的贿赂行为几乎从未发生过。

根据美国国务院 2013 年报告，芬兰本土针对外国所有者的财产的限制大多都被取消了，其财产性利益，无论是动产还是不动产，均能被保证得到确认和保护上的加强。此外，私有性财产权得到了很好的保护，只有为了公共目的才能征收私有财产，并且这种征收必须以一种无差别、无歧视性的方式进行，同时给予被征收者合理的补偿。所有的征收程序都必须符合国际法原则。没有证明表明企业在和芬兰的土地管理部门打交道的过程中需要行贿。

不过，相反的事例也出现过。比如2012年芬兰的一家报纸曾经爆料，芬兰航空公司（Finnair）的首席执行官米卡·韦赫维莱宁（Mika Vehviläinen）本来想将其豪华住宅在不动产市场上售出，在遭遇出售困难后，于2011年将这栋豪华住宅卖给了一家养老保险公司（Ilmarinen）。根据《赫尔辛基新闻》（*Helsingen Sanomat*）以及透明国际2012年刊登的两篇不同的文章，那套豪华住宅的售价高于市场价。然而，在出售了该房屋之后，米卡·韦赫维莱宁却仍然继续居住在该住宅中，同时还享受着芬兰航空公司为其支付的租金。这项交易本身没有任何违法之处，但是其引发了芬兰航空公司和该养老保险公司CEO之间的争议。迫于媒体对该交易关注的压力，一项贿赂调查就此展开。但根据《赫尔辛基时报》（*Helsinki Times*）2012年9月的一篇文章，关于该案的所有的指控都已经被撤销，检察官的结论是，该养老保险公司没有就这套住宅进行过超额支付。

在芬兰，由于发生了一系列涉及基建部门的案件，商人和政治家之间的老友关系网以及个人关系所引发的有关腐败的讨论增加，公众对腐败的关注得到了强化。2012年4月，赫尔辛基的地区法院判定前外交部部长伊尔卡·卡内尔瓦（Ilkka Kanerva）2006年至2008年之间的严重受贿犯罪和滥用职权罪罪名成立。在2006年至2008年期间，伊尔卡·卡内尔瓦在芬兰西南部地区市政局任职，职位是局长，其拥有对土地管理和区域规划事项上的决定权。根据芬兰多家新闻报道，以及美国国务院出具的关于芬兰的《2012年人权报告》（*Human Rights Report 2012*），法院认为，伊尔卡·卡内尔瓦接受了来自4名土地开发商的总计约50,000欧元的选举基金赞助，以及其2008年举办的60周岁生日庆典赞助，而这些赞助的目的是为了从伊尔卡·卡内尔瓦那里获得在区域规划事项上的优惠。因此，法院对伊尔卡·卡内尔瓦判处了15个月的监禁刑缓刑。而那4名房地产开发商本想在该区域修建大型商场，由此进行了相应的选址工作，因此这4个人受到了与严重贿赂以及虚假会计相关的多项指控，并被判处监禁刑。但所有被指控者都对自己的错误行径予以了否认，而伊尔卡·卡内尔瓦更是针对自己受到的处罚提起了上诉。然而，据芬兰广播公司2013年6月的报道，就在2013年6月，赫尔辛基的地区法院推翻了对伊尔卡·卡内尔瓦的以及其他4名开发商的量刑，理由是上诉法院经过审理，没有发现贿赂证据。

受这类丑闻的影响，以及随后的媒体和公众的不满，政府于2010年通过了关于资助政党及选举筹资方面的新规章。地方选举中，候选人需要将超过800欧元的选举资助公之于众；而在议会选举中，则需要将超过1500欧元的选举资助进行公开。2011年"*Finlands Journalistförbund*"上的一篇报道指出，个人对政党的捐资额度被限制在30,000欧元，而作为个体的候选人不能接受超过6000欧元以上的个人资助。

世界经济论坛《2013—2014年全球竞争力报告》指出，在芬兰对财产的保护方面，企业管理人员在7分的评分表中打了6.4分（1分是非常弱，7分是非常强）。在全球参与关于财产权利保护调查的148个国家中，芬兰的保护力度名列第1。透明国际《2013年全球腐败晴雨表》显示，只有1%的受访者表示在过去12个月里在土地服务事项中曾经行贿。而《2012年欧洲晴雨表》则显示，35%的芬兰受访者认为，收受贿赂及滥用职权为个人谋取私利在签发建筑许可证的部门的工作人员中是普遍的行为。

3. 税收管理

透明国际《2013年全球腐败晴雨表》指出，在芬兰，公民与税务机构打交道的过程中，几乎从未出现过贿赂现象。该调查同时也显示，只有2%的受访者表示，在过去的12个月中在税收或/及海关事项上有过贿赂行为。

有关公司应当注意，根据《商业利润税收法》（*Act on the Taxation on Business Profits*）第16条的规定，无论在芬兰国内还是国外，贿赂款项都不能作为税收抵扣项目。

4. 关税管理

透明国际《2013 年全球腐败晴雨表》显示，在芬兰公民与关税机构打交道的过程中，几乎从未出现过贿赂现象。

在 2009 年的一份关于芬兰—俄罗斯边界的腐败报告中，多名芬兰的海关官员被问及他们关于边界上腐败的经历时，只有少数几个受访者声称自己有过企图接受过境的个体公民贿赂的经历。而这样的事件所涉及的金额很小，并且该金额都是由俄罗斯和芬兰公民共同主动提出的，目的是为了解决在边境上的某些问题。但即便是这些声称企图受贿的海关官员也都同时声明，自己绝没有真正接受过相关款项。他们同时还说，这类事件近年来呈上升趋势，只不过有些腐败的案件和腐败的类型还没有被发现。

在另外一份 2009 年的报告中，芬兰的商人就他们在芬兰—俄罗斯边界上的贿赂经历接受了调查。受访者中几乎没有一人声称自己曾经有过贿赂芬兰海关当局的经历，但几乎所有人都有过贿赂俄罗斯海关当局的经历。被提及的在芬兰本土的这类腐败案件都与从芬兰到俄罗斯商贸过程中的海关或税收欺诈相关（比如双倍加开税务发票），当然也包括，芬兰的出口公司和运输机构的类似行为，或者从俄罗斯到芬兰的非法的燃料贸易。

世界经济论坛《2013—2014 年全球竞争力报告》显示，在有关海关流程的效率方面，受访的企业管理人员在 7 分的评分表中打了 6.1 分（1 分是极度的没有效率，7 分是极度有效）。而透明国际《2013 年全球腐败晴雨表》则显示，2%的受访者声称在过去 12 个月中存在对税收及/或海关部门的行贿行为。《2012 年欧洲晴雨表》显示，6%的一般民众类受访者认为，收受贿赂及滥用职权为个人谋取私利在海关服务部门的工作人员中是普遍的行为。而这一百分比是接受调查的 27 个欧盟成员国中最低的。世界经济论坛《2012 年全球促进贸易报告》显示，在有关芬兰边境管理的透明度方面（未记录在案的，与进出口相关的差额支付或贿赂的普遍性），在 7 分的指标上，受访的企业管理人员给出了 6.4

分的分值（1 分是不透明，7 分是透明）。

5. 公共采购和公共服务合同

安永会计师事务所《2013 年欧洲、中东、印度和非洲欺诈调查》显示，尽管只有不足十分之一的商业受访者认为，在芬兰，通过贿赂的方式获得合同是很普遍的，但公众对这同一个问题的反应却是否定性的；在《2012 年欧洲晴雨表》中，四分之三的芬兰民众类受访者认为，在对公开投标有决定权的公职人员中，通过收受贿赂以及滥用职权来谋取个人利益是很普遍的，只有鲜见的几个调查对象指出，与公共采购相关的腐败问题在芬兰是一个很普遍的问题。然而，对于老友人际网的揭露和随之而来的公众讨论可能会显示，这个问题远比想象中要严重。有几份报告和过去的一些案例揭示了，商人和政客之间的紧密关系可能会引起人们的怀疑。例如，《2011 年国家廉政制度报告》指出，商人和政客之间常常保持紧密的个人关系，而这种关系可能使这些商人更容易进入公共服务合同。而相关的问题大多只在地方层面得到了报道。

据《赫尔辛基时报》2012 年 7 月的一篇文章报道，世界银行将芬兰的一家咨询及工程项目公司“Pöyry”列入了其“不可靠的供应商”的黑名单，原因是这家公司被指控“向世界银行集团的雇员提供假发票和不适当的利益”。

芬兰曾高度曝光了一起和公共采购相关的贿赂案件，在这个案件中，国有军备制造商帕特里亚（*Patria*）被涉及其中。其多名前雇员被怀疑在 2006 年的一桩向斯洛文尼亚销售 135 辆装甲汽车的交易中，存在严重的贿赂行为和商业间谍行为。这些前雇员，包括帕特里亚一家子公司的首席执行官，都因贿赂而在芬兰受审，指控的事实是：他们曾经贿赂斯洛文尼亚的政府高官，以换取价值近 2.8 亿欧元的防卫设备合同。这一贿赂被指称是通过一名中间顾问进行的，而根据《赫尔辛基时报》2013 年的两篇报道，此人现已在澳大利亚被审判定罪。而根据芬兰广播公司 2013 年 6 月的一篇报道，前斯洛文尼亚总理扬沙（*Janesz Jansa*）因从帕特里亚公司手中接受了贿赂而被判处两年的监禁。另外，还有其他 4 名斯洛文尼亚政府官员也被指控接受了贿赂。

2013 年 6 月下旬，芬兰检察机关宣布，其已经在与上述案例非常相似的案件中对帕特里亚公司的 3 名前雇员提起了指控。而这一次的案件则发生在克罗地亚。在该案中，涉及的是装甲车买卖中的贿赂，贿赂金额是销售总价格的 5%，贿赂是通过澳大利亚的一名中间顾问进行的。对该案的调查是由芬兰、澳大利亚和克罗地亚的侦查机构联合进行的。

世界经济论坛《2013—2014 年全球竞争力报告》指出，在将公共资金的一部分给予公司、个人或团体的腐败问题上，受访的企业管理人员在 7 分的表上给出了 6.1 的分值（1 分代表非常普遍，7 分代表从未发生）。而在有关政府官员在决定相关政策和合同的过程中，偏向与其有密切联系的公司及个人的问题上，受访的企业管理人员在 7 分的表上给出了 5.3 的分值（1 分代表总是偏向，7 分代表从未显示出偏向性）。

6. 环境、自然资源及采掘垦殖工业

芬兰是一个多方利益相关者联盟的国家，其联盟者包括政府、投资者、私人公司以及民间社团组织，通过《采掘业透明度行动计划》（*Extractive Industry Transparency Initiative*，*EITI*）委员会（EITI Board）共同监督《采掘业透明度行动计划》的原则在实施国的贯彻。芬兰是全球 17 个为该计划的实施提供政治、技术及资金支持的政府之一。《采掘业透明度行动计划》是一个国际性的战略部署，其目标是确保那些参与该计划的国家能够遵循相关原则，保证其采掘业收支费用实现权责一致和透明公开。

第二节　芬兰的反腐及廉政建设举措

一、立法举措概况

（一）国内立法

芬兰在立法中并没有专门对腐败进行界定，但是芬兰《刑法》（*Criminal Code*）中却包含反公共和私人贿赂的条款，并规定了一系列与腐败相关的犯罪，包括侵占、欺诈、滥用职权、背信和滥用内部信息。刑法典中有关贿赂的条款对非严重贿赂和严重贿赂进行了区分。其中，非严重贿赂的最高刑是2年监禁，追诉时效为5年；而严重贿赂的最高刑是4年监禁，追诉时效是10年。根据经济合作与发展组织《2010年第三阶段报告》，芬兰的严重贿赂为故意让公职人员做出有悖其义务的行为，使行贿者本人或者第三人获取了重大利益，或者给其他人造成了重大损失。根据《刑法》第16章第13条及第14条（Ch. 16, Sec. 13 and 14）的规定（严重行贿），提议给付、允诺给付以及直接给付贿赂的行为都是犯罪；而《刑法》第40章第1条和第2条（Ch. 40，Sec. 1 and 2）的规定则对接受贿赂进行了犯罪评价（严重受贿）。此外，《刑法》第40章第3条（Ch. 40，Sec. 3）规定，公职部门的官员或被选任履行公职的人员如果因贿赂行为而“致使其公职行为的公正性受损”，那么将被处以罚金或6个月以内的监禁。

《刑法》第30章对私营机构的贿赂行为进行了规定。其中，该章的第7条和第7a条规定了私营机构的行贿行为（严重行贿）；而该章的第8条和第8a条规定了私营机构的受贿行为（严重受贿）。而不严重的私营机构的行贿和受贿行为将被处以罚金以及最高2年的监禁刑；而严重的行贿和受贿行为的量刑幅度则在4个月至4年的监禁之间。《刑法》同时也禁止通过中间人行贿受贿——包括利用中间人的个人或公司以及中间人自己，都将可能被定罪和量刑。公司被视为法人，如果牵涉相关犯罪，将使公司以法人名义承担刑事责任，判处公司罚金，罚金的最高额度可达到 850,000 欧元。

公司可能要为包括其在海外的贿赂犯罪，以及目标指向外国公职人员的贿赂犯罪承担刑事责任。根据税务立法的规定，贿赂和疏通费无论是在公共部门还是在私营部门都是被禁止的。而关于礼品和款待，有关公司应当注意，芬兰公务员必须恪守《国家公务员法》第 15 条的规定。该规定明确指出，如果要求、接受或接收任何经济方面的或其他方面的好处会有损人们对公务人员的信任或对公务机关的信任，则不能做出这种要求、接受或接收的行为。2010 年，财政部签署了跨部门的关于公务员接受礼品、利益和款待的指导规范，该规范进一步阐明了哪些行为是合法的，哪些行为是不合法的。此外，反腐败国家集团《2013 年评估报告》也指出，议会议员不允许保留价值超过 100 欧元的礼物。[①]

（二）反腐败国际公约

芬兰是诸多国际反腐败承诺的签约国，包括《联合国经济合作与发展组织禁止在国际商业交易中贿赂外国公职人员的公约》（*OECD Convention on Combating Bribery of Foreign Public Officials in International Business Transactions*，以下简称 UNCAC）、《欧洲理事会反腐败民事及刑事法律公约》（*Council of Europe's Civil and Criminal Law Conventions against Corruption*）、《联合国反腐败公约》，并参加了反腐败国家集团。根据经济合作与发展组织实施与履行经济合作与发展组织公约情况的评估（《2010 年第三阶段报告》），经济合作与发展组织的贿赂调查工作组对芬兰在防范和打击外国贿赂侦查，以及其在资产返还方面的国际合作和相关的双边反腐工作中的突出表现给予了高度赞扬。不过，工作组同时也提出了建议，即芬兰应当在芬兰公司中组织一些提高其对其犯罪责任

---

① See the Ministry of Foreign Affair's 2012 edition of its Anti-Corruption Handbook (Part 3) for a more detailed description of Finnish anti-corruption legislation and international legal commitments.

认知度，以及其进行海外贿赂（包括通过第三方贿赂）时的国内法处罚的认知度的活动。此外，工作组还建议芬兰加强立法，对审计和会计违法方面的公司责任做出规定，并将刑法中有关外国政府官员的定义进行扩大解释，同时建立对私营机构及公共部门中举报者的保护措施。

此外，在2013年1月经济合作与发展组织关于芬兰实施该组织的第三阶段建议的后续报告中，工作组表现出了不满：因为其19项建议中的12项尚未得到实施。而反腐败国家集团最终做出的《2011年第三轮达标评估报告》（*Compliance Report of the Third Evaluation Round* 2011）则总结认为，芬兰已经对其大多数建议付诸实施，并对芬兰颁行《政党法》（*The Political Parties Act*）和《候选人选举筹资法》（*The Candidate's Election Funding Act*）予以了赞赏。反腐败国家集团在2013年3月做出的，关于针对法官、检察官和议会议员腐败预防措施的评估报告中，芬兰被建议对议会议员的行为准则进行一项立法，以澄清《宪法》中有关"利益冲突"的规定，同时阐明议会议员收受礼品的规则。其实，在实践中，针对法官、检察官和议会议员的腐败预防措施被证明是行之有效的。

二、政府反腐策略

芬兰司法部负责协调国内和国际的反腐败工作。根据司法部的说法，腐败不是一个需要单独立法和单独制定策略的独立的现象。这也是芬兰从来不曾建立一个专门的反腐机构，也不曾制定专门的反腐战略的原因。相反，反腐败的因素已经深深根植于各个部门和机构的一般性政策之中，这些政策的总体目标都是减少犯罪和促进善政。①

① Read more about how the Finnish Ministry of Justice coordinates and reviews the public fight against corruption in its Anti-Corruption Handbook for Development Practitioners from 2012.

（一）政府采购

在芬兰，政府采购行为受《公共服务合同法》（*Act on Public Contracts*）的规制。该法规定，公共服务合同的标的价值如果超过了国家的门槛价值界限，就必须通过招投标的方式进行（而该国家门槛价值的界限低于关于公共服务合同的欧洲指令的门槛价值界限，即货物和服务类合同 30,000 欧元，社会福利和健康保障服务类合同 50,000 欧元，基建项目类合同 150,000 欧元）。芬兰就业及经济部（The Finnish Ministry of Employment and Economy）运行着一项自由价格采购体系——HILMA，在这套体系中，采购单位必须公布所有超过门槛价值合同的招投标。这就为有关企业获得有关招投标以及未来采购的通知的真实、及时的信息提供了透明的制度保障。而低于国家门槛价值的招投标则不在《公共服务合同法》的规范范围之内，这就使较小额度的公共服务合同的授权和签订处于不透明的状态。经济合作与发展组织在《2013 年第三阶段后续报告》中提出了对这一事项的担心，作为对该报告的回应，芬兰当局声称，政府已经采取措施以提高不在公共服务合同立法管辖范围内的小额合同的透明度。其措施是，促进采购单位对其小额合同的战略和指导方针予以更多的关注，对小额合同进行公开广告。

芬兰的采购指导方针现在允许在 HILMA 体系下公布低于国家门槛价值的合同。经济合作与发展组织《2010 年第三阶段报告》显示，芬兰对其《公共服务合同法》第 8 章第 53 条和第 54 条的规定进行了修正，修正后的法律规定，如果竞标候选人曾经由于严重犯罪而被定罪，比如私营企业或公共部门中的贿赂犯罪，该候选人将被强制排除于竞标之外。这种被排除竞标资格的理由还可能包含严重的失职行为，或者提供虚假信息。然而，经济合作与发展组织还是不无遗憾地指出，芬兰始终还是没有使用国际黑名单筛选相关投标者。芬兰外交部则因此签署了《公共采购指导规范》（*Public Procurement Guidelines*）。

（二）电子政务

在涉及电子政务的决策方面，芬兰绝对是世界的领袖，也真的通过电子政务的发展实现了透明政府。在《2013 年早稻田大学国际电子政务排行》（*The Waseda University International e - Government Ranking* 2013）中，这一点得到了明证。根据涉及互联网使用者、行政关系体系、网络立法、数据服务的可获得性、国家门户网站和其他方面的综合数据评定，该报告将芬兰排在了第 2 位。芬兰有关规范政务工作的主要立法包括：2011 年的《行政管理信息法》（*Act on Information Management in Public Administration*），2010 年的《公共部门电子服务法》（*Act on Electronic Services in the Public Sector*），以及 2002 年的《政府行为公开法》（*Act on the Openness in Government Activities*）。此外，还有大量关于数据保护、电子商务、电子签字以及电子交流方面的专门立法。在《2007—2015 年知识社会战略》（*Knowledge Society Strategy* 2007 - 2015）中，芬兰将电子政务列为国家长期的发展战略，该文件还声称要致力于到 2015 年将芬兰打造成为一个“具有国际吸引力、人性化的和具有竞争性服务的社会”。

在“2009—2014 年加速电子服务和电子民主”［eServices and eDemocracy Acceleration（SADe）Programme（2009—2014）］项目中，芬兰对自己的电子政务服务列出了短期和中期目标，这些目标的总体内容为：截止到 2013 年建成涵盖各个主要领域的对公民和企业的电子服务；而根据《2012 年芬兰电子政务报告》（2012 *Report on eGovernment in Finland*），同时建成的还有统一的用户界面，使各方面的人员都得以接触各种公共服务。如今，许多公共服务都已经以在线形式展现了出来。①

（三）举报措施

根据联合国经济合作与发展组织做出的评估报告，芬兰并未对可能

① For an overview, see suomi. fi and the business portal My Enterprise Finland.

的腐败行为进行举报的公共机构、私营机构以及个人进行专门保护。2012 年更新的财政部的《反腐手册》（*Anti－Corruption Handbook*）指出，芬兰并没有专门的证人保护以及举报人保护的项目，而政府公职人员也没有举报腐败犯罪的义务。芬兰当局也仅仅依赖于有限的证人保护措施对举报者进行保护，但芬兰在公共部门中设立了规范的举报渠道。对于公共部门和私营部门而言，部门中都设有强有力的工会，加之劳动法的存在，就给雇员提供了状告其雇主的可能性，比如如果雇员被无理由地解雇。许多私营企业现在都纷纷设置了其内部的举报制度。对于芬兰没有建立正式的举报者保护制度，联合国经济合作与发展组织已经进行了严厉的批评。芬兰广播公司 2013 年 7 月的一篇报道指出，在芬兰的市政层面上，对错误行为进行举报的文化底蕴非常弱。

三、非官方反腐举措

（一）媒体

芬兰《宪法》第 12 条保护公民的言论自由和信息获得权，这一点在实践中也得到了充分的尊重。对互联网的使用是公开的，不加限制的，媒体和记者通常也能自由行事。由媒体、学者和公众组成的大众媒体自律协会（Council for Mass Media，以下简称 CMM）制定了与各种形式的媒体相关的伦理标准。大众媒体自律协会处理公众投诉，另外对其成员的最高处罚是以发表或广播形式予以谴责。

在《2011 年国家廉政体系评估报告》中，透明国际对芬兰媒体的调查显示，实际上，大众媒体自律协会对媒体的自律效果有限。由此引发了人们对以下问题的讨论：设置一个传媒监察专员是不是可行的？不过，这份报告同时指出，芬兰的媒体在揭露和报道腐败案件方面扮演着核心角色。此外，由于调查类新闻的数量较少，因此其还有很大的发展空间。而限制媒体在反腐方面作用的最大问题当属对地方调查类行为的资金支持的匮乏；而在一些小的市政建制内，由于形成了熟人社会，所以当地记者很难对相关问题保持中立态度。报告还指出，地方报纸在调查类新闻中投入的力量乏善可陈。尽管有这些不足，芬兰媒体的运行环境仍是世界上最自由的运行环境之一。

（二）民间团体

结社和集会的自由在芬兰的法律和实践中都是得到保障的。芬兰的工人们有权组织起来，进行集体协商。而《2011年国家廉政体系评估报告》则指出，由社会各界广泛组成的民间社团组织在反腐工作中扮演着重要角色。大多数民间社团组织都是以国家基金建立起来的，并根据政府的资金使用导向开展相应的活动。但其实，真正致力于反腐活动的民间社团组织寥寥无几，透明芬兰就是其中之一。透明芬兰的功能是完成透明国际反腐组织在芬兰本土的反腐工作。该组织在政治上是独立的，其资金支持者都是其作为个人、私营企业、公共公司和其他组织的成员。其主要目标是参与并促进地方和国家层面关于腐败问题的讨论，同时提高公众对于反腐的认识，建立相应的反腐败机制，以及提供反腐败培训。

第三节　芬兰的主要反腐机构

如上所述，芬兰没有一个专门的机构专门负责反腐败。根据2009年的《司法部报告》（*Ministry of Justice Report*），负责在反腐事项上进行横向合作及国际合作的机构是司法部（比如很多工作是通过司法部下属的国家预防犯罪委员会进行的）。然而，芬兰负责与欧盟的反腐事项进行沟通的机构却是内政部（Ministry of the Interior），内政部下设了国家调查局（National Bureau of Investigation），该局配有专门的全职调查员。在芬兰，对腐败类案件和一般犯罪案件的侦查通常是由地方警察负责的，比如联邦警察总部内设了反腐败刑事调查局（这个调查局前面虽然被冠以“反腐败”之名，却并不垄断反腐败调查）；但对重大案件的侦查，则由国家调查局负责。此外，政府还设置了一个类似于反腐论坛形式的反腐败合作网，辅助全国反腐败工作的开展。

需要再次强调的是，正是因为芬兰认为没有必要设置专门的反腐败机构，因此其反腐的职能才分散在各个部门，检察机关、警察、司法部、国家调查局、金融监管局、国家审计部门以及传统的监察专员等机构都共同在反腐败等廉政建设中通力合作，对芬兰的廉政建设起到了积极的作用。

一、反腐败合作网

反腐败合作网（Anti-Corruption Cooperation Network，以下简称 AC-CN）是一个跨机构和多部门的网络咨询性机构，同时也是一个反腐败论坛。根据联合国经济合作与发展组织 2010 年的报告，该机构的一个主要任务就是讨论芬兰对于其参与的多边反腐败条约中国际义务的履行情况，同时，其讨论的问题还涉及相关的国内事务，比如金融战略及老友人际关系网络。反腐败合作网不发布报告，其也没有一手的直接信息与公众分享。透明国际芬兰分部的主席 2013 年 9 月在一封电子邮件中肯定了反腐败合作网仍然存在，它基于一个两年期的授权（从 2012 年至 2013 年）开展工作，其成员每年大概碰面 6 次。

反腐败合作网的成员包括涉及反腐败活动的各个部以及政府机构，比如商会，芬兰工商业联合会（Confederation of Finnish Industries），芬兰地方及地区政府协会（Association of Finnish Local and Regional Authorities），犯罪预防及控制欧洲协会（The European Institute for Crime Prevention and Control，以下简称 HEUNI）和透明国际。反腐败合作网讨论的主要话题是反腐败意识的觉醒，对举报者的保护措施，以及联合国经济合作与发展组织及反腐败国家集团针对芬兰履行国际反腐败公约的情况的评价和建议。

二、反腐败刑事调查局

1. 历史

反腐败刑事调查局（Criminal Investigation of Corruption）是 1998 年 2 月 17 日根据皇家法令在联邦警察总部（The General Commissariat of the Judicial Police）内创建的。应当指出的是，反腐败刑事调查局严格来说不是一个新的机构，而是以前已有机构的一种转型，其前身是高级管理委员会（The Superior Control Committee，以下简称 C. S. C.），该委员会的起源可以追溯到 1910 年。由于是警察部队的一种分支机构，反腐败刑事调查局在功能上与一般部门的司法警察相同，因此其具有国家范围内的执法权。根据 1998 年 12 月 7 日生效的《综合警务服务法》，联邦警察被划归司法部部长和司法当局管辖。

2. 组织结构

在通常情况下，只有应检察官办公室的要求，反腐败刑事调查局才会开始有关案件的调查工作，其不能主动发起调查工作。反腐败刑事调查局在理论上应该配备 95 名调查员，但目前的调查员人数只有约 80 名。反腐败刑事调查局内部的调查人员基本分布在四个部门，即公共采购合同部门（Public Procurement Contracts），津贴部门（Subsidies），财政部门（Finances）和负责敏感案件的“特殊”调查部门（Special Inquiries）。

3. 功能

反腐败刑事调查局大致负责以下任务。

（1）调查复杂、严重的腐败案件，以及其他导致公共服务的道德利益及实际利益受损的案件（包括公共服务领域的腐败案件和私营部门的腐败案件）。

（2）在犯罪调查的过程中对司法警察大队的工作予以支持。

（3）对公共采购合同、公共补贴和授权领域，以及和许可、批准权相关的犯罪调查工作予以支持。

（4）管理和使用专门的文档。

根据 1999 年 3 月 16 日下发的一项部级指令，有关腐败的犯罪，以及涉及公共服务道德或重大利益减损的其他重大复杂犯罪的侦查工作都将被委托给联邦警察，除非“治安法官”（检察官或侦讯法官，investigating judge）另有决定。反腐败刑事调查局隶属联邦警察，这意味着，所有严重贪污的案件处理，原则上都由反腐败刑事调查局负责，即使其他警察部门在立法上也有权在这一领域开展调查。

三、国家预防犯罪委员会

国家预防犯罪委员会（National Council for Crime Prevention）的建立是芬兰根据《联合国反腐败公约》第 44 条第 6 款第（a）项之规定，为协助其他缔约国制定和实施预防腐败的具体措施之一。①

国家预防犯罪委员会建于 1989 年，具体而言，该委员会设立在芬兰司法部之中。该委员会同时作为中央政府和市级政府的代表，负责犯罪学研究和商业及工业领域的犯罪预防。委员会设 1 名主席和 1 名副主席，另有 16 名经司法部任命的委员，任期 3 年，在这些职位之下，委员会可以雇用其他人员进行具体工作。② 1999 年，芬兰政府通过了一项预防犯罪的项目，该项目遵循的还是所谓的“北欧模式”（Nordic model），设置了一个国家级别的运行和协调机构，负责为地方性的犯罪预防提供资金和建议。“北欧模式”的特点在于广泛运行司法之外的体系，在社会性犯罪预防（social crime provotion）和情景性犯罪预防（sit-

---

① 关于该局的详细资料，可见 http://www.unodc.org/unodc/crime_signatures_corruption.html，最后访问日期 2015 年 5 月 20 日。

② 具体可参见 http://www.rikoksentorjuntaneuvosto.fi/en/index.html，最后访问日期 2015 年 11 月 19 日。

uational crime prevention）之间寻求平衡。芬兰的国家预防犯罪委员会作为欧洲犯罪预防网（European Crime Prevention Network）的一个重要成员，在这个项目的运行过程中起到了极其重要的作用，其运用的犯罪早期介入和干预手段，以及综合性社会预防手段在预防犯罪方面效果显著。

四、国家调查局

芬兰的国家调查局（National Bureau of Investigation，以下简称 NBI）在性质上是一个全国性的警察类机构，遍布芬兰领土。这个机构也是芬兰政府为了履行《联合国反腐败公约》第 44 条第 6 款第（a）项的义务而建立的，目的也是为协助其他缔约国制定和实施预防腐败的具体措施。国家调查局负责的任务大致可以分为两类：一类是预防犯罪，另一类是提供相应的专家服务。

在预防犯罪方面，其主要职责是预防和打击严重的专业和有组织的犯罪。其刑事调查的重点是跨国以及跨越芬兰各地的有组织犯罪。而由犯罪调查局提供的最重要的专业服务则涉及以下领域：（1）法医实验室分析；（2）国际法律援助；（3）提供要求苛刻的技术情报；（4）刑事情报和运作分析。①

如上所述，国家调查局专门负责打击有组织犯罪和职业犯罪，并为警方提供专家服务，处理复杂的腐败案件。国家调查局的任务包括预防犯罪，发现犯罪，侦查犯罪，以及将其负责侦查的案件交由检察机构考虑是否提出指控。由于其在芬兰的警务服务中担当着核心角色，因此该机构在国际警察合作和信息交换方面处于国家的中心地位。芬兰洗钱清算局（The Money Laundering Clearing House of Finland）的工作也是在国家调查局中开展的。在 2008 年到 2009 年期间，国家调查局出版了 *Korruptiotilannekuva Reports*，报告对警方处理过的腐败案件的细节进行了描

---

① 具体可参见 http://www.unodc.org/unodc/crime_signatures_corruption.html，http://www.poliisi.fi/nbi，最后访问日期 2015 年 8 月 30 日。

述。根据联合国经济合作与发展组织 2013 年的报告，芬兰的国家调查局和国家警察委员会（National Police Board）、芬兰警官学院（Police Collage of Finland）及打击金融犯罪协助部（Support Unit for Combating Financial Crime）于 2011 年联合开展了一项针对芬兰警察的培训计划，旨在提高警察的反腐败意识，并训练警务人员更加有效地侦破贿赂犯罪。他们还就针对负责发现贿赂和贪污犯罪的审前调查机关的培训计划进行修订。

五、金融监管局

芬兰金融监管局（Financial Supervision Authority，以下简称 FIN-FSA）负责监管金融市场和参与这些市场的主体。由金融监管局监管的实体包括银行、投资公司、管理公司、证券交易所及其他金融机构。保险公司的监管是由保险监管局（Insurance Supervisory Authority）进行的。保险监管局与金融监管局是紧密的合作伙伴关系。

金融监管局由大约 140 名专家性质的从业人员组成。有关市场和监管机构的监管职能分别由以下两个部门承担：审慎监管部门（Prudential Supervision）和市场监管部门（Market Supervision）。审慎监管部门集中负责所有监管机构的审慎监管以及信息系统。同时，市场监管部门负责对具体金融行为的监督，具体而言，其负责监管商业行为和交易市场，监督相关制度的运行以及证券交易的营运和发展。同时，市场监管部门还负责以下工作：（1）执法财务报告；（2）战略的准备；（3）目标与原则的监管和引导，并控制实现这些目标的过程；（4）授权和批准；（5）通信和信息服务单位的职责履行；（6）通信和文件服务。

而业务规划和组织发展工作则由运营规划及组织发展部负责。金融监管局同时还在芬兰银行的收购服务中起着重要的监管作用。其监管范围还包括人事和财务管理、信息管理、安全和一般行政等领域。

金融监管局的工作目标是确保金融市场的稳定和维持公众信心，促使金融市场的活动依法入账。金融监管局采取以风险为基础的监管方法，监督的重点是最具风险的、敏感的机构和其职能的运行。其使命还包括识别各种风险和压力的变化对金融市场的稳定性的影响，及时反映市场的动荡情况。此外，金融监管局还帮助能够支持市场的稳定和信心的市场结构和实践的发展。

六、检察机构

检察机构的总检察长办公室是检察机构的核心权力部门，地方的 13 个检察官办公室以及 25 个服务局支持总检察长办公室的工作。大多数犯罪案件由地区检察官处理，他们每年大概要受理八万多件犯罪案件。总检察长通过签署一般性指令、对检察官发布指导规则，以及任命地方检察官的方式指导检务活动。总检察长可以从下属的检察官手中接手案件，但是他不能命令下属检察官如何办案。在芬兰，审前侦查工作由警察承担。在侦查完毕之后，警察将案件交由检察官进行指控评价。而检察官最终负责确保可能的犯罪得到了警方详尽的侦查，以便提交审判。根据联合国经济合作与发展组织 2013 年报告，这种分工方式对审前侦查中的警检合作提出了相当高的要求，尤其是在有关国外贿赂的案件中。有关警检合作的培训也因此自 2010 年起得到了加强。

七、国家审计署

国家审计署（National Audit Office，以下简称 NAO）是芬兰的最高审计机构，其工作机制独立，但是隶属于议会，并直接向议会进行报告。国家审计署审计长由议会任命。国家审计署负责审计国家的财务，监督并评价财政政策，监控选举和政党筹资。综合而言，其职责就是监督预算的执行，保障国家财政资金管理的合法性以及有效性。该审计署接收并发布《政党法》（*Political Parties Act*）和《候选人选举筹资法》（*Candidate's E-*

lection Funding Act）中规定的文件，而这些文件涉及的内容是强制披露问题，审计署由此还要确保所有这些要求公开的文件得到正当的披露。国家审计署必须确保公共资金按照议会的决定进行运用，并始终符合立法和财政政策。透明芬兰在其《2011 年国家廉政体系评估报告》中对国家审计署的整体评价是：与其工作量相比，对其的资金投入不足。

在历史上，芬兰审计署原来是财政部下属的单位，但 2001 年从财政部分离出来，成为由议会直接管理（而非领导）的独立机构。这种分离的目的主要是便于议会掌握全面的国家预算信息，从而能够强化监督效果，实现互相制约的目的。芬兰审计署由五个部门组成，分别是财务审计司、绩效审计司、企业服务司、行政管理司和咨询委员会。

芬兰审计署的审计范围不包括议会、审计署自身和中央银行（议会和中央银行的财务状况审计由其自行聘请的事务所审计或者直接自行审计；而对于审计署自身的财务状况，只能由审计署自行聘请的事务所审计），除此之外，所有的中央各部门和有关的财政资金都在其审计范围之内。其审计内容包括部门年度审计、财政资金运行状况审计以及特殊事项审计等。芬兰的部委直属单位有 100 多个，审计署每年都要对这些单位开展审计工作，根据各单位提供的决算报告和现场审计工作中发现的问题出具审计报告。审计报告分为中期审计报告和年度审计报告，内容包括该机构的绩效报告、决算报告、内部控制、预算执行和财务法规等。芬兰审计署近年来在审计工作中发现的问题主要集中在：预算没有按标准执行，国家拨款没有按照规定使用，以及绩效信息不全面等方面。“芬兰审计署十分注重绩效和内部控制审计，近年来审计的重点正逐步从资金使用合规性的审计转向对资金使用经济效益、效果和风险的评估上来。目前，芬兰审计署每年选择 20—30 个单位进行重点的绩效和内部控制审计，分析其信息采集是否有效、完成工作的工时多少及内部控制评估是否属实等。”①

---

① 关于芬兰审计署及审计工作的介绍，可参见“关于芬兰财政监督考察报告信息”，http://oumeijiatu.blog.163.com/blog/static/13463787920100213432237/，最后访问日期 2015 年 2 月 1 日。

八、监察专员

芬兰的行政监察专员公署是根据1919年的宪法建立的，其监察专员由议会不记名投票选举产生，每任的任期为4年。1971年，又设立了助理监察专员，以辅助监察专员的工作。

在芬兰，存在几种不同类型的监察专员：议会监察专员（Parliamentary Ombudsman）和大法官监察专员（Chancellor of Justice）负责监督职能，并确保政府当局和官员遵守法律，履行他们的职责。议会监察专员和大法官监察专员在工作过程中可能会与其他特定领域的监察专员产生工作上的配合关系，例如海关监察专员（Consumer Ombudsman）、破产监察专员（Bankruptcy Ombudsman）、儿童事项监察专员（Ombudsman for Children）、少数民族事项监察专员（Ombudsman for Minorities）及平等性事项监察专员（Equality Ombudsman）。根据2009年司法部的报告，议会监察专员和大法官监察专员对行政和司法机构的工作进行定期审查。他们还可以基于民众控告展开自己专门的调查，也可以进行专门调查如媒体报道的滥用职权的事件。他们有权对被证明行为不端的人或机构进行谴责，尤其是在重大案件中，并指令提起相应的指控。《2011年国家廉政体系评估报告》指出，监察专员机构是芬兰最强有力的机构之一；该报告同时还指出，芬兰已经通过了一项新的立法，赋予议会监察专员在选择其要调查的针对公共机构或人员的控告的过程中更大的自由权限。

相较于其他北欧国家，芬兰监察专员的监督范围特别大，所有国家工作人员，包括地方政府官员以及所有以政府公务名义从事活动的人都在其监督范围内。与其他国家可能不同的是，芬兰的监察专员对法官和军人都有监督权。其管辖范围甚至延伸到了宗教以及社会团体。当然，这种监督权限的范围是一点点逐步延伸的。一开始，芬兰的监察专员有权监督各政府机关和公共机构（一开始就包括法院），其监督方式中包含随意出席这些相关部门和机构的会议；之后，警察机构和边防哨所也归于其管辖范围之内；到了20世纪70年代，这种管辖权又进一步扩张至社会福利机构以及幼儿园等实体上。①

与北欧其他国家一样，芬兰的监察专员不能直接处分有关行政人员，或直接改变相关行政行为或者司法裁判，但是监察专员可以对相关机构和人员提出纠正错误的建议，或者建议有权力的主管机构给予相关人员纪律处分，而这些建议一般都会被采纳。但与其他北欧国家的监察专员不同的是，芬兰的监察专员对于那些不服其建议的人，即屡教不改者，可以自行启动包括刑事诉讼在内的诉讼程序。

第四节　芬兰廉政建设中的几部重要法律

芬兰在国家层面并没有专门的反腐败或者廉政建设的法律法规，但是，对于清廉这种道德底线的描述以及违反这种底线将会招致的惩处在各个层级的法律和规章制度中都可以看到踪迹。在下面要介绍的《政府行为公开法》、《合作监察专员法》以及《选举筹资信息公开法》等法律中，人们都可以通过其细节性的规定体会政府对公职人员的要求和对公职人员的监督都没有流于形式，而是切切实实地在明确、务实且可操作的规定中得到了落实。这种立法风格其实并不仅仅体现在这三部法律当中，但这三部法律所体现的严谨性和对公职人员的约束力是具有代表性的。

一、《政府行为公开法》

在芬兰，民众对于政府的透明度要求已经成了一种惯例，而政府的

---

① 关于芬兰监察专员的管辖范围，可参见孔祥仁：《芬兰行政监察专员公署：守护廉洁》，载《检察日报》2003年9月23日，第8版。

政务公开、透明，也同时是芬兰各级行政部门的一个当然的工作原则。芬兰的人民都很清楚：权力的行使透明和相应的信息公开是最好的遏制腐败的方式。因此，在芬兰，官员的财产申报和信息公开，是必须承担的一个义务。对于官员而言，隐私权必须做出适度的让步，除了法律法规规定的有限的保密内容，如核能和军事等国家机密，以及个人的性取向、种族信仰、健康状况等内容外，其他信息都应当予以公开。最重要的是，个人的财产需要公开。芬兰银行长期实行存款实名制，无论是公民还是团体的账户情况，税务机关均有权了解。所有个人和机构的收入状况和财产情况每年都需要在纳税表上进行公布，任何人都可以在税务机关对某个其他具体个人或团体的财务状况进行查询，而且也能查询得到。因此，任何财务上的异常状况都可能招致怀疑和相应的调查。

对于政府而言，所有与公共管理和公共服务事项相关的政务内容都应当公开。对于政党而言，很重要的一个公开内容就是其经费。芬兰的法律对于有关政党每年、每次的捐款数额均有严格规定。在候选人收到捐款之后，必须公布捐款人的姓氏、住址、职业、捐款日期以及捐款数字等具体内容，而其对于该捐款的开支每次如果超过一定数目或总开支超过一定数目，也必须予以公布。

芬兰的《政府行为公开法》于1999年制定，2002年修改。从该法我们可以看出，芬兰要求透明公开的文件种类之多，涵盖面之广，是令人赞叹的。

（一）对于“当局”的定义

由于《政府行为公开法》针对的主要是政府相关部门信息的透明化问题，所以对“当局”（authority）的界定就是第一位的。根据该法，当局的定义为：（1）国家行政机关和其他国家机关、事业单位；（2）法院和其他法定的行政管理机构；（3）国有企业；（4）市政当局；（5）芬兰央行，包括财务监督管理局、国家养老金系统和其他独立机构，该法还适用于家庭安全中心和农业养老金协会的相关资料和文件；

（6）议会机构；（7）土地部门，在执行土地国家机关的职责时；（8）独立委员会、咨询机构、专门委员会、一般性委员会、工作组、调查员及直辖市和直辖市核数师，以及基于该法，受上述（1）、（2）或（7）中的机构的指令或委托进行工作的其他类似机关。

而该法的规定也同时适用于由于法令或规定而承担公共任务或者行使公共权力的企业、机构、基金会和个人。

（二）需要公开的公务文件范围

根据该法，公务文件的形式被定义为以书面或视觉形式呈现的文件，同时也是基于特定主题或题材和特征组成的一条消息。从使用这些文件的角度而言，其表现形式及主题和特征等内容可以被视为一个整体。

“公务文件”是指由当局所有或者由当局的有关机关或在这些有关机关中服务的人所制作的文件，或者被提交给有关当局，与该机构行使职权相关的文件。另外，如果某份文件是应当局的委托或要求而制作的，也被视为公务文件。而如果该文件已经送达有关当局委托的人手中，视为已经送达给有关当局。

但是，以下文件不被视为公务文件：（1）送交公共服务机构工作人员的信件或者其他文件；（2）公共服务部门的工作人员自行保留的笔记，或者受政府公共部门委托的人自行保留的笔记，并且该笔记还未出于业务陈述或者其他目的而被披露；（3）用于服务培训、信息检索或其他任何机构内部活动的文件；（4）有关当局受私人委托而进行某项工作的文件，或者为了类似目的而制作的文件；（5）交由有关当局，或有关当局持有的，作为他人遗失物的文件。

本法同样适用于为有关公共服务当局的职员之间的协商或交流所准备的文件，或者有关当局和个人或公司之间协商或交流的文件，或者其他类似的这类机构活动的内部文件。但如果这些文件中包含有关档案立法的信息，那么这些文件应当被存档。然而，如果这些文件被存档，那么当局可以做出如下指令，即只有得到有关当局的授权，才能接触这些文件。

（三）公务文件进入公共领域

除非法律另有规定，否则上述公务文件都应当对公众公开。而且，这种对公众的公开应当遵循以下规则。

1. 这种公开应当是持续性的，并且应当随着文件的更新而更新。但是，有关检察官对犯罪嫌疑人追诉的信息只有在该嫌疑人已经被传唤，或者检察官已经签发了传唤令或者履行了相似的程序之后，或者在检察官已经做出不起诉的决定之后，才能够公开。

2. 与公共事务相关的邀约邀请，相关信息、建议、提议、提案、通知、通告、申请，以及任何相关附录，在有关部门签字或以类似方式确认之后，应公开。

3. 在与公共服务或者采购合同或者任何其他基于偿付的合同相关的情况下，对于与这种偿付相关的信息的公开，都必须在相关合同已经被履行完毕之后进行。

4. 各部、各机构和各部门做出的预算意见必须在财政部做出预算批示之后才能公开，因此对于其提交财政部的建议，以及其他与预算相关的建议草案，也必须在该预算建议提交议会之后才能公开。

5. 相关研究、统计数据，以及其他类似的资料，如果形成了一个不可分割的整体，并且其对于某项决策或者计划具有相当的重要性，那么即使他们与某一尚未结束的行为相关，也必须等到其完成了它们存在的目的之后方能公开。

6. 对于纪要而言，只有等它们被甄别、签署，或者以类似的方式被确认之后，才能公开。但在需要将其留存，以备有关当局准备相关事项内部使用的情况下，可以不公开。

7. 法院的命令或者司法判决在送达相关当事人之后应当公开。

8. 有关当局的决定、申明、批准意见，以及合同委托、相关备忘录、纪要和其他上文提到的文件，在有关当局签署或以类似形式确认之后，须公开。

9. 不被上文所包含的文件，经有关当局决定之后，也应当公开。

（四）民众获知文件的权利

在芬兰，根据法律的明确授权，任何人都可以获得公共领域的公务文件。当然，如果要获取尚未公开的文件，须要得到有关部门的特别授权或者批准。

二、《合作监察专员法》

芬兰的《合作监察专员法》（*Act on Cooperation Ombudsman*）是2010年由芬兰就业与经济部（Ministry of Employment and the Economy, Finland）颁行的。这一法案的颁布部门的性质决定了芬兰的合作监察专员是与芬兰就业与经济部一起合作，共同履行相应的监督职能的。

合作监察专员的任职资格是拥有较高的法律专业大学学历，并熟知公职服务的职责。合作监察专员每隔一定时间由政府任命，一次任期最长为5年。合作监察专员独立履行监督职责，其与必要数量的审查官（referendaries）和其他工作人员共同合署办公。

（一）合作监察专员的职责范围

合作监察专员的职责范围如下：

1. 在履行职责时必须遵守下述法律：监察专员须遵守《企业合作法》（*Act on Cooperation within Undertakings*）（334/2007）、《芬兰和社区范围内的团体企业合作法》（*The Act on Cooperation within Finnish and Community-wide Groups of Undertakings*）（335/2007）、《企业管理员工代表法》（*The Act on Personnel Representation in the Administration of Undertakings*）（725/1990）、《欧洲企业及欧洲合作社员工参与法》（*The Act on Employee Involvement in European Companies and in European Cooperative So-*

cieties)（758/2004）及《个人基金法》（*Act on Personnel Funds*）（814/2007）。

2. 通过各种措施和指令促进并改善用人单位与员工间的合作以及其他人员参与系统的实施。

3. 就其所需遵守的上述一系列法案目标的实现进行监督，并就这些法案的实施情况提出相应的建议。

4. 遵守《劳工理事会劳工保护的克减许可法案》第 8 条的规定（*The Act on the Labour Council and Derogation Permits Concerning Labour Protection*）（400/2004），对《企业合作法》及《芬兰和社区范围内的团体企业合作法》是否应该适用于企业或企业集团提出意见。

5. 监督个人基金的活动和管理，确保有关人员遵守个人基金法及基金章程。

6. 进行个人基金登记，为此还需要接收并审查与基金有关的通知及其他文件。

（二）合作监察专员享有的职权

1. 获取信息和资料的权力

尽管承担保密义务，但为了实施监督，合作监察专员有权（从某种程度上可以认为是被要求）在适当的时间内免费从用人单位那里获取监督企业是否遵纪守法的必要信息和文件。如果用人单位不予配合，为了督促其履行提供资料的义务，合作监察专员可以对该用人单位处以附条件的罚金。但是，这种附条件罚金的权力的行使必须符合以下条件：（1）企业或用人单位没有采取法定的关于人员及培训目标的计划；（2）企业或用人单位没有履行企业管理员工代表法中提到的职责；（3）有关公司或用人单位没有履行《欧洲企业及欧洲合作社员工参与法》第 3 条规定的职责。

2. 检查权

合作监察专员或监察专员委派的官员有权对企业实施检查，从某种程度上来说这对达到实施监督的目的很有必要。检查方式应恰当，以避免造成不必要的伤害或损失。在检查前应当尽可能提前通知用人单位和有关的员工代表，但在固定的居住场所不得进行检查。

合作监察专员有权检查个人基金的账目和管理信息，并检查其他方面的基金活动。如果合作监察专员发现个人基金违反了个人基金或基金章程法，或者忽略了法律规定的义务，那么合作监察专员可以命令该基金董事会进行改正，或禁止其执行错误的决定。在合作监察专员的要求下，法庭可以对该基金董事会征收有条件的罚金。

3. 发布改进通知

若用人单位明显出现了违法行为（主要指违反上述提到的法律法规），抑或继续或重复非法程序，合作监察专员则应发布书面的改进通知以纠正非法程序或防止其再次发生。

4. 交付司法的权力

如果有理由怀疑某行为应该受到惩罚，合作监察专员应将该行为上报通知警方，以进行初步调查。若从当时情况看该行为并不严重，且从公众利益考虑也不需要通知，则监察专员可以不通知。如果案件进入司法程序，在案件初步调查中，合作监察官员将有机会发表意见。在指控前，检察官将为合作监察专员提供发表声明的权利。当案件在法庭上受理时，合作监察专员有权出席并发言。

5. 对举报人的信息保密

当合作监察专员收到涉嫌违反条款和法规的通知时，且在其监督范围内，那么举报人的身份以及由于通知而展开的执法行动将被隐蔽。但如果有强制执行的必要并且得到举报人的同意，也可以公开举报人的身份。这种保密义务的例外是：合作监察专员可以在未经举报人的许可的情况下，将这些信息交由警方当局侦破案件。

三、《选举筹资信息公开法》

芬兰《选举筹资信息公开法》（*The Act on the Disclosure of Election Financing*）由司法部颁布，并于2000年5月15日生效实施，其在促使选举筹措资金的相关信息公开透明中起到了重要作用。

该法适用于在议会选举、总统选举、市政选举和欧洲议会选举的竞选活动中候选人的选举筹资。其目的是增加选举筹资的透明度，从而澄清候选人可能的个人利益。

（一）选举筹资的通报义务人

以下人员有提交其选举筹资通知的义务：（1）当选举结果确认时，在议会选举中当选的国会议员和被任命的副议员；（2）当选举结果确认时，在欧洲议会选举中当选的议员和被任命的副议员；（3）在总统选举中获提名候选人的选区协会代表或替补代表；（4）在市政选举中当选的议员和委员会副议员。

（二）需要提交的信息

关于选举筹资，需要提交公开的内容至少包含以下几项：（1）关于选举的陈述；（2）候选人的全名及提名方的名称，或表示该候选人已被选区协会提名的声明；（3）选举活动的总费用；（4）候选人、他/她的支持小组和他/她支持建立的其他外界协会收到的筹款。这些筹款可能来自私人、企业、政党组织和其他相应的重要捐赠者。

如果在总统选举和欧洲选举中筹款总额不少于3400欧元，在议会选举和市政选举中筹款总额不少于1700欧元，那么每笔筹款和捐款人的姓名都将被单独列出。凡是以金钱、产品、服务或任何其他相应的形式收取的任何自愿提供的财物都被视为一笔筹款，但不包括普通的志愿工作和普通的免费服务。如果筹款额比上面提到的数额小，那么私人捐款者的姓名在未经他/她本人明示同意的情况下不能被公开。

（三）信息的公开

对于这些公开的信息，需要以通知的形式做出，并且该通知必须由党派代表或选区协会的选举代表或其代理人签名，在其他选举中由候选人本人签名。在选举结果确认后的两个月内，该通知将在市政选举中被提交给中央选举委员会，在其他选举中提交给司法部。该通知将以司法部提供的模板形式提交。该通知以公开的形式保存在司法部和市政选举委员会中。司法部可以建立一个登记簿以记录通知信息。

第五章　挪威的反腐廉政建设

第一节　挪威的反腐廉政建设概况

全球非政府组织“企业公告付费促进联盟”（Publish What You Pay）挪威分支认为，世界上只有少数国家能将其自然资源以一种惠及大众利益的方式管理利用，而挪威就是其中之一。挪威并非欧盟成员，只是欧洲经济区成员。不过，虽然挪威几乎无权影响欧盟决策，但其却在执行欧盟的绝大部分指令。

联合国开发计划署提出的人类发展指数是用来衡量各地区发展及平等程度的指数，挪威位于该指数的榜首。2013 年《经济学家》（*Economist*）上的一篇文章将挪威描述为世界上治理和施政最为有方的国家之一。该国政治体系运行公开透明，贪腐程度很低，崇尚法治管理，所以才有如今的繁荣和成功。挪威是世界上最为廉洁的国家之一。尽管偶尔会有贿赂案件及官方不当行为，但贪污腐败绝没有形成气候。透明国际《2013 年全球腐败晴雨表》显示，无论是个人还是企业在同公职人员接触时都没有面临索贿要求，97%的受访者说过去一年里他们没有行贿。一些机构组织加入了反贪污队伍，但主要仍由各警区及国家经济与环境犯罪调查检控局承担反腐责任。挪威承认所有的国际反腐败公约的国内效力，并对各项反腐败法律严格实施执行，因此其受到国家警察局组建的打击犯罪组织及经济合作与发展组织的赞赏。

挪威曾经发生过国内采购部门腐败案件及石油公司贿赂案，这些贪腐案件表明挪威并非对腐败有绝对的免疫力。在这些案件被揭露的过程中，新闻媒体在调查报道腐败案件方面扮演了重要角色，而这些案件随后也被检方呈送法院审理。透明国际《2013 年全球腐败晴雨表》显示，仅有 7%的受调查者认为过去 3 年腐败度有所降低，而 33%的人认为有所升高。此外，仅仅有 18%的受访者认为自己国家打击贪污腐败卓有成效，33%认为并不见效。尽管挪威为打击腐败建立了强有力的组织与法律保障，透明国际的国家廉政系统发现其仍需改善，例如加大打击经济犯罪的力度，指导资源投入，加强政府采购监管，依法对国会利益冲突进行限制等。

一、商业腐败的指数

美国《2013 年传统基金会报告》称，由于挪威 80%的贸易往来是与欧盟国家开展的，挪威一直受欧洲经济问题的影响，但其在过去的几年里总能消除经济问题的负面影响。2013 年，美国国务院称，挪威商业贸易活动相当公开透明，贪污腐败对贸易投资的影响极其有限。

根据世界经济论坛《2013—2014 年全球竞争力报告》，受访的企业家们均表示，在挪威做生意遇到的主要问题分别为劳工法限制过多，基础设施不足及资金不足，而腐败及政治局势不稳定却不是问题。受访企业家们对政治人物高度信任，腐败现象几乎不会发生。而且，企业在同官员、政治人物及其他企业交往时具有很高的道德标准，其财务审计和报告的水准也非常高。

《全球报告倡议组织》（*Global Reporting Initiative*）2013 年发表的一篇文章认为，挪威已通过自身实践表明：在企业承担社会责任方面，其已是各国的表率与模范。挪威的《会计法》（*Accounting Act*）规定，在挪威注册的大小公司，必须把可持续性的相关问题提上董事会议程。2013 年 6 月，挪威出台了新规定，要求大型企业拿出方案，解决如何把承担社会责任，如反贪污等纳入其发展战略的问题，反贪自此成了大型企业的社会责任之一。透明国际挪威分支 2012 年称，企业报告涉及不同国家间的商业信息汇报，这成为制约企业汇报的一大瓶颈。这样一来，一些企业企图隐藏的信息，如空壳公司或避税港等问题可能会被揭穿。目前，这种强制让企业在各国的信息一并自行披露的企业汇报制度已经在挪威被讨论了很长时间，相关规定也已出台。

依据挪威国家经济犯罪调查组（Næringslivets Sikkerhetsråd）《2011 年犯罪与安全调查报告》（2011 *Crime and Security Survey*，KRISINO），不同行业的私企或上市公司的高管及安全代表都曾被询问其各自行业受经济犯罪的影响有多深，询问结果是：只有 2%的人承认他们知道过去一年里曾有人为了能签订合同进行贿赂或给“好处费”；97%的人则表示从未发生类似事情。这份调查最常提到的是：建筑业存在很多未被曝光的内幕，而 44%的人表示是其客户不愿被曝光。同样，挪威统计局（Statistics Norway）2010 年的报告揭示，在挪威，人们想成为经济犯罪的牺牲品都很难。总的来说，操纵投标操作价格及挪用公款是最常见的经济犯罪类型，其中建筑业及餐饮业在调查中被发现是腐败的高危行业。尽管腐败事件极少发生在公司，当局仍建议各个公司建立、巩固、完善其诚信系统，对其进行正当清查。2008 年，挪威外交部发表了一份手册——《拒绝腐败　受益无穷》（*Say no to corruption-It pays*!），该手册对公司如何防止及处理腐败问题给出了详细建议，也提供了相关的刑法依据。

二、商业行为监管环境

尽管挪威并非欧盟成员国，而是欧洲经济区的一员，但挪威始终响应欧盟政策，一直致力于外贸投资自由化。美国国务院 2013 年报告指出，挪威监管环境的透明度可以与欧盟相媲美，而欧盟也要求挪威在某些领域执行欧盟指令。挪威的经济具有极强的竞争力，政府政策更是鼓励蓬勃活跃的贸易投资活动。而这一切都得益于其贸易活动的公开性及透明性。美国《2013 年传统基金会报告》认为，挪威的法律体系质量是世界上最高的，能有效保护合法财产。由于法律的有效贯彻执行，在享受政府常规服务时市民完全不需要向官方行贿。

在挪威，经商条件十分便利。鉴于此，世界银行和国际金融公司《2014 年营商环境报告》将挪威在 189 个国家中排在第 9 位。在挪威，如果要创业，一般只需要 7 天时间，经过 5 道行政程序审批就可完成。而挪威在财产登记、合同执行以及解决破产问题等方面做得尤为出色。世界经济论坛《2013—2014 年全球竞争力报告》显示，受访的企业管理人员大多认为在挪威做生意，要想完全符合政府行政规定非常麻烦。但同时他们也认为政府决策透明度很高，一些影响私人投资者利益的政策法规如果有变，很容易就能查到。

美国国务院及遗产基金会 2013 年报告显示，挪威司法部门有能力对私人财产进行有力保护，保证商业合同履行，办事效率很高。该国还认可国际上一些主要的仲裁及解决投资纠纷的条约，如《纽约公约》以及《投资纠纷解决条约》（*The Convention on the Settlement of Investment Disputes*）等。但近年来，该国并未发生重大投资纠纷问题。

三、挪威司法系统的廉政指数

透明国际《2013 年全球腐败晴雨表》的受访者认为，挪威的司法部门是该国最为廉洁的部门之一。该国 2012 年 20 件贪腐行贿案件中只有不到一件与司法部门有关。

正如美国国务院及遗产基金会 2013 年报告所显示的，挪威司法部门在对私人财产的保护方面力度很大，效率极高，因此商业合同在挪威的履行通常是很顺利的。

世界经济论坛《2013—2014 年全球竞争力报告》显示，其受访的商业主管认为挪威司法部门在解决纠纷时非常独立，措施有效。此外，在质疑政府行为及其法规的合法性问题上，私人企业的相关法律制度也行之有效。

挪威司法系统独立，法院裁决公正。透明国际《2012 年国家廉政体系评估报告》中对其司法部门进行了评价，称从未在其法院系统中发现有行贿受贿行为，人们对司法部门信任度相当高。然而这份报告同时也警告说，广泛聘用临时法官可能会潜在性削弱挪威司法系统的独立性。

根据世界经济论坛《2013—2014 年全球竞争力报告》，企业家们把挪威司法系统对上至政府，下至市民及企业的影响力分为 7 个等级，1 级影响最大，7 级最小，而司法系统影响等级为 6. 3。政府为私人企业制定了专门的法律制度，可以让私人企业有效地质疑政府作为的合法性。这些商界主管还将这种制度的效率高低分为 7 个等级（1 级效率最低，7 级最高），私企效率级别为 5. 1。

然而，透明国际《2013 年全球腐败晴雨表》显示，在 2012 年，4% 的受访户在与司法机构打交道时曾有行贿行为。市民将司法部门的廉洁度分为五个等级，对其评价为 2 级（1 级廉政度最高，5 级最低）。

四、挪威警方的廉政指数

根据透明国际《2013 年全球腐败晴雨表》，挪威警方与百姓之间绝无行贿受贿事件发生，人们对警界作风相当信任。

挪威警方调查过的贪腐类案件较少，更多的是处理较为复杂的经济犯罪案件。这类案件由专门的警察部门及检控方负责起诉。美国国务院 2013 年报告称，挪威警方内部很少发生贪腐案件，尽管如此，挪威政府也已建立了有效机制来调查并起诉警方内部的贪污及滥用职权行为。

根据世界经济论坛《2013—2014 年全球竞争力报告》，企业家们认为挪威警方在执行法律时诚信可靠，给予 6 分评价（满分为 7 分，1 分代表最不可靠，7 分代表靠得住）。而透明国际《2013 年全球腐败晴雨表》显示，3% 的受访者表示 2012 年曾向警方行贿；市民则给予警局

2.4 分的廉洁度评价（最高为 5 分，1 分为最廉洁，5 分则相反）。

五、挪威基础设施建设及公共事务中的廉政指数

透明国际《2013 年全球腐败晴雨表》受访户表示，在挪威，在获取公共设施及服务方面几乎没有行贿受贿行为发生。但仍有三分之一的受访户表示在医疗保险领域存在贪污腐败。该报告表明，市民评价教育系统廉洁度为 2.4 分（最高为 5 分，1 分廉洁度最高，5 分最低）。受访者中，部分人表示曾于 2012 年在以下领域有过贿赂行为：2%，办理登记及许可证；3%，获取公共服务；1%，医疗服务；2%，教育部门。

1. 商业审批负担

世界经济论坛《2013—2014 年全球竞争力报告》向一些企业家调查，他们表示，如果满足政府各项行政要求（比如获得许可证，经营执照及申报等），企业行为将十分麻烦。但即便如此，国际金融中心及世界银行《2014 年营商环境报告》仍认为挪威是世界上做生意条件最为便利的几个地区之一。这份报告显示，在挪威，与官方打交道非常透明，不必担心官员索取贿赂、进行欺诈性商务稽查或滥用法律法规。

2. 土地管理

根据美国国务院 2013 年报告，在挪威外国投资商合法拥有不动产会受到一些限制。比如，企业首先要拿到政府特批，以获得各类不动产的所有权或使用权，如森林、矿产、耕地及瀑布。政府承认外国投资商的担保权益，而财产权益的记录系统也十分可靠。挪威政府建立了一套公开透明且行之有效的法律体系使人们对财产（土地、房屋及抵押财产）行使相应的所有权或使用权更为便捷。没有迹象表明企业在与土地局交往时被迫行贿。根据世界经济论坛《2013—2014 年全球竞争力报告》，企业家们把政府对私人财产权的保护力度分为 7 个等级：1 级代表最弱，7 级代表最强。政府被评为 6 级。而透明国际《2013 年全球腐败晴雨表》显示，3%的被调查者透露曾于 2012 年在土地事务上行贿。

3. 税务管理

透明国际《2013 年全球腐败晴雨表》显示，行贿受贿几乎不曾发生于市民与税务部门之间。

在由挪威国家经济和环境犯罪调查起诉局 2011 年发起的犯罪与安全调查中，多家来自各行各业私企的主管及安全代表被询问经济犯罪为他们的企业带来多大影响。答案是：29%的人认为，企业因漏报应上缴税额而被税务机关发现的可能性很小，甚至微乎其微。而 41%的建筑行业的人和 36%的酒店服务行业的人认为：逃税的风险较低。企业应该清楚，挪威法律已经明确规定，贿赂款项不能用来抵税。不过，根据透明国际《2013 年全球腐败晴雨表》，仅有 1%的受访者表示 2012 年曾向税务部门行贿。

根据经济合作与发展组织《2011 年第三阶段报告》，挪威税务理事会已经意识到要制定征税与反腐败相结合的相关措施，并训练其工作人员，使其能够发现潜在的欺诈行为。挪威税务理事会已经颁布了《征税估值手册》（*Tax Assessment Handbook*），为贪污罪的查处提供了法律依据。此外，挪威还建立了培训反行贿贪污人员的专门工作小组，成员横跨警察与海关部门官员。同时，税务局与警署人员达成协议，允许税务检察员被分派到各个警区，同警员一道出去侦查。据挪威国家经济与环境犯罪调查检控局（Økokrim）对经济犯罪风险的评估及《Trusselvurdering 2013—2104 年度报告》的消息，当局高度重视涉税犯罪与逃税、漏税的行为。

4. 海关管理

目前，尚没有证据表明贪污贿赂在挪威海关已“蔚然成风”。[①] 根据《2013 年全球腐败晴雨表》显示，1%的受访者表示 2012 年与海关打交道时曾行贿。而世界经济论坛《2012 年全球贸易促进报告》的报告结果佐证了这一透明国际的结论：企业家给挪威边境管理（进出口中无

---

① 海关部门法规信息，参见挪威海关官方网站“Norwegian Customs Service（Toll）”。

记录的额外支出和贿赂）的透明度打了6.3分（满分为7分，1分为最不透明，7分则相反）。

5. 公共采购和承包

据美国国务院2013年报告，挪威政府采购实行无差别性标准，公正透明的竞争性投标。政府为竞标者专门成立了“政府采购投诉委员会”，给他们提供投诉建议的平台，且此过程花费并不高。政府采购没有产生严重的腐败问题，但也发生了个别贪腐的案件。

挪威没有专门的部门负责监管政府采购。《2012年国家廉政体系评估报告》称，尽管挪威总审计长曾警告人们，详陈违反法律的危害，但当局仍因在限制采购者道德行为方面过于消极而备受指责。经济发展与合作组织《2011年第三阶段报告》还指出，在挪威，国家不会禁止公司注册。而且，对于公司招投标并没有严格的审查程序，也没有专门机构负责调查某公司是否有过违法记录。尽管政府采购腐败之风并未兴起，可偶尔曝光的案件还是足以说明应有的监察不到位，内部掌控能力不足。①

根据世界经济论坛《2013—2014年全球竞争力报告》，企业家们对于采购部门挪用公款（款项用于企业、百姓及各团体）态度倾向值为5.8分（满分为7分，1分为经常发生，7分为从来未有此事）。挪威政府官员进行决策或签订合同时会对与其关系较好的某单位或个人有个人私心偏向，企业家把这种个人偏爱度划分为7个等级，1级表示私心很重，7级表示绝无私心。而政府的等级为5级。

6. 环境、自然资源与开发

美国国务院2013年报告称，外国石油公司在挪威进行石油勘探开采及发放许可证时，政府实行无差别对待。挪威遵守欧盟关于平等对待欧洲经济区石油公司的指令，而且挪威口岸租让制度符合欧盟1994年

---

① 采购部门腐败案件详情，参见民主研究中心发布的2011年第三阶段报告，或登录挪威国家经济环境犯罪调查检控局网站（2011 report by the Center for the Study of Democracy and at thewebsite of Økokrim）。

第 94/33 条指令。这条指令明确规定了奖励条件及油田开发条件。但是，挪威政府授予特许权较为随意，其石油能源部会对于公司或公司组合符合经营资质的，都会发放经营许可证。

自 2011 年加入《采掘业透明度行动计划》以来，挪威一直是该组织的忠实追随者。该组织是各国政府、私人企业、社会团体及国际组织间的国际战略联盟，旨在保证采掘业收入支出条目公开透明，有据可查。作为"开放政府伙伴关系"组织的一员，在《采掘业透明度行动计划》的带领下，挪威政府始终致力于提升石油资源管理的透明度。

据瑞典杂志《地方》（*The local*）2011 年 11 月报道，挪威国家石油公司 Statoil 的一名咨询员，一名近海石油天然气供应商及其同事因购买无形产品向公司提交虚假账单，导致该公司的会计涉嫌犯罪，引起了警方的注意。挪威斯塔万格市地区法院（The Stavanger District Court）在该案件的判决中给予了很重的量刑，并下令归还所有赃款。但由于该公司与警方的良好关系，这名咨询员得以减刑，最终被判三年半有期徒刑，赔偿 700 万挪威克朗。供应商及其同事分别被判 3 年和 4 年有期徒刑。

第二节　挪威的反腐及廉政建设举措

一、立法举措概况

（一）国内立法

挪威刑法典为反腐败提供了强有力的依据。据透明国际挪威分支信息显示，挪威拥有世界上最严厉的反腐败法律制度。2003 年，这部法律有所修改，将腐败的情节划分成了三个等级的内容：一般性腐败，情节严重性腐败和钱权交易。在界定腐败的严重性时，关键的判断要素有：（1）案件是否涉及违反政府机关法规；（2）腐败涉及金额数目大小；（3）是否出现虚假错误的财务信息、文件及年度报表。情节严重的腐败最高可判 10

年有期徒刑，而一般性腐败和钱权交易则视情节严重性的不同被处以罚金到3年有期徒刑不等的处罚。

对于主动行贿者（主动型腐败）及贿赂接受者（被动型腐败），《刑法》均视为非法。对于国有部门及私有企业，《刑法》同样适用，不因犯罪主体的不同而进行差别待遇。无论案件发生在挪威境内或境外，只要涉及挪威政府机关、企业、公司以及个人，或是在挪威注册的外企以及已加入挪威籍的外国公民，这些法律条文均有约束效力。

挪威《刑法》规定，所有企业，无论何种形式，都被视为平等法人。也就是说，代表某企业的个人如果有违法行为，该企业将对此负责，并须要缴纳罚金。

此外，《刑法》对好处费（facilitation payments）的性质也进行了界定。给予好处费的行为与通过第三方间接行贿的行为一样，均被视为非法，但是，如果给予好处费是为了合法享受应有的服务，这种给予的行为就有可能被豁免。如果当事人出于正当防卫的目的或危急情况时挽救他人的目的而进行敲诈勒索（即正当防卫和紧急避险情况下进行的敲诈勒索），法律可以不追究其刑事责任。

《刑法》对洗钱也进行了相关规定，对洗钱行为，最高可判处6年有期徒刑。于2009年生效的《反洗钱法及反恐融资法》（*Anti-Money Laundering and Terrorist Financing Act*），特别针对财务部门，规定了财务报告方面的一些新义务。

在反腐败的问题上，挪威的清廉举世公认，但是近年来也发生了一些腐败的案件。案件主要集中在政府采购的问题上（包括国内政府采购和国际政府采购），因此挪威政府在这方面也做出了立法努力。不仅促进了政府采购信息进一步的公开透明，而且将发生在海外，但与挪威企业或个人有关的腐败案件都列入了国内《刑法》的罪名之中，这可能是最近的15年内，挪威反腐败历史中的最重要一笔。

透明国际《2012年国家廉政体系评估报告》已证实，不管是在理论上还是在实践上，挪威的反腐败工作都具有十分强有力的法律制度保障。但这些制度仍有待完善。所以一些专家建议：企业发现疑似腐败案件后，如果配合当局破获案件，政府要进行奖励支持，以鼓励这种配合行为；清查企业内部腐败案件后，企业应就如何“清理局面，重回正轨”制定出一套更为清晰明确的方针路线。①

（二）国际反腐法律义务的承担

挪威是众多国际反腐败公约的签约成员，如经济合作与发展组织的《禁止在国际商业交易中贿赂外国公职人员公约》，联合国《反腐败公约》，“欧洲反腐败民事刑事法委员会”及“反腐败国家集团”。经济合作与发展组织对挪威近期反腐败公约的执行情况进行了评估（见前述《2011 年第三阶段报告》），其反腐败工作小组对挪威打击跨国贿赂所做的努力表示了高度赞赏。例如，报告认为挪威存在有效且可靠的反腐败法律制度保障，挪威的“国家经济与环境犯罪调查检控局”（Økokrim）下属的反腐败工作小组工作卓有成效且在反腐事项方面消息灵通，挪威设置了有效的检举揭发法律制度、账目审查制度及政府对私企合规计划介入调查制度等。工作小组同时也强调，挪威在反腐方面还有几个方面需要改进，如越来越强调公司贿赂的赃物赃款要上缴国家，提高政府打击抑制企业跨国贿赂交易的能力及促使审计人员及时汇报腐败行为。反腐败国家集团建议挪威实施反腐败控告及政党经费透明制，而挪威出色地完成了这些任务。反腐败国家集团第三轮评估发布的《2013 年 4 月合规报告》也说明挪威在反腐败立法方面确实取得了巨大进展。GRECO 尤其希望挪威能采纳《政党法案》（*Political Parties Act*），因为该法案能对政党集资融资提供法律依据。②

---

① 更多《刑法》中反腐败条例，参见挪威外交部 2008 年公布的宣传册《拒绝腐败　受益无穷》。也可参见透明国际组织挪威分支文件：《2003—2012 年间挪威审理腐败案件集合》［Transparency International Norway's collection of corruption cases handled by Norwegian courts between 2003 and 2012（in Norwegian）］。

② 详情参见 Lovdata 基金会：《挪威法律案例集英文版》（*Lovdata Foundation for a collection of Norwegian laws and cases in English*）。

二、政府的战略措施

除了执行国外反腐败公约，将国际公约与本国法律相结合之外，挪威还发起过一个为期 3 年的“反腐败、反洗钱计划”（anti-corruption and money laundering project）。该计划始于 2002 年，并于 2005 年结束。其初衷在于减少经济犯罪的利润，进而减少经济犯罪的寻租空间，增强挪威作为反洗钱国家的国际形象。为此，政府也发布了《打击经济犯罪行动方案》（*Action Plan for Combating Economic Crime*），该方案于 2004 至 2007 年期间实施。2011 年，挪威政府修改了该行动方案。挪威司法部、公安部及财政部同时负责监控该方案的实施执行。

挪威同时也是“开放型政府伙伴计划”（Open Government Partnership）的成员之一，并于 2011 年提出了其第一个“开放型政府行动计划”（Open Government Action Plan in 2011），主要目标包括便于大众获取政府信息服务，让油气收入管理透明化等。2013 年 4 月，挪威政府发布了一份自我评估报告，阐述了其在“开放型政府行动计划”方面取得的进展。

打击经济犯罪的机构——挪威国家经济与环境犯罪调查检控局也是挪威反腐败战略的重要组成部分。其下属的两年一期的刊物“*Økokrim's Trusselvurdering*”对经济犯罪的风险及涉案人员负责进行评估，也对挪威为何会发生经济犯罪，包括腐败问题及如何抑制该问题做了评定。[①] 与此同时，挪威政府也强调与私企合作反腐败的重要性及必要性，还公开声明希望挪威的大小企业能够承担其在反腐败中的责任，发挥一些作用。2009 年，“预防资金外流委员会”（Capital Flight Commission）发表了一份受到国际社会广泛认可的关于偷税漏税的报告。此外，挪威外交部于 2008 年颁布的反腐败手册《拒绝腐败　受益无穷》也表示要援助

① See Økokrim's latest 2013-2014 publication here (in Norwegian only).

私企，以便企业能更好地发挥反腐败作用。

在国际社会上，挪威则积极致力于通过其发展援助战略不断推进反腐败工作的开展。外交部及公共发展部门负责发展援助战略。

（一）政府采购

政府采购中涉及的重大利益使这个领域在各国都成为廉政建设的重点，各国无不细化自己的政府采购规则，最大限度地防止腐败的出现。在挪威，政府采购部门必须依据《1999 年政府采购法案》（*Public Procurement Act* 1999）行事，该法案最新版本为 2012 年版。经济合作与发展组织指出，挪威应当执行欧洲共同体第 2004/17 号与第 2004/18 号决议，对被法院最终判处经济犯罪（包括腐败罪）的采购员实施强制性监禁。然而，挪威并没有专门机构对政府采购实施监管。《2012 年国家廉政体系评估报告》称，挪威国家审计总署一直警告，政府采购行为切勿违反法律。然而，在加强政府采购员职业道德的问题上，政府的态度却比较消极，因此饱受各方批评。经济合作与发展组织《2011 年第三阶段报告》指出，挪威对一些有过违法记录的公司不实行注册禁令，而且在公司招投标时也不会对其进行清查，更没有义务去调查该公司是否有犯罪记录。此外，就算某公司受过处罚，可法院在宣判时会隐去公司的真实名称，因而很难得到证实。挪威政府的“行政改革及宗教事务部”（Ministry of Government Administration, Reform and Church Affairs，以下简称 FAD）监管下的公共服务管理局（Agency for Public Management）为了解决这些问题，建立了一个网站（www. anskaffelser. no）。该网站规定了私企采购指导细则（Guidebook to the Rules governing Public Procurement）（挪威语版）。2012 年，挪威政府“行政改革及宗教事务部”还颁布了《政府采购指导规范》（挪威语版）。这一细则和规范在一定程度上弥补了较高位阶法律在规范政府采购行为方面的不足。挪威政府采购投诉委员会（Norwegian Complaints Board for Public Procurement，以下简称 KOFA）负责受理相关投诉。总之，《2012 年国家廉政体系评估报告》建议挪威的政府采购各部门在实际中配合度要更高更为默契，联系更加紧密。

（二）《采掘业透明度行动计划》

在很多国家，来自石油、天然气和采矿业的金钱往往与贫困、冲突和腐败相连。这一现象通常被称为“资源诅咒”，其产生原因往往与这些公司向政府支付以及政府向这些公司征税时缺少透明度与问责制有关。《采掘业透明度行动计划》的目的就是要健全透明度与问责制。这是一个得到公司联盟、政府、投资商和公民社会组织支持的自愿行动。除通过其他措施提高政府的预算透明度外，EITI 启动了一项使市民可以监督政府财政利用状况的程序。EITI 实际上是 2003 年八国集团在埃维昂发表的《反腐败和提高透明度宣言》的一个补充措施，自实施以来，受到了各国的关注。挪威是首个贯彻执行《采掘业透明度行动计划》的国家，并于 2011 年成为该计划的正式成员。该计划是一个国际战略联盟，成员包括各国政府、私企、社会团体及国际组织，旨在确保采掘业收支公开透明而合理。由石油能源部主管实施该计划细则条款。条款要求各石油公司每年公布一次向政府机构的支付有关业务往来款项的情况，同时也要求这些机构公布收费情况。由国家主办并由公司参与这项计划意味着一国政府向国内和国际社会发出承诺，要在公众生活、政府管理和商业交往方面提高透明度和加强责任追究制。在正式成为该计划成员前，挪威早已认可该计划奉行的采掘业运行透明、管理有序的原则。但在是否完全愿意去影响和鼓励其他资源大国实行采掘业透明的问题上，挪威有所保留。依据《石油项目资金流动汇报及账目核查管理条例》（挪威语版），企业及政府机构的依法汇报制度于 2009 年 7 月生效。[①] 显然，能够通过这些政府举措了解政府代表民众管理相关资产的情况，大大提高了民众对于政府的信任度。

---

① 《采掘业透明度行动计划》在挪威的执行情况及进展，参见《采掘业透明度行动计划——挪威报告》。https://eiti.org/Norway，最后访问日期 2015 年 11 月 19 日。

（三）电子政务

电子政务在挪威发展很快。经济合作与发展组织认为，信息通信技术对提高政府工作效率，提升人民服务质量及加快政府现代化有很大帮助。挪威政府利用信息通信技术开展服务已有7年历史，这归功于政府支持电子服务的发展以及互联网极高的普及率。一些政府机构为百姓及其他所有部门开展了各式各样的电子服务。① 该计划详细介绍了政府如何将大众服务数字化，以提升其使用效率，惠及更多人民及企业。这一计划还阐述了实现数字化及安全的具体步骤。挪威政府加入了“开放型政府伙伴关系”，努力建立一个公开透明、公众参与的政府。而《2012年度挪威电子政务计划》直接属于这个目标的一部分。

（四）检举揭发途径

挪威劳动法新增了大量关于检举揭发的条款，适用于一切公共部门以及私人单位，其对整个社会生活的影响非常深远。这些条款规定，对于不法行为，人们可以匿名举报，或向媒体揭发。劳动监察局会监督雇主是否为检举揭发创造了有利环境，同时受理相关投诉。该部门可以就部分投诉立即展开调查或移交警方，但并不负责解决雇主与雇员之间的纠纷。如有检举人因投诉而受到打击报复，检举人有权获得治疗或赔偿。劳动监察局还能监控和查询所有对工作单位的投诉信息及投诉所涉及的相关法律。挪威外交部开设了检举热线，专门针对商业违规行为、恐吓骚扰、不公正对待及种族歧视，尤其对如何处理商业违规行为做出详细规定。总体来说，尽管挪威为检举者最大限度地提供了法律保护，但《2012年国家廉政体系评估报告》指出，检举的途径尚有部分领域有待完善，比如可以告知雇员他们有合法报告的权利，而且要让人们知道，检举行为会受到法律保护；让公共部门负责人更加意识到其下属有

---

① 可登录挪威中央及地方的门户网站—www. norway. no，或参阅《2012年度挪威电子政务计划》（*Norwegian eGovernment Program* 2012）。

权检举揭发他们。

（五）挪威政府组织的“政府打击经济犯罪行动计划”

“政府打击经济犯罪行动计划”（The Government's Action Plan to Combat Economic Crime）是2004年的大事件，在这个计划的运行过程中，一份新的打击经济犯罪的行动计划出台了。该计划所涉及的整项工作是与财政部和贸易产业部紧密配合而展开的。早在2003年，打击经济犯罪小组的领导人员就已经制订了一份新的计划，为未来工作的开展打下了重要基础。2003年秋，该小组成员举行了系列会议，讨论以后的工作将如何开展。该计划的新方案正式开始于2004年1月，来自各个领域的成员举行了若干次会议，参会人员包括工商领域、团体组织、公共行政机关、挪威议会常务委员会各政党的司法方面的代表、媒体以及个人。会议就如何预防和打击经济犯罪集思广益，以期使该行动计划的针对性更强，更加有效。新计划的首稿在会议结束的9周后提交给财政部及贸易产业部。这份稿件还同时送交了挪威总检察长、国家警务办公室（National Police Directorate）、国家经济与环境犯罪调查检控局及司法部其他相关机构，请各方给予意见。挪威财政部、司法部和外交部成员以通讯稿、会议等形式展开了热烈讨论，对行动计划的原稿做出了数次修订。最终，政府在2004年6月3日的国务委员会会议上通过了这份行动计划。

“政府打击经济犯罪行动计划”包含了大量的打击经济犯罪的措施，不过大多数措施是预防性的。该行动计划建议增强警局和检察部门内部的工作力度，通过在警局建立打击经济犯罪小分队，从而使警方在同经济犯罪斗争的过程中的工作更为有效、战斗力更强。在之后3年的时间里，这些措施被一一贯彻执行。[①] 2004年，在司法部举办的ETHOS会议上，司法部部长奥德·艾纳尔（Odd-Einar Dørum）以及财政部部

① 在以该计划命名的网页里能找到这份行动计划。

长佩尔·克里斯蒂安·福斯（Per Kristian Foss）公布了这份行动计划。该计划被公布之后，大量关于挪威境内外经济犯罪的事实被揭发出来。目击证人既有来自挪威本国的，也有来自境外的。此外，截至2005年，为了配合这一计划的展开，挪威开展了一系列的配套行动。

1. 参与反洗钱金融行动特别工作组

反洗钱金融行动特别工作组（Financial Action Task Force on Money Laundering-FATF）是西方七国为专门研究洗钱的危害、预防洗钱并协调反洗钱国际行动而于1989年在巴黎成立的政府间国际组织，是目前世界上最具影响力的国际反洗钱和反恐融资领域最具权威性的国际组织之一。其成员国遍布各大洲主要金融中心。其制定的反洗钱40项建议和反恐融资9项特别建议，是世界上反洗钱和反恐融资的最权威文件。截至2005年2月，该组织已拥有33个成员以及20多名观察员。

挪威财政部、挪威银行保险债券委员会和国家经济与环境犯罪调查检控局也是反洗钱金融行动特别工作组的成员。2004年，反洗钱金融行动特别工作组的一个主要任务就是完成对其成员国及其他国家反洗钱措施制定和实施方法的评估。2004年2月，该特别工作组全体会议通过了新的反洗钱措施的制定思路。2004年春，世界货币基金组织和世界银行的董事局决定采取一系列措施打击恐怖主义的经济犯罪和洗钱活动等金融活动，而这些措施与特别工作组评估报告中提出的思路是一致的。国际金融机构在借贷时深入落实了这些反洗钱反恐怖集资的措施，才使这些措施在全球范围内得以顺利执行。2004年夏，挪威和比利时率先宣布，愿意成为反洗钱金融行动特别工作组第三次评估的首站。挪威指定安妮·米特·戴恩与工作组配合，负责此次评估活动。评估时需要填写一份综合问卷，并于2004年11月中旬递交特别工作组。问卷需要相关机构全部参与回答，其中最后一个问题需要与财政部相互配合。挪威对这些工作均予以了积极配合。

2005年1月，特别工作组的一支专家队伍回到挪威进行为期两周的审核，而挪威则早在2004年12月就开始了为此次审核的相关准备工作。

评估时，专家同挪威许多政府部门代表、团体组织以及私人企业的工作者进行了广泛的交谈。此外，挪威政府还派专人参加了之后2005年对比利时反金融犯罪、反洗钱及反恐怖集资措施的评估工作。安妮·米特·戴恩同时在对俄罗斯反金融犯罪、反洗钱及反恐怖集资措施的评估工作中担任特别工作组的观察员，这意味着要仔细研读俄罗斯递交的报告，以及相关法律信息；在2003年9月对俄罗斯进行为期一周的考察；撰写对俄罗斯评估报告，并在2004年7月欧洲委员会全体会议上呈交报告。

2. 参与经济合作与发展组织国际交易贿赂工作组的工作

经济合作与发展组织下属的国际交易贿赂工作组（OECD Working Group on Bribery in International Business Transactions）在挪威有代表团，挪威外交部对此负责。挪威派出了阿特勒·罗德西亚（*Atle Roaldsøy*），作为代表团成员之一，主要负责评估工作。2004年，阿特勒·罗德西亚继续执行工作组的建议。"政府打击经济犯罪行动计划"还包含了经济合作与发展组织成员国参与的延伸项目，涉及国家包括俄罗斯、亚美尼亚、阿塞拜疆和波罗的海国家。2003年，挪威的亨里克·霍恩（Henrik Horn）也曾在工作组效力。2003年，经济合作与发展组织工作组曾对挪威反金融犯罪、反洗钱及反恐怖集资措施进行评估，即其是否与经济合作与发展组织制定的《禁止在国际商业交易中贿赂外国公职人员公约》相吻合。

3. 参与并配合反腐败国家集团的工作

反腐败国家集团的挪威代表团由阿特勒·罗德西亚带领。该集团的主要职责是对其成员国的反腐败法律进行评估，确认其是否符合欧洲委员会《反腐败刑事公约》以及其他相关法律法规的规定。2004年，反腐败国家集团对挪威的反腐败措施进行了第二次评估。评估集中于四个主题：强制性措施的使用；没收；公共管理中的反腐败措施以及法人腐败问题。反腐败国家集团于2004年4月26日至30日考察挪威，于9月27日至30日讨论并通过了关于挪威的评估报告。报告评价总体上来说十分积极，但结尾也提出了一些要求挪威必须执行的建议。2004 年，反腐败国家集团对挪威的评估报告进行了审议，并最终通过了该报告。该报告关注的问题是：挪威是否执行了前一轮评估中对其的建议。

4. 其他反腐败国际合作

反腐败工作需要大量的国际合作，挪威在这些合作中均有积极的身影。在 2004 年的“政府打击经济犯罪行动计划”中，除了上述几项挪威参与的国际反腐工作之外，按照时间顺序，挪威还参与了以下国际合作。

（1）派员参加了一个专门为俄罗斯商业主管举办的反腐败学习班，该学习班由美国华盛顿市民项目中心赞助。会议上，100 多名俄罗斯人被分为若干小组，每组 10 到 15 人。他们被分配到几个西方国家的大使馆，其中就有挪威大使馆。他们在挪威大使馆花了整整一天的时间讨论各国解决反腐败问题的办法。

（2）参加一系列的国际反腐败会议，积极进行讨论和合作。比如，在丹麦哥本哈根举办的司法会议上，挪威的伊娃·乔丽（Eva Joly）做了主题演讲：我们能允许何种程度的经济犯罪存在？该如何加强对此类案件的监管和检察？此外，在布鲁塞尔由欧盟反洗钱联合委员会举办的一场内容涉及欧盟第三次反洗钱指令的会议上，在挪威赫尔辛基举办的北欧国家反腐败会议上，在由联合国犯罪问题和毒品问题办公室举办的会议上，在北欧五国司法部部长会议上，在北欧五国的反腐败经验交流会上，乃至在东非肯尼亚新政府在首都内罗毕举办的主题为“贿赂的风险与挑战”等会议上，挪威皆有身影出现。

（3）举办各类反腐败的会议和演讲。挪威还举办了许多会议、谈话及讲座，内容各有特色，绝大多数与反腐败主题相关。通过研究、学习班等形式，“政府打击经济犯罪行动计划”的实施小组逐步增强了人们的反腐败意识，引发了对于反腐败、反洗钱的公共辩论活动。在国家警察学院（National Police Academy）、国家警务部门及国家检察部门的宣讲，事后表明都提高了有关人员在反腐败工作上的能力。尽管此类活动非常消耗资源，它们仍受到高度重视。

三、民间反腐败行动

1. 媒体

在挪威，媒体自由已载入宪法，受到法律保护。为提升政治多元化，挪威政府补贴了许多家报社，而大部分报社为私人所有，且政治拥护倾向分明。在挪威，媒体资源的选择十分宽泛，看法也多样化（例如人口规模问题）。通过政府补贴及有关传媒法的规定，可以实现上述媒体自由的目标，同时也有利于规模较小的出版商的自由发展。

挪威国家广播公司（NRK）在广播电视领域占有主导地位，并且得到了国家牌照费的资助。但尽管如此，国家广播公司也面临其他私人广播公司的激烈竞争。挪威报纸的读者人数最多。挪威有 200 多种报刊，意见评论更是五花八门。美国国务院 2012 年报告认为，挪威互联网普及率为 94%，而且政府对于网络内容不加限制。在挪威，记者和媒体很少受到威胁。《2012 年国家廉政体系评估报告》指出，挪威媒体在安排公开辩论日程上发挥了很大作用，而且近年来，一些腐败案件还是由记者与媒体首先发现的。在曝光官员腐败行为，唤醒加强公众反腐败意识方面，挪威媒体的确发挥了关键作用。但与此同时，透明国际组织挪威分支对挪威的媒体也提出了批评：认为挪威媒体自我批判不足，记者过分关注个人，而非整体。

2. 民间社团

挪威宪法保障集会自由及结社自由，政府对此不加干涉。在国际上的非政府组织中，挪威的组织非常活跃。在与政府协商社会经济大事中，工会扮演了举足轻重的角色。作为挪威第三部门，民间社会具有多样化的特点。由于社会各界参与度很高，挪威的社团又被分为不同的种类。《2012 年国家廉政体系评估报告》指出，挪威有大约 2200 个国家级组织，120,000个区域性团体，其中多数活跃于文化及体育领域。挪威的法律对民间社团的限制较少，与西方国家相比，挪威政府对社团的补贴只占财政收入的一小部分。当局允许民间组织对政府进行批评，而这些组织对此也并不避讳，它们完全有影响政治辩论的自由。以下是一些活跃于反腐败领域的民间组织：

（1）透明国际挪威分支

透明国际是一个致力于反腐败的非政府组织，总部位于柏林，在挪威设有分支。该分支是挪威民间团体中非常活跃的反腐败力量，资金来源于社会各界捐助及成员公司和个人的会费缴纳。该组织的目的在于：通过采用预防性措施，不断提升公私部门的透明度。它参与公共反腐败辩论，提倡政府反腐败政策的变更，通过出版刊物和一系列的访谈不断提高挪威的反腐败意识，并且与跟其主旨相似的社会团体建立合作伙伴关系。该分支于2012年6月发布了《2012年国家廉政体系评估报告》，同时在2009年出版了刊物《反腐败宣传手册》（*Handbook for Norwegian Municipalitie*），并于2013年为市政部门出版了反腐败刊物，以及《2003—2012年挪威反腐败案例集》（*A Selection of Corruption Cases Handled by the Courts Between 2003 and 2012*）。

（2）克里斯蒂安·米切尔森研究院

克里斯蒂安·米切尔森研究院（Christian Michelsen Institute，以下简称CMI）是目前斯堪的纳维亚半岛上最大的发展研究中心。它完全独立，是个政策导向型、应用发展型的非营利组织。挪威研究委员会（Norwegian Research Council，以下简称NFR）为其提供资金支持，挪威各部委以及本土或海外的非政府组织为其提供项目支持。该中心主要研究脱贫，发展人权事业，减少冲突及促进社会可持续发展。研究院还主管U4反腐败研究中心（U4 Anti-Corruption Research Centre）。该中心在反腐领域最鲜明的特点在于与捐助者紧密合作，共同面对各种挑战。U4反腐败研究中心通过一家网站形式的资源中心提供与反腐败相关的物质资源。这个网站有出版社、培训教材及服务热线。U4还在国内经营了一家工作室，并开设网上课程，专门向合作机构和个人讲授反腐败措施和战略。热线为这个领域的发展从业者面临的一些难题提供专业性解答。

（3）挪威工商联合会

挪威工商联合会（Næringslivets Hovedorganisasjon，NHO）是该国最大的雇主联盟，也是主要的商业游说集团，现有大约 22,100 个成员公司，有小型的家族式企业，也有大型跨国集团。遵守商业道德及反腐败始终是工商联合会的议程。1999 年它就私营部门腐败问题展开研究讨论，并于 2000 年出版说明性手册《腐败之源》（*Standpunkt Korrupsjon*）。联合会还借助其工作室及研讨班，向其成员积极宣传推广反腐败工作。2006 年，联合会出版书籍《越轨》（*Crossing the Line*），介绍如何面对“灰色地带”，如收礼、请客及相关花费等。①

（4）挪威私营部门安全委员会

私营部门安全委员会（Næringslivets Sikkerhetsråd，以下简称 NSR）由挪威一些主要的商业组织组成，主要目的在于预防私营部门犯罪问题。该委员会在 2004 年成为一个独立的成员组织，由工商联合会、挪威商会（Bedrftsforbundet）、金融挪威（Finans Norge）、求真（Virke）、维度（Spekter）及挪威船东（Norges Rederiforbund）等组织创建。它通过会议、出版和新闻简报等方式，为私营部门预防犯罪及保障安全（防止工业间谍、恐怖主义、有组织犯罪、腐败、扭曲及网络犯罪等）提供建议。该委员会的顾问团也有来自公共打击犯罪机构的代表，如国家警务办公室、挪威经济与环境犯罪调查检控局、挪威警察安全服务部及其他机构。该委员会曾出版《犯罪安全调查》一书（*Crime and Security Surveys*，*Krisino*），书中提到挪威私营部门发生过腐败与其他经济犯罪问题，以及问题的严重程度。

---

① 更多资料及该委员会的反腐活动可参见 https://www.nho.no/politikk-og-analyse/seriost-arbeidsliv-og-samfunnsansvar/，最后访问日期 2015 年 8 月 30 日。

（5）挪威地方及区域政府联合会

挪威地方及区域政府联合会（Norwegian Association of Local and Regional Authorities，以下简称 KS）是挪威唯一的雇主协会，同时也是挪威城市、郡县及地方企业的利益组织。提升道德标准及反腐败是该联合会的首要任务，这一使命反映在其工作的各个方面。其主要目标是加强市政自制力，增加地方官对腐败问题的了解。除了开设学习班，出版指导性刊物以外，联合会还为当选的官员建立了专门的网站，就如何解决利益冲突，缓解利益压力及摆脱各种道德困境提供信息指导。联合会下属的道德委员会解决各种道德问题，在一些伦理决策难题上咨询市政机关。此外，该联合会还建立了“道德之门”（Ethical Portal）网站，那里可以找到一些反腐败指导方针及道德指南。

（6）税收正义网

税收正义网（Tax Justice Network Norway）是一个非营利性组织。该组织是全球税收正义联盟（Global Alliance for Tax Justice）在挪威的分支机构，旨在通过采用国际性、国家性及区域性措施来实现税收公平。其促进税收公平的途径很广泛，包括利用网络、对话、公共辩论等形式宣传资金外流以及偷税漏税的负面效应。

（7）企业公告付费促进联盟

企业公告付费促进联盟（Publish What You Pay Norway）的挪威分支由来自 70 多个国家的 650 个社会团体组成，提倡油气、采矿业收支管理公开透明，使所有的相关资料均有据可查。

第三节　挪威的主要反腐败机构

挪威有许多公共机构与部门都参与反腐败。大多数机构部门活跃于反腐战略及防控领域，而警方与检方才有权真正决定是否对个人腐败案件展开调查并递交法院审理。

一、司法部

挪威的司法部尽管是司法行政机构，但是在廉政建设的过程中也起到了积极的作用。司法部始建于1818年，大约有270位工作人员，下设7个部门以及部长办公室和信息中心。该部门主要任务是维护法律，并让其得到健康发展，最重要的任务是确保社会以及公民安全。

具体而言，挪威司法部的主要任务可以分为以下几类：(1) 行政秘书为政府领导、议会的王族及议会准备材料文件；协助政府制定政策；(2) 负责联系并发展与其他机构和法院的关系；(3) 负责处理涉及个人、企业、团体、市政及政府机关的行政事务，为人民大众提供服务。其工作的重点领域为：减少犯罪；维护安全与法治；实行透明开放，促进民主；执行刑事司法系统的任务，为人们提供服务。

1. 司法部的内部主要架构

(1) 行政事务部。行政事务部是司法部的行政机构和运行机构。负责整个部门的日常开支，人事政策及协调预算工作。

(2) 惩教署。该部门的活动由挪威司法部、警方和惩教署共同管理。其角色是政治领导的秘书，处理国会预算方案，制定政策法律法规，制定中央的指导方针，并配合其他部门工作。

(3) 社会事务部。社会事务部活动范围相当广泛，主要是为了维护公民权益。

(4) 法律部。法律部为政府及中央政府行政部门提供法律服务。

(5) 极地事务部。极地事务部主要处理挪威在两极地区领土的相关事务，包括处理挪威位于北极的斯瓦尔巴群岛的事务，准备斯瓦尔巴群岛年度预算报告，并配合中央政府极地事务部门开展工作。

(6) 警务部。警务部和国家警务办公室组成了挪威的中央警察机构。警务部对挪威高级检察院和军事纪律委员会负有行政责任。

(7) 救援及应急计划部。救援及应急计划部是民防及紧急预案指挥部的上级机关。

（8）分析中心。该部门的主要任务是巩固社区分析、刑法学分析以及统计研究领域的信息基础与决策基础。

（9）信息中心。信息中心是政治、行政管理以及其他 7 个部门的信息咨询处。

2. 司法部的“反腐败反洗钱计划”

“反腐败反洗钱计划”是挪威司法部的一项重要反腐计划。“反腐败反洗钱行动计划”由政府于 2002 年发起，由助理秘书长领导，意在打击以营利为目的的严重性犯罪。该计划由挪威司法部和外交部共同督办，计划为期 3 年，两个部门为该计划各出资一半。司法部和外交部各派出代表组成该计划的咨询委员会，并于 2004 年举办了两场大型会议。而该计划会同司法部有关领导定期举行会议。该计划的任务指向主要在于让挪威日益活跃于国际反腐败和反洗钱领域，它的全国性目标为减少犯罪盈利。2003 年夏，“反腐败反洗钱计划”还承担了为挪威政府打击经济犯罪而起草行动方案的新任务。2004 年，政府决定在 2005 年年底让该计划以现有形式结束。因此，2004 年，司法部做出了相关的年度报告，在这份报告中，并没有详细说明司法部做过的每一件事，而是把“反腐败反洗钱行动计划”在 2004 年里所做的工作进行了大致描述。同年，“反腐败反洗钱计划”在司法部官方网站“Odin”网上有了自己的主页。

3.《财产没收——我们必须做什么》的出版

《财产没收——我们必须做什么》［“*Inndragning-hva må gjøres?*”（*Confiscation-what must be done?*）］一书的作者为安妮·米特·戴恩。2004 年 1 月，司法部内部将该书印刷了 3000 本。2 月 4 日在司法部部长奥德·艾纳尔·多鲁姆（*Odd-Einar Dørum*）亲自参加的新闻发布会上，正式将此书公之于众。戴恩早在担任国家经济与环境犯罪调查检控局高级检察官时，就开始了这本书的编写；2003 年其成为打击经济犯罪行动计划的小组成员时完成编纂。这本书的目的是为律师、调查人员、审计人员以及其他关于参与赔偿工作的人员提供帮助。因此，本书有2000册被发放给了警局和检察部门以及国家警察学院的关键工作者手中。①

二、国家经济与环境犯罪调查检控局

挪威的国家经济与环境犯罪调查检控局是挪威反腐败的主要力量，其奉命侦查、调查并起诉环境和经济犯罪案件，包括欺诈和贪污。该局既是警方七大辅助机构之一，也是唯一的检控机构；其在行政管理及财务预算方面听命于国家警务办公室。根据经济发展与合作组织《2011年第三阶段报告》，经济与环境犯罪调查检控局在该年度又成立了一支新的执法队，专门负责调查腐败和欺诈类案件。该局有共有120名工作人员，分为几个不同部门，涵盖了经济环境犯罪的各领域，如贪污、敲诈、挪用公款、“灰色资产”及洗钱等。②

国家经济与环境犯罪调查检控局始建于1989年，既是警察机构，也是检察部门。该局由几个多学科小组组成，每组有一个检察官带领，总共有大约120位工作人员。

国家经济与环境犯罪调查检控局是挪威六大警方机构之一，十二个检察部门之一（其中十个为区域性机构）。作为警方机构时，该局向国家警务办公室汇报行政工作及财务状况；作为案件的起诉方时，向总检察长汇报工作。地方警局并不属于国家经济与环境犯罪调查检控局管辖，也就是说国家经济与环境犯罪调查检控局无权命令地方警局调查案件。

国家经济与环境犯罪调查检控局具有双重角色，既是警察部门，又

---

① 这本书可以从国家经济与环境犯罪调查检控局、诺德里书店和大学里买到，价格每本为220挪威克朗。该书的收入全部交给司法部。

② 各部门介绍请见组织机构介绍。有关犯罪活动的线索可发至下述邮箱：desken. Økokrim@politiet. no。

是检控机构。其战略目标为侦测、调查并起诉案件；出庭为检察部门辩护，以提升国内外法律执行和检控部门的专业水平；作为国家和监管部门的咨询机构参与国际合作，收集犯罪信息，受理关于可疑交易的报告并展开调查。

国家经济与环境犯罪调查检控局内部结构①

小组	领导
税收及关税小组	高级检察官皮特·诺登（Petter Nordeng）
税收、关税及竞争小组	高级检察官莫顿·埃里克森（Morten Eriksen）
金融诈骗组	高级检察官昂特·安格尔（Arnt Angell）
环境小组	高级检察官汉斯·托雷·郝维斯柯雷德（Hans Tore Høviskeland）
破产事务组	高级检察官贡纳尔·霍姆·瑞根（Gunnar Holm Ringen）
安全事务组	高级检察官海德维格·莫尔（Hedvig Moe）
腐败问题事务组	高级检察官拉斯·斯图滕贝格（Lars Stoltenberg）
补贴诈骗小组	高级检察官伊丽莎白·罗斯彻尔（Elisabeth Roscher）
金融间谍案件小组	检察官斯文·阿里尔·达姆斯洛拉（Sven Arild Damslora）
财产没收组	总警司奥耶·奥瑟（Aage Aase）
支援小分队	总警司达格·斯蒂福尔德（Dag Styrvold）
媒体信息部	公共关系顾问伯格安·列恩（Bjørg Anne Lien）
行政管理	行政管理主管杰伦·皮德森（Jorun Pedersen）

三、警察特别分队

透明国际《2012年国家廉政体系评估报告》显示，挪威的27个警区中，大都配有小分队负责调查经济犯罪，而且在处理一些情节较轻的腐败案件时，其工作相对灵活有效。经济发展与合作组织《2011年第三阶段报告》称，警方可向国家经济与环境犯罪调查检控局援助队申请支

① 资料来源：http://www.okokrim.no/generelt/okokrim_engelsk.html，最后访问日期2015年1月2日；http://www.okokrim.no/aktuelt_arkiv/publikasjoner/Okokrim-brosjyre_engelsk.pdf，最后访问日期2015年1月2日。

援，具体方案由地方警局及检方共同决定，但情节严重的腐败案件必须提交国家经济与环境犯罪调查检控局监办。至今为止，所有跨国贿赂案都在国家经济与环境犯罪调查检控局掌控之中。总体来说，《2012 年国家廉政体系评估报告》甄别之后认为，挪威的腐败调查检控组织运行有效，资源充裕，不受政治干扰。可是同时其工作仍然还存在一些不足之处：比如尽管财务预算有所增加，分拨到检控经济犯罪上的数目却相当有限。一些地方警务部门曾表示，他们调查复杂案件的专业力量太少，国家经济与环境犯罪调查检控局负责调查案件的人手不够，因此导致经济犯罪案件积压率从 2004 年的 14%上升至 2007 年的 30%。这份报告同时还指出，负责犯罪调查的各个部门之间存在内部协议，协议的存在使警方难以调查垄断类案件，而这些案件可能会得到挪威竞争委员会（Competition Authority）的宽大处理。尽管这份协议被视作是对侦查资源的合理分配，可同时的确阻碍了警方在垄断类案件中发现更多的腐败细节。

四、挪威的检察机关

挪威检察部门分为总检察官、地方检察官以及设于警察局内部的检察机构三个层级。总检察长在检察官中级别最高，负责全面管理检察部门，及同地方检察部门相互配合，处理一些大案要案。这种模式（除挪威之外，只有丹麦的检察机关与之相同）的独特之处在于，将检察机构融入了警察部门。比如，当一个案件被发现之后，先由警方展开调查，再决定是否将案件呈送法院，同时，如果案件呈交法院处理，警方同时还会自己担任控诉方的角色参与办案。

透明国际《2012 年国家廉政体系评估报告》称，挪威的检察部门完全独立，工作不受任何政治因素干扰。尽管挪威的法律规定国会可以插手或指导检察部门办理个别案件，但这一规定从来未曾付诸实践，更没有迹象表明今后挪威检察部门的独立性将被削弱。

五、挪威有组织犯罪及其他严重犯罪检察部门

有组织犯罪及其他严重犯罪检察部门（The National Authority for Prosecution of Organised and Other Serious Crime）专门负责检举由国家犯罪调查署（National Criminal Investigation Service，以下简称Kripos）和警务安全总部（Police Security Service Headquarters）调查的案件。这些案件包括有组织犯罪、网络犯罪、跨国犯罪，如实行种族灭绝、反人类罪以及发动战争罪等。它部分听命于国家警务办公室，以及挪威主要反腐败力量——国家经济与环境犯罪调查检控局。除了向警务部门及检方提供经济与反腐败资源支持，该部门也是国家检察部门之一。

六、国家审计总署

审计总署（Office of the Auditor General，Riksrevisjonen）主要任务是有效协助国会的监管活动，确保国家机能有序运行，并对之加以完善。其工作形式包括监管、指导及审计国家财产资源。挪威国家审计总署是个独立机构，有大约500名工作人员，主要工作包括财务审计、业绩审计及企业控制。审计总署由5位审计长组成，每位审计长4年选举一次。审计总署的工作详情可参见挪威《宪法》第75章，2004年5月颁布的《审计总长法案》及其附属条例。2009年，国家审计总署采用了一套道德准则，适用于该部门所有职工。《2012年国家廉政体系评估报告》认为挪威国家审计总署资源充裕，办事公开透明，管理有序，并在法律制度和实际运行中得到政府的有力保障，所以无须有不必要的担心或质疑。但该报告也指出国家审计总署、警方和国家经济与环境犯罪调查检控局三者之间合作质量及信息分享度仍有待提高。

七、监察专员

挪威有四大类型的监察专员（Ombudsman）：国会监察专员、儿童监察员（代表儿童的权利与利益）、顾客申诉专员（代表顾客权利与利益）和维护平等及反歧视监察员（专门为受歧视者说话）。国会监察专员主要负责监督公共行政机构，受理普通民众投诉这些公共机构及展开相关调查。民众如有投诉抱怨，可以登录监察部门官方网站进行投诉，一律免费。《2012年国家廉政体系评估报告》也认为挪威国会监察专员尽管没有制裁机构，却完全独立，其建议也常被政府采纳。国会监察专员还发布年度报告，有固定出版物（英语版和挪威语版）。监察部门的局限性在于百姓对该部门知之甚少。

第四节　挪威廉政建设中的几部重要法律

一、《挪威议会中的监察专员公共管理法》

1962年6月22日颁行的《挪威议会中的监察专员公共管理法》是奠定挪威监察专员制度的一项重要法律。该法分别经1968年3月22日、1980年2月8日、1991年9月6日、1993年6月11日和1996年3月15日修正案进行了五次修正。

（一）监察专员的选任

在每次大选之后，为了履行公共管理的职责，议会将选举监察专员。其任期4年，自大选之后年度的1月1日起开始计算。监察专员必须满足规定的最高法院法官的资格，且他不能同时是议会的成员。如果监察专员死亡或者无法履行职务，而其任期又还没有届满的，国民议会将选举新的监察专员。此外，如果监察专员主动放弃其职位，或者如果议会以三分之二以上的多数投票决定剥夺监察专员的相关职权，议会也将选举新的监察专员。如果监察专员暂时因病或其他原因不能履职，议会可以选出代理监察专员，在其缺席期间代行其职。如果其缺席期间超过3个月，监察专员可以授权其下属部门代行其职。

监察专员的工作受议会的监督和限制，比如监察专员的薪酬及退休金，应由议会来决定。同时，监察专员还必须履行其从业禁止的义务，即未经议会同意，监察专员不得接受其他任何公共或私人的职务任命，或担任其他任何公共或私人的职务。监察专员办公室的工作人员，经监察专员的建议，由挪威议会的主席团委任。而对于其办公室工作人员的6个月以内的临时任命，可以由监察专员自行做出。

（二）监察专员的管辖范围

在挪威，监察专员的概括性职能就是以国民议会代表的名义，确保发生在公民个体身上或公共管理部门中的不正义事项无所遁形。

监察专员的职权范围涵盖公共管理，以及相关的所有事项。然而，其权力的管辖范围不包括以下内容。

1. 挪威的议会和下议院已经决定的事项。比如，挪威议会下属的情报部门审查专责委员会（The Select Committee of the Storting for the Scrutiny of the Intelligence Services）不应被视为根据监察专员法令公共管理的一部分。监察专员不得调查那些针对已经由情报部门审查专责委员会审查过的情报的投诉。

2. 由国务院做出的经挪威国王采纳的决定。

3. 法院的管辖范围。其不能管辖经由申诉、上诉或者其他法律救济途径而被法院管辖的针对行政部门所做出的决定的投诉。

4. 审计总长的活动。

5. 议会规定的属于监察专员委员会（Ombudsman's Board）管辖的事项，或者国防监察专员（Ombudsman for National Defence）管辖的事项，以及由监察专员委员会或者民事征兵事项监察专员管辖的事项。

6. 法律规定的、只能由市议会或者郡议会自身采纳的决定，除非该决定是由市议会长老议员、郡议会长老议员、各级常务委员会、市政管理委员会（The municipal executive board）或者郡管理委员会（The county executive board）根据相关法律做出的。但是即便如此，如果监察专员认为这类决定违反法律或者出于其他特殊原因，也可以对这类决定主动发起调查。

挪威议会可以以指令的方式规制监察专员的工作。

（三）监察专员的工作基础和职权

监察专员根据投诉或者主动处理其所管辖的事项。

1. 受理投诉

任何觉得自己受到公共管理部门不公正待遇的人都可以向监察专员进行投诉，任何被剥夺了人身自由的人也有权以密闭书信的方式向监察专员投诉。投诉应提及具体投诉人的姓名或名称（也即不能匿名投诉），以及其投诉的相应的行政行为或情况。而如果投诉曾经向做出相关行政行为的上级行政机关做出的话，之后再向监察专员投诉的期限是该上级行政机关做出决定之后的 1 年以内。如果投诉是向有处理权的上级行政机关递交的，监察专员不应当再插手，除非其发现存在必须立即处理该事项的特殊理由。

针对直接向监察专员提出的投诉，监察专员应当告知投诉人：他有权通过行政途径向相应的上级行政机关提起投诉。如果投诉没有在法律规定的 1 年的期限内被提起，监察专员可以依职权主动提起调查程序。

如果投诉所涉及的事项是可以经由其他上级行政机关处理的，或者可以提交其他特别监督机构处理，监察专员应当告知投诉人这一信息，也可以自行将该投诉转交给相应的行政机关处理，除非其有特殊理由认为其应当自行立即处理该事项。

投诉可以直接向监察专员提出。投诉应当以书面形式做出，并由投诉人或某人代其签署。如果投诉是以口头方式向监察专员提出的，应当确保其立即以书面形式呈现出来，并由投诉人签字。

投诉人应尽可能提供有关的投诉所依据的理由、证据以及与案件相关的其他文件。而对于该投诉是否具有充足的理由，监察专员可自行做出判断。

2. 对投诉的调查程序

监察专员受理的投诉一般会涉及有关的行政机构或者公职人员，监察专员在调查的过程中，应当给相应的行政机关或者公职人员以必要的陈述权。

监察专员有权决定采取什么措施进行调查，以澄清案件事实。他可以根据本法调取自己认为有必要的信息，并通过命令的方式规定相关机构和人员提供信息或文件的时间限制；他还可以对相应的行政机构或企业进行特别调查。

3. 获取材料的职权

监察专员可以要求相关的公职人员和其他在公共管理部门工作的相关的所有人员出具其所需要的所有文件或信息，以便其开展工作。同时，对于其所要求出示的纪要或相关记录以及其他文件，相关部门也必须出示。

4. 介入公共管理办公场所的权力

监察专员有权进入其管辖范围内的工作场所、办公室，任何行政机关等单位，以及任何企业。

5. 保密义务

除非法律另有规定，监察专员对于其履行职务过程中所获知的工业或商业秘密，需要承担保密职责，不得外泄。这种保密义务即使在监察专员离任后也依然对其有效。而监察专员手下的其他工作人员也同样需要履行相同的保密义务。挪威议会可以以指令的方式，针对监察专员办理的案件中可以公开的文件及信息予以具体的指示。

6. 对成文立法及行政实践中不足之处的告知权

如果监察专员发现有关制定法、行政法规或行政实践存在缺陷，其可以告知相关的部长。

7. 工作机制

监察专员有权就其管辖范围内的事项发表意见，其可以指出在公共管理事项中出现了某种错误或者过失。如果监察专员针对这种错误或者过失掌握了充分的证据，并认为应当针对某个官员提起相应的诉讼，他可以通知检察机关或者相应部门。而如果监察专员管辖范围内的某种行政决定是明显不合理的或者应当被宣布为无效的，或者与善意行政的理念相冲突，他可以提示相关行政机关对此予以注意。如果相关机关已经改正了错误，或者给出了合理的解释，监察专员就会搁置相应的后续程序。

监察专员应通知投诉人和其他相关人员其对案件的处理结果，同时还应通知做出相关行政行为的上级行政机关。此外，监察专员还有权自行决定是否将其对案件的处理结果公之于众。

8. 主动发起案件管辖的权力

如果监察专员认为有必要，他可以依职权主动发起对某一行政程序、行政决定或事件或行为的调查。

9. 向议会的报告义务

监察专员应就其活动向议会提交年度报告。该报告应印制出版。如果监察员意识到存在过失事项或重大错误，他可向议会和适当的行政机构进行特别报告。

二、挪威的《审计师法》

挪威现行的《审计师法》（*Norway Auditor Act*）颁行于 1999 年 1 月，修订于 2006 年 1 月，除了一般性规定之外，诸多规定，如审计事项、审计员的独立性等，确保审计制度作为挪威廉政建设中的重要屏障的地位。

（一）法定审计的范围

对年度账务的审计工作属于审计员的法定审计义务。向有关单位和部门提供咨询服务和非审计业务也是其工作的一部分。相关实体有义务按照法律规定保存账目，而根据《审计法》（*Accounting Act*），对这些实体的账务审计必须由注册会计师或者国家授权的会计师进行，除非法律另有规定。

如果企业所有的商业活动所得的经营收入总和小于 500 万挪威克朗，那么法定审计义务不适用于该企业。如果年度会计决算表明了该企业经营收入超过了 500 万的门槛，那么接受法定审计的义务应在接下来的 1 年内立即生效。如果在接下来的两年里，该企业经营收入低于该门槛，那么法定审计义务应终止适用于第三个会计年。但是该免责规定不适用于：（1）私营有限责任公司和公共有限责任公司；（2）保留会计凭证的实体，但合伙人超过 5 人的；（3）有限合伙企业，其中普通合伙人是 1 个法人，并且基于责任划分，或者基于其无限合伙人的投资构成了合伙企业的总资产的理由，其无限合作人对合伙义务负有个人责任；（4）合伙人均为法人的合伙企业，并且任何一个合伙人均不对该合伙企业的义务承担个体责任。

（二）审计师和审计师事务所的资格

申请成为注册的或者国家授权的审计师必须具备以下条件：信誉良好；有能力履行审计义务①；达到法定年龄。

一个审计师事务所必须以一般合伙制（类似于中国的律师事务所）、私营有限责任公司或公众有限责任公司的形式出现，并均应符合以下条件：（1）须有董事会，其中董事会成员及其替补都应具有审计师资

① 审计师至少有两年的实用培训期，应圆满地完成审计师教育、商业本科教育、专业法律或经济学教育或者经由相关机构认可的其他教育。

格，并得到依据本《审计师法》或者另一欧洲经济体中的国家或与挪威互认审计师签署协议的国家的主管部门的授权；（2）符合条件（1）的一个审计师事务所的成员（审计师们或其他审计师事务所）必须在该审计师事务所中占有超过一半以上的股份，或者投票权或者出资在一半以上；（3）按照合伙协议或者公司章程的规定，在会议或股东大会通过的决议均属无效，除非至少有一半以上的有投票权的人投票，并且投票人所占的资产超过事务所总资产的半数以上（即双过半）。

（三）审计师的独立性和客观性

1. 回避要求

如果审计师或者和该审计师有密切关系的人与负有接受法定审计义务的实体有关联，或者与这类实体的雇员或官员有关联，而这种关联性可能损害审计师的独立性和客观性，相关的审计师不得就该实体的年度会计进行审计。这一回避的要求同样适用于可能损害审计师信用的情况。

负有接受法定审计义务的实体所出具的年度会计账目不得由以下人员进行审计：（1）受该实体雇用的任何人，或者任何与该实体有关联关系、从属关系或者附庸关系的人员；（2）任何在该实体中持有股份或份额，或者是该实体的财产所有权人或者合作伙伴的人；（3）任何在过去两个会计年度中与该实体有债权债务关系的人；（4）任何该实体的主管机构或管理委员会的成员或候补成员，或者该实体的一般经营人；（5）任何对该实体的会计负有责任或参加该实体会计事务的人，或者为该实体准备年度报告的人，或者对该实体的年度会计或者该实体对公共管理机构的反馈意见提供有关项目评估的实质性建议的人。

2. 对密切关系的界定

下列情况被视为与审计师有密切关系：（1）审计师的配偶或者以类似婚姻的形式同居的人；（2）审计师的未成年子女；（3）直系兄弟姐妹和亲戚；（4）审计师的配偶或者以类似婚姻的形式同居的人的直系兄

弟姐妹和亲戚。

该法还禁止有关审计师对其母公司或其母公司的其他子公司的账目进行审计。同样，如果审计师事务所或其母公司与负有接受法定审计义务的实体具有关系的话，该审计师事务所也不得负责对该实体的会计情况进行审计。

此外，如果审计师或审计师事务所参与某种商业活动，或在这类活动中发挥的作用会导致该审计师或审计师事务所与相关客户冲突，或者导致审计师或审计师事务所的信誉受损，该审计师或审计师事务所不得参加这类商业活动或者在这类活动中发挥作用。

3. 对从事相关非审计活动的禁止

对负有接受法定审计义务的实体进行审计的审计师不得对该实体提供咨询服务或其他非审计服务。当然，这个限制性规定的前提是提供这类非审计服务会影响审计师的独立性和客观性，或者招致对这种独立性和客观性的怀疑。同时，审计师不得对上述实体提供事实上的代理人服务。

4. 审计师收费的限制

审计师必须确保其对客户、合作的客户团队，或者对类似的主体的收费不会构成其全部收费总额，否则这将招致对该审计师审计工作的独立性和客观性的质疑。

（四）审计的内容

审计师应当评估以下内容：（1）其审计的年度会计事项是不是根据有关法律法规准备的，并为相关法律法规所允许；（2）某一实体接受法定审计的义务是否已经履行，是否已按照有关规定做出了适当并清晰的会计信息记录和文档；（3）年度报告中的信息对其盈利或亏损的覆盖率是否符合法律法规，信息是否与财务报表一致。

审计师须通过审计帮助的方式来预防和揭示违规和错误。审计人员应当以审核的方式自行做出判断：其所评估的年度决算是否可能包含不正确的信息，违规或错误导致的风险。审计师做出这种评估结论的时候，必须说明详细的理由。

而且，在出现以下情况时，审计师必须以书面形式将该情况提示负有接受法定审计义务的实体予以注意：（1）会计信息和文件上的准备缺陷；（2）在其资产管理的组织和控制中的失误和不足；（3）可能会导致年度账目中不正确信息的违规和错误；（4）可能会导致董事会、监事会和经理责任的情况；（5）任何导致法定签字缺失的理由。

（五）保密和披露义务

审计师及审计师事务所应对其审计工作中涉及的专业性信息予以保密，除非法律另有规定，或者除非与该信息相关的人员已经明确表示同意审计师放弃对该信息的保密义务。审计师及其同事不能在自己的工作中或给其他人提供的服务中使用这些信息。

查阅过其他审计师审计业务信息和文件的审计师也同时负有对这类信息和文件的保密义务。而且，在其审计任务完成之后，这种保密义务仍然持续存在。

但是，这种保密义务不能妨碍审计师审计与该信息或文件相关的公司的子公司、关联公司或合伙企业的年度会计情况，其可以要求这些子公司、关联公司或合伙企业提供对其母公司或其控股公司有重大影响的信息或资料。

而且，尽管负有保密义务，审计师仍然可以通过申明的方式将其负担的审计任务以及相应的文件转给其他审计师承担；或者，在其审计的内容已经被警方立案侦查的情况下，其也可以将其审计的内容和相应的文件移交给警方。并且，如果在其审计过程中发现了犯罪，或有理由怀疑有犯罪行为发生，其应当向警方报告。

（六）违规的处罚

审计师必须对其审计过程中故意或过失引起的损害负责。审计师事务所对此应当承担连带责任。

如果审计师或审计师事务所不再符合法定要求，审计署（Kredittil-synet）应撤销对该审计师或审计师事务所的授权。如果审计师或者审计师事务所存在犯罪行为，而该行为被认为损害了审计事务中所应具有的诚信要求，或者审计师或审计师事务所存在严重或屡次违反有关审计师职责规定的情形，其将被判定为不再符合法定审计师或审计师事务所的要求。

任何违反《审计师法》的行为都有可能被判定为轻罪，诉讼时效为5年。

第六章　瑞典的反腐廉政建设

第一节　瑞典的反腐廉政建设概况

瑞典是全球反腐最好的践行国家之一。其实，在北欧五国中，腐败都是例外，而不是规律。根据透明国际《2011 年国家廉政体系评估报告》，虽然瑞典没有专门查处反腐败案件的反腐败机构，但各机构通过高效合作，整个体制框架形成了高度的问责性、完整性和透明度高的特征。专业性的反腐败机构，包括在检察机构中设置的反腐败部门（Anti-Corruption Unit），以及近年来刚刚成立的瑞典国家警察机关中的专门机构（Unit at the Swedish National Police）。此外，瑞典的《刑法》于 2012 年 7 月修订生效，其主要目的是为将反腐败立法现代化，以期让公众更了解在公共反腐败倡议中有关立法和机构设置的相关部分。

根据 2014 年发布的瑞典市政案例报告，包括 2010 年的哥德堡市在内，都曾被卷入诸如贿赂、官商勾结、私人和公共部门之间不正常的采购程序之中。近几年，瑞典最大的公司在国外市场大规模的贿赂行为也不断遭到指控。通过这些案例，经济合作与发展组织批评瑞典在 2012 年没有有效执行《反海外贿赂法》。

尽管许多关于瑞典是否腐败的指标均做出了积极显示，但在瑞典，人们关于腐败的感知度还是比较高的。耶鲁大学管理学院（SOM

Institute）2010 年的调查数据显示，瑞典公众认为民营企业、政府官员和政客是最腐败的。2012 年安永会计师事务所通过对私立和公立机构主管人员的调查显示，瑞典的公众缺少对其本国政治家的信任。由财政部组成的专家组一项研究显示，在瑞典，认为政治家和政府官员腐败的人数比例高于其他北欧国家。然而，当官员被询问是否被行贿，只有不到 1%的人做出肯定回答。

一、商业腐败的指数

在瑞典，腐败是对贸易活动的一种边际约束。而根据 2013 年美国国务院研究报告，企业通常不会遭遇贿赂。美国传统基金会 2013 年报告称，有效的反腐败措施可以阻止公职人员接受贿赂。根据世界经济论坛《2013—2014 年全球竞争力报告》，接受调查的企业高管均认为，税率、严格的劳动法规以及融资渠道是做生意最棘手的因素，而贪污则被列为商业活动中最不棘手的因素。受访的高管们还称，他们高度信任瑞典政治家的道德标准，认为非法的报酬和贿赂是很少见的。尽管如此，2012 年安永会计师事务所对企业高管的调查显示，在私营部门的受访者中，78%的人认为存在腐败现象；30%的人透露，他们的公司已经在过去 5 年内受到腐败影响。在私营部门和公共部门的受访者中，34%的人认为最有可能出现腐败的是有国际合作的公司，17%的人认为是本土民营企业，而 6%的人则认为是中小型企业。

根据透明国际《2012 年国家廉政体系评估报告》，贪污案件在本土层面较为普遍。大多数为当地政府提供过商品和服务的公司都属于建筑行业，这表明建筑业是瑞典最大的腐败风险易发区域。① 而为了减少采购腐败的风险，可以采用公共采购的企业经营评估程序，企业可以从这

① 更多详情请参阅透明国际 2012 年报告中有关瑞典建筑业不道德行为的风险（Transparency International Sweden's 2012 report）。

种程序的运行中受益。

根据透明国际瑞典2013年的报告显示，68%的公司已建立起了本企业的完整的反腐败方案，72%的公司公布了有关子公司的详细信息及注册地址，但是没有一家公司在所有他们有生意往来的国家都建立起有关费用、税金以及慈善款项的完整报告制度。不过，在由透明国际以类似2012年的方法进行的研究调查中，瑞典公司的表现在整体上好于其他受访的跨国企业。[①] 根据《2011年国家廉政体系评估报告》，瑞典公司对采取反腐败措施的重要性的认识在不断增加，越来越多的企业认为这些措施具有显著的财政价值和竞争力价值。该报告警告说，那些因涉及腐败活动而接受调查的公司，如果不能向调查人员展示其采取了内部反腐措施，可能会为此付出高昂的代价。

二、商业行为监管环境

人们视瑞典为理想的投资目的地，主要是由于它富有竞争力，且在很大程度上，其经济是非常廉洁的。但根据美国2013年国务院报告称，虽然瑞典是波罗的海沿岸最大的市场，这里有高素质的劳动力，发达的基础设施，稳定的政治环境，但是实际上，仍然存在一些阻碍直接投资的因素，比如广泛的许可证制度以及在某些行业出现的垄断，如建筑业和食品批发业。

美国《2013年传统基金会报告》称，瑞典经济对全球贸易和投资实施开放政策，高水平的政策透明度和效率都激发了在当地的创业活动。根据世界经济论坛《2013—2014年全球竞争力报告》，受访的企业高管并没有将遵守政府行政规章看作经商活动中的一个很大的负担。此外，政府决策的透明度深受受访企业高管关注，而获取政府政策和法规

① 关于如何建立和加强企业反腐败方案的综合准则的信息，可以参见廉政系统下的商业反腐败门户网站（Anti-Corruption Portal underIntegrity System），而对于在涉及代理商、分包商和业务合作伙伴时如何降低腐败风险的程序，则可以参见企业经营严格评估（Due Diligence）的项目。

修改信息的难易程度，可能会影响私人投资者的决策。

据各项报告显示，瑞典的司法制度是独立的，其远离腐败且能有效地保护人们的产权、维护法治。根据美国国务院2013年报告，瑞典的法律对产权提供了充分保护，包括知识产权在内。作为欧盟的一员，瑞典信守工业产权、知识产权及商业产权的多边公约，并积极修正其立法，以符合欧盟的竞争规则。瑞典不仅是《纽约公约》的成员，还是《投资争端解决公约》的成员。斯德哥尔摩商事仲裁院（Arbitration Institute of the Stockholm Chamber of Commerce）是世界上领先的仲裁中心之一。①

瑞典较引人注目的一些腐败案件都发生在国外。瑞典的腐败案件具有罕见但影响巨大的特点。瑞典的国际承诺责成其须为瑞典公司在国外犯下的腐败行为负责。②

根据2012年发表在《当地报》（*The Local*）上两篇独立的文章，瑞典卡车制造商的前经理——斯堪尼亚（Scania）于2012年11月被起诉，罪名是在2001—2003年间，违反联合国对伊拉克萨达姆·侯赛因政权的制裁。具体而言，这种违反表现在包括通过支付回扣给萨达姆政权以绕过联合国石油换食品计划的限制等行为上。2012年4月，沃尔沃建筑设备国际公司的两名前高管被审判定罪，因为其为萨达姆政权提供了2400万瑞典克朗的回扣，以绕过联合国石油项目上施加的限制。2008年3月，沃尔沃被迫支付美国当局1960万美元的罚金，以及返回过去从与案件有关的合同中获取的带息利润。联合国委员会关于石油换食品计划的最终报告显示，在4500家参与该计划的公司中，有一半曾通过支付回扣和非法附加费等手段来获取利润丰厚的合同。在瑞典，约有15家公司因违反联合国计划的规定而接受调查。

---

① 这方面的资料和详情可参见Lexadin世界法律指南有关瑞典法律的合集（Lexadin World Law Guide for a collection of legislation in Sweden）。

② 有关这种义务的更多详情，可参见公众反腐败倡议中瑞典的法律和国际义务（Sweden's legislation and international obligations under Public Anti-Corruption Initiatives）。

三、瑞典司法系统的廉政指数

2013 年美国传统基金会报告称，瑞典的法治得到了很好的维护，司法系统在贯彻法律实施的前提下，独立公正地运作。产权和合同执行均得到了充分的司法保护，没有频繁的征收；同时，瑞典对知识产权的保护完全遵照国际标准。根据世界经济论坛《2013—2014 年全球竞争力报告》，瑞典司法机构的独立性和法律框架的效率被认为具有很强的竞争优势。

根据《2011 年国家廉政体系评估报告》，瑞典的司法机构运行良好，并显示了高度的独立性、公开性和问责制。司法系统中廉政措施唯一受到批判的是，缺少对行为的规范约束、利益冲突和司法离职后的限制方面的规定。司法人员准则中有关法官道德操守的内容于 2011 年 12 月公布，英文版本的司法人员道德操守准则于 2013 年 5 月发行。①

世界经济论坛《2013—2014 年全球竞争力报告》显示，瑞典的企业高管在关于瑞典司法对政府、公民或公司的影响方面，给瑞典司法的独立程度打了 6.2 分（满分是 7 分，1 分是严重受影响，7 分是完全独立）。而企业高管就瑞典的法律制度在民营企业解决纠纷的效率方面打出了 5.7 分（满分是 7 分，1 分是完全无效，7 分是高效）。企业高管就法律制度对民营企业质疑政府行为或政府规章方面的合法性的质疑效率方面打出了 5.4 分（满分是 7 分，1 分是完全无效，7 分是高效）。

四、瑞典警方的廉政指数

瑞典公众对瑞典警方表现出了高度的信任，他们不认为警方会受到腐败的特别影响。在耶鲁大学管理学院 2009 年的调查中，受访者

① 参见《好的司法实践——论原则和问题》（*Good Judicial Practice-Principles and Issues*）。

称，腐败最不可能发生在警方身上。

《2011 年国家廉政体系评估报告》指出，警方一直在努力提高腐败案件的侦查能力。不过，国家腐败调查组（National Corruption Group）已经于 2012 年年初在国家警察署（National Police Force）内部成立，以此来集中和提高警方在贿赂侦查中的效率。

《2012 年欧洲晴雨表》的报告结果却有些相反：在瑞典接受调查的民众中，30%的人认为行贿受贿以及滥用权力谋取私利在警方工作人员中普遍存在。

五、瑞典基础设施建设和公共事务中的腐败指数

1. 许可证方面

根据 2013 年 1 月《当地报》上的一篇文章，两名在马尔默移民局（Migrationssverket）的员工因涉嫌贩卖给寻求庇护者居留证而被捕，一份居留证和伪造护照的价格为 5 万—10 万瑞典克朗。在 2012 年中期的内部调查中，有关对移民局中贪腐现象的怀疑开始出现，这一调查促使该移民局及时对有关现象通报警方。据《当地报》2013 年 3 月的一篇文章报道，国家检察官尼克斯-埃里克·舒尔茨（Nils-Eric Schultz）预计，针对贿赂的调查将会增加，越来越多的人将被起诉。

2012 年 9 月，瑞典检察机关的反腐败部门对瑞典—芬兰电信运营商 Telia Sonera 在乌兹别克斯坦收购许可证的事件进行腐败调查，该调查目前仍在进行中。根据瑞典电视台（Sveriges 电视台，SVT）的新闻调查节目显示，电信运营商 Telia Soneria 的最大股东是瑞典政府，该运营商被指控支付 22 亿瑞典克朗（合 3. 33 亿美元）购买乌兹别克斯坦手机运营商 Ucell 的股份，以此获得来自直布罗陀的 Takilant 有限公司的 3G 手机牌照。据悉，Takilant 有限公司与乌兹别克斯坦总统家族关系密切。

根据《当地报》2012 年 3 月的一篇文章，索尔纳（Solna）前市执行长淑那·莱茵霍尔德（*Sune Reinhold*）被指控就建设新体育场收受

54,000美元的“咨询费”。他被判处有期徒刑缓期、罚金，并没收所收受的贿赂。被指控的其他5名涉案人员均无罪释放，其中包括1名当地政客和建筑公司的创始人。

《2012年欧洲晴雨表》显示：在接受调查的瑞典民众中，无人称曾被要求或者暗示贿赂医疗、建筑、食品质量、卫生监控和许可证的审查人员。

2. 产权保护

如前所述，根据美国国务院2013年研究报告，瑞典法律为包括知识产权在内的产权提供充分的保护。作为欧盟的一员，瑞典坚持遵循产业产权、知识产权及商业产权的多边公约。世界经济论坛《2013—2014年全球竞争力报告》显示：瑞典的企业高管对瑞典产权的保护打出5.9分（满分为7分，1分是非常弱，7分是非常强）。

3. 税务管理

根据经济合作与发展组织工作小组2012年对瑞典遵守经济合作与发展组织反贿赂公约的审查，瑞典税务管理局（Skatteverket）在检测和报告海外贿赂做出的努力在仅有的几个积极观察中成为亮点。

4. 海关管理

美国国务院2013年调查显示，瑞典的外贸区在斯德哥尔摩、哥德堡（Gothenburg）、马尔默（Malmö）和延雪平（Jönköping）的港口设有保税仓库。商品无须报关即可无限期地存储在这些区域，但是这些商品不会以零售的方式被消费或卖出。没有案例表明腐败和贿赂成为海关的一大问题。①

世界经济论坛《2012年全球促进贸易报告》显示：企业高管对瑞典边境管理的透明度（对有关进出口的无证额外付款或贿赂的普遍性）的评分为6.5分（满分为7分，1分是不透明，7分是透明）。

---

① 有关瑞典海关规则的详情请参见瑞典海关服务（Tulverket）网站。

5. 公共采购和承包

根据哥德堡大学的政府质量研究院（The Quality of Government Institute at the University of Gothenburg）2011 年的一篇文章，瑞典的市政及市属企业（bloag）在采购货物和服务上缺乏适当的透明度，这无疑将给媒体调查可疑个案提供机会。他们还指出，以前的研究表明，多达五分之一的市政采购是基于公开招标以外的直接签订合同的方式进行的。透明国际在《2011 年全国廉政体系评估报告》中得出结论，由于工商行政管理局审计程序薄弱，利益防范冲突的预警机制不健全，从而影响了本地采购问责制，市政机构为此也受苦良多。①

世界经济论坛《2013—2014 年全球竞争力报告》显示：在公众资金由于贪污分流到企业、个人或者团体的概率方面，企业高管给出的评分为 5.9 分（满分为 7 分，1 分是非常普遍，7 分是从来没有发生过）。

而就瑞典政府官员在制定政策和合同时是否偏袒与之关系密切的公司和个人，企业高管给出的评分为 5.3 分（满分为 7 分，1 分是总是偏袒，7 分是从来不偏袒）。

第二节　瑞典的反腐及廉政建设举措

一、立法举措

（一）国内立法

在瑞典，立法并没有对政府公职人员的贿赂现象和私人贿赂现象做出区别对待；也没有对国内政府工作人员受贿和其在国外履职的政府工作人员受贿之间做出区别对待。但政府工作人员受贿会被作为受贿罪的加重情节对待。

① 参见“Anti-corruption Profile of Sweden”对外友协提供的内部资料。

根据经济合作与发展组织《2011 年第三阶段报告》，2009 年瑞典政府推出了针对腐败的，对现行法的审查举措，旨在使法律更加现代化和透明化。瑞典《刑法》的修订版于 2012 年 7 月 1 日正式生效。其中，有关贪污罪行的部分得到了修订，现在可以在第 10 章中找到有关贪污、背信和贿赂（瑞典）的相关信息。新的刑事立法还定义了新的犯罪（影响力交易和疏忽融资），并将它们分为五个部分：受贿，行贿，受贿总额，影响力交易和疏忽融资。扩大后的法律对腐败涵盖的范围更广，比如对主体进行了扩大，包括了政府官员和民间人士的几乎所有主体。立法禁止“任何被聘用或履行职责的人”行贿或者受贿。根据一项特殊的规定，在具有投注性质的竞争行为中，参与者或履行某一职能者如果受贿，即使贿赂的接受者不是雇员或管理人员，也将会被指控。详细而言，对于收受贿赂的刑事处罚为：如果公务员因其职务之便收受、约定收受或索取贿赂及其他违法报酬的，应以收受贿赂罪处以罚金或两年监禁。而不论其是在职以前或离职以后犯此罪，均同样适用该条款的定罪与惩治措施。情节严重的，处 6 年监禁。而对于行贿的界定是：任何人在其职责范围内给予、答应或提供给公职人员不适当的报酬，被视为犯有行贿罪，可判处罚款或不超过两年的监禁。同时，根据《刑法》，是否存在利用职务之便提供或者接受报酬或者其他形式的贿赂的最终判断不在于这种报酬或者贿赂是不是有形的，而在于接受报酬和贿赂者是否做出了对职务不忠诚的行为，也即受贿罪保护的法益在很大程度上和我国是一样的，是职务行为的忠诚性。因此，只要报酬或贿赂的接受者和给予者之间存在交易往来，就可以进行认定。

影响力交易罪将在行使公共权力或公共采购过程中为影响第三人而接受不正当收益的行为视为犯罪行为，而根据疏忽融资的规定，商业机构在特定事件中提供资产给相关人员将被视为犯罪。由此，通过对重大过失的扩大解释，进一步加强了对相应商业事项中行贿、重大贿赂或者影响力交易等犯罪的打击范围。在 2010 年的报告中，还建议对礼品、奖励和其他商业收益作为刑法有关贿赂的补充性规定，由瑞典反腐败协会（Institutet Mot Mutor）进一步完善并公布。而瑞典的《所得税法》（原文是瑞典语）第9章第10条则特别做出了规定：禁止在税前扣除行贿和其他非官方消费。总的来说，对于礼品的认定，主要取决于礼品的价值和接受礼品者的行政职位和职业性质。在因疾病、宴请、纪念日的正常交往范围内送价值低廉的礼品，比如鲜花，是可以的；但是其他价值超过999瑞典克朗的东西一般是不被允许的（这个价值基本不足瑞典普通百姓平均日工资的二分之一，瑞典工人的平均日工资为400瑞典克朗），除非能够证明送礼者和接受者之间的关系不属于商业关系，而是个人之间亲密的友谊关系。此外，在某种得到公认的社会风俗下，较大价值的礼品也是被允许的，但这种允许都排除了律师、法官和警察类似行使公职的人员，他们是不能接受任何礼物的。不过同事之间的工作关系宴请——限于工作餐或者在生日或生病时互送巧克力等价值在200瑞典克朗左右的礼物是被允许的。超过这个数额，都要受到严惩。[①]

而且，瑞典《刑法》还规定了一项特殊的罪名：“不当行使权力罪”——公职人员违反法令或有关条例中关于如何行使其权力的规定，并且由于这项过错对公共利益或私人利益造成远非轻微的损害，或者出现了不仅仅使自己不当得利的后果，则应以不当行使权力罪判处罚金或2年监禁，情节严重的，可以判6年监禁。任何人由于严重疏忽犯有前款罪，应以过失行使权力罪判处罚金或1年监禁。

（二）对国际公约的践行

瑞典签署了经济合作与发展组织关于《禁止在国际商业交易中贿赂

---

① 其实，有些行业的行业自律性更强，对行业内人员的贪腐持零容忍的态度，比如瑞典酒局。瑞典人爱喝酒，而酒局在瑞典是垄断性的国企，目的是通过对含酒精类饮料进行国家专卖的形式控制酒精泛滥的危害性，可想而知，这个行业的贪腐空间很大。2002年轰动一时的瑞典酒局受贿案件就是从一张很小的销售目标单据开始的：该单据显示某个专卖店过多采购某个酒厂的某个牌子的酒。根据酒局的内部规定，即使酒局内部无人受贿，也要对行贿未遂者进行处罚。后来在案件移交警方之后，经过一年多的调查，68人被判处2年监禁，9人被判处半年监禁，涉案金额总共120万瑞典克朗，受贿最多的人受贿金额达10万瑞典克朗。而且受贿形式除了金钱之外，大多是以礼品、旅游等方式呈现的。这个数额其实在中国是微不足道的（瑞典克朗和人民币的比价大概在1瑞典克朗兑换0.75元人民币左右），但考虑到瑞典等北欧国家对行贿受贿罪的最高量刑比较低，这个处罚已经相当严厉了。案例选自丁刚：“瑞典的受贿标准”，载《读者》2007年第10期。

外国公职人员的公约》，《联合国反腐败公约》，以及欧洲委员会《反腐败刑法公约》。根据经济合作与发展组织2012年对瑞典遵守经济合作与发展组织公约的评估，瑞典应当修订其对企业罚金的相关法律规定，并提高法人的罚金上限。各国反腐败集团同样在2012年后期的评估中提出了对瑞典的批评，尤其是该国在政党和竞选资金方面透明度缺失。瑞典已表示，将启动立法程序，从而使公众对政党资金信息的获取更方便。相关立法草案已于2013年6月提交，并已经于2014年欧盟议会选举之前开始生效。①

二、政府反腐策略

在瑞典，目前还没有形成一个协调一致的国家反腐败政策。根据《2011年国家廉政体系评估报告》，反腐败历来在瑞典的政治议程上地位不高，但在近几年，瑞典却一直以国际水准推进这一方面的工作。此外，瑞典还是2007年世界银行通过的治理和反腐败战略（Governance and Anti-corruption Strategy）最大的支持者和贡献者之一。2012年《刑法》修订是为加强反腐败文化所做出的最新努力。

（一）公共采购

瑞典从业竞争管理局（Swedish Competition Authority）是瑞典所有公共采购的监察机构。公共采购必须按照瑞典《公共采购法》（*Swedish Public Procurement Act*）（2007：1091-LOU）进行。有关观察员认为，城市范围内的公共采购是潜在的腐败危险区域。根据2011年的一篇文章，瑞典城市和市政所属的公司经常在缺少适当透明度的情况下采购货物。在这种情况下，透明国际在《2011年国家廉政体系评估报告》中做出结论：市政工商行政管理局审计程序和防止利益冲突的措施薄

① 有关瑞典腐败立法的信息和指南请浏览Institutet Mot Mutor的相关网页。更多详情可参见总说明中有关瑞典国外业务部分的特别说明。

弱，从而影响了当地范围内公共采购问责工作的展开。全国预防犯罪委员会（BRA）2010 年就腐败和垄断企业做出的报告中得出结论，采购者缺乏对竞争法的了解。根据 2012 年发表在《龙的企业》（*Dagens Industri*）上的一篇辩论文章称，瑞典是通过几个部门合作的方式来防止和制裁腐败的。如果某部门在采购产品或服务中未能公开其采购过程，那么将有可能面临高达 1000 万瑞典克朗的罚金。涉及贿赂或勾结行为的公司可能会被取消采购资格，被处以罚金并废止合同。2012 年中期通过的《刑法》修订，连同《商业中有关礼品、奖励和其他收益法》（*Code on Gifts, Rewards and other Benefits in Business*）的出台，为企业和个人在行使公共权力和公共采购过程中了解哪些是被许可的行为和哪些是不被许可的行为提供参考指导。①

（二）电子政务

瑞典拥有高度发达的电子政务系统，被认为是“成熟”电子政务的先驱（见 2007 年的 Lofgren）。在瑞典，“看瑞典”这个网站（Sweden.se）对于民众而言是一个非常重要的政务信息网站，它是一个搭载各种语言的网站，在这里公民可以找到社会、工作、教育、商业和旅游相关的信息。一些政府机构同时也为公民提供了各种电子服务，所有的部委和立法都可以在网上找到，在这里可以看到政府和各部委的完整列表。瑞典的电子政务信息特别全面，比如，在提供的各种不同电子服务中，瑞典税务机关（Skatteverket）允许公民在网上或通过短信纳税申报，海关管理局（Tullverket）也提供了电子海关交易准则。

（三）举报途径

《宪法》的新闻自由和表达自由条款确立了举报者的安全应受到保护的原则，但是相关的法律保护仅仅延伸至公共部门的工作人员。举报

① 更多详情可参见瑞典竞争管理局官方网站的惩罚制度介绍。

人可以选择保持匿名以避免报复，用人单位也禁止调查信息来源。然而，公共部门的工作人员却不能匿名投诉，这就使媒体取代了政府部门成为重要的举报渠道。根据《2011 年国家廉政体系评估报告》，许多公共部门的工作人员对他们的权利认识有限，另外一些人则出于害怕而不敢举报。有许多例子都显示，举报者或被重新分配，或被同事虐待。透明国际呼吁瑞典保护包括私营部门的举报者，并建议瑞典应该遵循反腐败国家组织的建议，对腐败的受害者和证人进行保密咨询。[①]

（四）财务管理领域的改革

在财务管理领域的许多改革都有助于提高透明度和财务控制，减少腐败的存在空间，但一个重要的问题仍然有待解决，那就是预算和核算之间的联系。迄今为止，瑞典的国家预算部分以现金收付呈现，部分以修改后的权责发生制（Accrual）呈现，而一般核算主要以权责发生制呈现。同时，预算的覆盖范围较窄（这里的预算并没有包括捐赠、费用、收费等资助活动），它的呈现格式与核算的呈现格式有很大的不同。目前，这个问题正在解决中。2000 年 12 月，瑞典财政部颁布了白皮书，主要包括对采用权责发生制为基础的预算的建议。

权责发生制会计管理制度 1993 年就由瑞典政府推行了。实际上，它是发生于20 世纪 80 年代的众多管理改革措施之一，并在20 世纪 90 年代被全面推行。在这项改革中，灵活性和绩效是关键词。“灵活性”意味着政府可以对其财政支出项目自行决定。而这项改革也使相关机构必须对其机构内部的薪酬制度和租用场所等事项自行负责——时至今日，尽管确实存在政府对其固定资产拥有所有权的公司，但实际上，任何一个机构都可以在自由市场上向任何出租人租用办公场所。这种会计灵活性的改革还体现在：相关机构可以将当年没有用完的政府拨款移转到下一个财政年度使用。

---

① 更多信息可参见瑞典透明国际组织 2012 年有关瑞典检举的报告（2012 report on Whistle-blowing in Sweden）。

与这种“灵活性”的改革相适应的是，政府的关注点转向了对相关机构用于绩效上的资源。因此，相关机构行为的产出结果实际上比其行为中投入的资源更为重要。这种产出结果既可以表现为产品和服务，也可以表现为对个人和社会的效果。

“灵活性”以及对绩效的关注必然导致注重相关机构提交以权责发生制为基础的年度财务报告和绩效陈述。在这个意义上，年度报告是一项特别重要的衡量相关机构财务管理状况的工具。自 1993 年起，瑞典政府的每一个机构都必须提交这种以权责发生制为基础的年度报告。而新的会计模型使监管诸如政府项目和活动的总花费这样的绩效变得可能。而且，这也使政府对每一项产出的具体信息的分析更为便利。

如上所述，在这种权责发生制基础下的财务控制和管理制度下，有很多配套措施，比如年度报告制度。在该制度下，有关机构应在每年的 2 月 22 日之前将上一个财政年度的年度报告提交给政府，同时应将年度报告的副本提交给国家审计署和国家金融管理局。此外，有关机构应在每年的 2 月 15 日前按照国家金融管理局的要求，提交中央政府年度报告和财政合并报表的文件。年度报告应包括财务业绩报表、财务状况报表、拨款报告和现金流量表等。报告还应当包括对贷款限制、拨款贷款和某些关键指标的信息。

制定年度报告时，应当注意以下几点：(1) 应假定该机构将继续运营；(2) 就年度报告中不同项目估值、分类和再分的准则，应当在下一财政年度中继续使用；(3) 财政年度的收入和支出不管收到或支出的时间，都应当包括在年度报告中；(4) 资产负债表中的不同组成部分应单独进行评价；(5) 资产及负债不得相互抵销、收入和支出项目也不能相互抵销；(6) 一个财政年度期初余额应与前一财政年度的期末余额相一致。

此外，在绩效报告中，应当清晰地表现运营和收入成本，而不是以拨款形式获得的成本是如何依照政府规定的有关运营报告的结构进行划分的。

而财务业绩报表则应当以摘要形式呈现机构所有的资产和负债，以及在资产负债表日期内的资本。抵押资产及或有负债应作为备忘录项目进行披露。

总之，权责发生制的会计管理方式极大地提高了对资产信息的获取。这种信息一方面可以被用于政府计算划拨资源和成本的基础，另一方面可以跟踪政府的资产去向。在瑞典，前一方面被看得非常重要，从而导致资产得以被以购置价值估价。当然这一制度对于跟踪政府的资产去向也非常重要，但是自该制度被实施之时起，瑞典政府的相关机构对于自己的各种类型的资产进行了相当详尽的资产登记，因此这方面已经不是一个很大的问题了。

总体而言，权责发生制的会计管理制度还是一种增强财政金融意识的途径。然而，需要强调的是，这一制度并不能取代现金账户管理制度，因为现金账户管理制度对于检控政府的现金流状况是非常重要的。而且，目前，这一制度已经推广在私企中进行适用了。

三、非官方反腐活动

（一）媒体的作用

瑞典媒体拥有独立性，且言论自由受法律保护。《2012 年新闻自由报告》称，在瑞典，信息源受到法律保护，法律同样也保护所有公民对信息的获取权利。根据瑞典法律，出版商，而不是单个记者，会因文章内容受到起诉，这就大大减轻了记者的压力。根据透明国际《2011 年国家廉政体系评估报告》，媒体通过强有力的法律保护，包括《新闻法》、开放原则和访问公共记录的权利，在保持政治家和公共管理问责方面发挥了重要作用。由于举报者的安全保护受到法律限制，也即瑞典对举报者的保护力度不足，媒体因而成为举报腐败的首要渠道。瑞典媒体近期一直面临进行深度新闻调查资源减少的困境，而且《官方保密法》（*Of-*

ficial Secrets Act）的普及实施也限制了媒体访问公共记录。尽管如此，瑞典的媒体环境仍比较自由。

（二）民间团体

在瑞典，集会和结社自由得到尊重，罢工权利和组织也得到工会保障。瑞典的民间团体的运行环境和运行状态被评定为良好。根据透明国际2011年国家廉政体系评估报告，瑞典民间团体发起的反腐败活动历来很少，得益于瑞典的制度健全。不过，这些民间社团也逐渐意识到了反腐的重要性，在过去的几年中，许多组织已经采取措施来保护举报者，并开始组织制定反腐败政策。在反腐败和廉政建设中，比较重要的民间团体有以下两个：

（1）Institutet Mot Mutor（IMM）：IMM是一个收集有关腐败和避免腐败信息的非营利性商业组织。IMM在组织瑞典反腐败辩论上表现积极，经常通过举办研讨会和会议来发挥教育作用，并且与政府合作制定政策。在它的主办下，商业领域内有关礼品、奖励和其他收益的商业准则已经发展成为企业的行业指导规则，并且成为2012年《刑法》修订的重要补充。此外，IMM还在自己的网站上有案例库，其包括瑞典腐败和贪污案例。①

（2）透明国际瑞典分部：透明国际组织在瑞典的分部是主要的廉政建设民间社团组织，其活跃在瑞典的各类反腐斗争中。它独立于任何国家机构，由公司和个人捐款和会员费资助。该组织通过与学术机构、私营公司和公共机构合作，致力于提高公共和私人机构的透明度。它已经出版了各种有关腐败问题的报告，例如举报、市政腐败和企业申报。所有的报告都公布在其网站上，供公众随时查询。

（三）公众反腐败举措总评

瑞典没有传统意义上的专门的反腐败机构。根据透明国际2011年

---

① 有关贿赂问题的线索可发至下述邮箱：info@ institutetmotmutor. se。

国家廉政体系评估报告，有关机构和部门之间的有效合作和机构设置的一个特点就是高度的问责性、完整性和透明度。然而，有人提出，该框架应该得到更好的完善，以协调各部门之间反腐败的努力。2012 年，公共管理机构在破获几起腐败案件后，对市政腐败进行了独立综合评估。瑞典反腐败机构的另一个基石是媒体。透明国际和反腐败国家组织一致建议，瑞典必须推出高官离职后的有关规定，加强举报者的保护，整治资金应该更加透明。此外，经济合作与发展组织认为，瑞典有必要更切实地实施国外贿赂法，对在国外实施贿赂的瑞典公司进行更加严格的调查和制裁。

第三节　瑞典的主要反腐机构

瑞典没有专门致力于反腐败的机构，而是针对腐败案件，一些机构间进行有效的通力合作，共同致力于腐败斗争。根据透明国际 2011 年国家廉政体系评估报告，这些独立机构之间的合作和整体能力是非常有效的。但是，有人不禁会问，针对重大疑难复杂案件，是否应该有专门负责的一个机构，因为在现有的工作框架下，这些重大、疑难案件很难得到有效的解决。

一、瑞典检控机关

瑞典检控机关（Åklagarmyndigheten）拥有国际公诉办公室，主要负责有组织的国际犯罪和国际间的起诉合作。另外，还有三个专门办公室处理安全问题、警察犯罪和腐败问题。其中，国家反腐败部（Riksenheten MOT Korruption）处理公共部门和私营部门的腐败问题。该部门与国外的相关组织和机构通力合作，共同致力于预防腐败，提升国民意识。该部门为瑞典公共部门提供反腐败培训，并成立了国家反腐败网络（National Anti-Corruption Network）（网站是瑞典语），以协助政府部门。根据公共管理机构 2012 年的报告（2012 report by the Agency for Public Management），该部门在 2003—2010 年共受理了 130 件瑞典市政机关的腐败案件，导致 24 名公职人员被起诉。根据《2011 年国家廉政体系评估报告》，共有 81 人在 2008—2010 年经由该部门被起诉。同一份报告还评估认为瑞典检察机关的联合工作能力增强，而导致其工作能力增强的主要原因是由于其近年来财政资源的增加和独立性的提高。

二、瑞典警方的国家反腐败工作组

国家反腐败工作组（DEN Nationella Korruptionsgruppen）的任务是调查贪污罪行。该工作组同时也致力于通过信息传播和发布相关文件来预防腐败。①

三、瑞典国家经济犯罪调查局

瑞典国家经济犯罪调查局（Swedish National Economic Crimes Bureau；瑞典语：Ekobrottsmyndigheten，以下简称 EBM），是打击经济犯罪的关键组成部分。该局于 1998 年 1 月 1 日开始运行。

1. 组织机构

国家经济犯罪调查局负责经济犯罪的调查和起诉，是打击经济犯罪的中心和智力库；是立法公投程序中的一环，其负责针对国家范围内的金融欺诈调整相关措施；是欧盟反欺诈部下设在瑞典的相关部门；是打击经济犯罪的能力和资源中心。该局有将近 400 名人员，主要由检察官、警官、经济调查员和行政管理人员组成，其共同负责该局的行动任务；该局有 3 个运作部门。每年，该局都会处理超过 4000 件案例，其中一些案例来自瑞典检控机关，因为瑞典检控机关针对某些经济问题的专

---

① 有关腐败指控可以通过以下邮箱报告给该工作组：korruption@ polisen. se。

业侦查资质没有得到授权。

国家经济犯罪调查局主要活跃在瑞典的大都市区域，包括斯德哥尔摩省（Stockholm County）、哥德兰省（Gotland）、西约特兰省（Västra Götaland County）、斯科纳省（Skåne County）、哈兰省（Halland County）和布莱金厄省（Blekinge County）。瑞典超过一半的人口居住在以上区域。在瑞典的其他区域，国家经济犯罪调查局通过与检察长办公室和警局合作，打击经济犯罪。应警局或检察机关的请求，国家经济犯罪调查局也可以负责这些区域中的任何一项刑事调查。该局主要在斯德哥尔摩、哥德堡和马尔默开展业务，并且分为各个厅（chambers），每个厅都由 20—25 名人员构成。这些厅的实际工作以项目组的形式来进行，在项目组中，各个领域的专业人员和其他正式的执法人员进行互动。该局通常是通过与来自其他部门的专家紧密合作开展工作，比如国家税务委员会（National Tax Board）及其执行机关、瑞典海关（Swedish Customs）和瑞典金融监管局（Finansinspektionen）。

这些部门的人员，除警察外，均受雇于经济犯罪调查局。这些警察在警方内部有工作，仅仅是参加国家经济犯罪调查局的活动。各个部门的主管，同时也是公诉副主任，全权负责部门内部的工作。而检察长主要负责各个厅内的犯罪调查。该部门警察的执行活动，例如强制措施的实施，如搜查和抓捕，受侦缉警司监督。

在斯德哥尔摩，主要由 6 个厅来处理斯德哥尔摩省和哥德兰省的案例。在哥德堡，主要由 3 个厅来处理案件。哥德堡的调查组织主要在布罗斯（Borås）、舍夫德（Skövde）和哈尔姆斯塔德（Halmstad）。位于哥德兰省的经济犯罪调查局主要处理西约特兰省和哈兰省的案件。在马尔默（Malmö），主要有 3 个厅处理案件。马尔默的调查单位位于克里斯蒂安斯塔德（Kristianstad）和卡尔斯克鲁纳（Karlskrona）。该部门主要处理斯科纳省和布莱金厄省的案件。

国家经济犯罪调查局的负责人是局长（Director-General），而当其处理检察官的问题时，他的地位同时也是检察机关的负责人。经济犯罪调查局的负责人的工作由一名公诉机关的检察长或者副检察长局长及一个管理组进行协助，这些成员都由该局的负责人任命。

经济犯罪调查局应当配有该局指定数量的检察官科室。此外，国家经济犯罪调查局有权决定它在其他方面工作的组织机构。

2. 职能

国家经济犯罪调查局的主要职责是侦查和预防犯罪，调查罪行，并依法起诉罪犯。有效打击犯罪的基本含义是提早发现有计划或者正在进行的犯罪行为。因此，对于国家经济犯罪调查局而言，不断获取有关这些事实的信息是很重要的。国家经济犯罪调查局同时也负责全面识别和分析经济类犯罪，并对如何有效打击犯罪提出相应的措施。这包括为媒体、组织、其他政府机构和公众提供有关经济犯罪的信息。总之，国家经济犯罪调查局工作的重中之重是如何有效地预防经济犯罪。

国家经济犯罪调查局的工作领域主要涉及对债权人的不诚信行为、税务犯罪、违反本国的刑法以及侵犯欧盟财政利益的犯罪。此外，该局还处理其他案件，如严重欺诈、贪污和诈骗，以及涉及欧盟财政利益的欺诈行为。而处理这些案件都需要有关财政状况、经营情况以及税收立法等方面的专业知识。国家经济犯罪调查局同时也具有打击经济犯罪的检察机关的地位。该局还负责立法或政府决定的范围内处理有关协调经济犯罪的问题以及采取反经济犯罪的措施。此外，经济犯罪调查局还负责针对欺诈、滥用，以及其他对国内就有关欧盟资金无规则、低效管理和使用的行为进行协调。更具体地说，以下案件由经济犯罪调查局处理：

（1）发生在斯德哥尔摩省、西约特兰省、斯科纳省、哈兰省、布莱金厄省或哥德兰省的且涉及《刑法》第11章（对债权人的犯罪）、《养老事业保障法》（*Act on Safeguarding of Pension Undertakings*）、《税务犯罪法》（*Tax Offences Act*）或者公司法的案件，以及发生在上述区域内，对另有规定的财务事宜、商业环境、收入法或者类似情况的处理。

（2）行为如果涉及欧盟财政利益，与《刑法》第9章（欺诈和其他不诚实罪）第1—3条或与第3条有关的案件。

（3）在金融工具交易市场涉及《内幕交易处罚法》（*Insider Trading Penalty Act for Market Abuse in Financial Instrument Trading*）的案件。

（4）涉及全国范围内、有国际联系或者原则性、范围广的经济犯罪案件。这些案件，在其他检察机构要求下，可由国家经济犯罪调查局接管。

对于上述4类犯罪或者其他犯罪（混合犯罪），考虑到具体情况，如果交由检察机关处理是最合适的，可以交由检察机关处理。如果不确定案件应交由哪个部门处理，则由检察长决定。在国家经济犯罪调查局不承担检察官职责的省内，则由国家经济犯罪调查局与公诉机关共同协调开展对有关经济犯罪提起公诉的工作。

根据法律的规定，国家经济犯罪调查局还应当不断完善相关措施，以更加有效地打击经济犯罪。该局应特别监测和分析经济犯罪的发展，监督法律的发展，并为相关措施提供建议。此外，国家经济犯罪调查局应当将经济犯罪的相关信息提交给其他机构、市政、企业、组织以及公众。

3. 近年来取得的成就

就其职能而言，国家经济犯罪调查局是受中央直接管理的机构，具体而言，其受政府（司法部）的直接管辖。就其作为政府机构的作用而言，国家经济犯罪调查局一直追踪、分析经济犯罪，是政府打击此类犯罪的专业机构。它的职责包括拟定立法、机构提案或其他措施。此外，该局还为政府打击经济犯罪的目标和流程提供辅助性支持。就其作为行政主体的职能而言，国家经济犯罪调查局一直在与其他政府机构通力合作。在此背景下，除了已经提到的其他机构，国家预防犯罪委员会也必须包括在与该局合作的机构之内。

此外，国家经济犯罪调查局还致力于采取积极的预防犯罪措施，并与其他政府机构或部门组织及工会组织联合实施这些犯罪预防措施，取得了良好的效果。

国家经济犯罪调查局的另一项职能是协调政府机构的工作，以促进对欧盟资金无效或错误管理行为的打击。该机构的任务延伸到加强其他国家的法治，主要是欧盟候选国。在这一方面，这些年来该局的工作表现也可圈可点，没有发生明显的错误。

国家经济犯罪调查局还主要为检察官、经济专家和警察设计了新的打击经济犯罪培训计划。该计划同时也针对其他参与打击经济犯罪的其他政府机构工作人员。

长期投资教育事业和方法论发展，是保持并完善经济犯罪调查局作为知识和能力中心的重要因素。①

四、国家预防犯罪委员会

国家预防犯罪委员会（Brottsförebygganda Rådet－Brå）从属于司法部，主要作为司法研究和发展的中心而开展工作。该委员会通过出示数据及宣传犯罪预防知识，从而减少犯罪，提高社会的安全性。同时，该委员会还负责展示瑞典的官方犯罪统计资料、评估改革及开展研究，并为地方犯罪预防提供支持，其研究结果通常会被作为政府决策者的依据。该委员会与其他组织和公共部门机构通力合作。委员会的一些报告的内容涵盖了瑞典的腐败问题。

五、国家审计署

瑞典国家审计署（Riksrevisionen，以下简称 NAO）是议会的核心权力的一部分，审计署的工作重点就在于确保能够接收到内容协调的、独立的国家财政审计资料，并做出客观公正的审计。根据 2011 年国家廉

---

① 相关资料和详情参见 http://www.ekobrottsmyndigheten.se/templates/Page_1398.aspx Ordinance Containing Instruction for the Swedish National Economic Crimes Bureau（1997:898），最后访问日期2015年1月20日。

政体系评估报告，审计署整体上表现良好。审计署拥有足够的能力和资源，在对其工作透明度的评分中也成绩斐然。它也是国家审计署和议会之间的信息通道。尽管如此，审计署也存在一些缺陷，比如没有适当的离职法规，以维护在私营部门工作的国家审计署高层员工，其公正性和独立性可能会因此受到质疑。此外，审计署的审计范围还存在死角，比如其没有进行城市范围内的综合审计。

六、监察专员

瑞典和其他北欧国家一样也有许多监察员机构，主要包括议会监察员（Riksdagens Ombudsman）、司法大臣（Justitiekanslern，以下简称 JK）和若干专题监察员，后者包括瑞典消费者机构（KO）的监察专员等。议会监察员受议会管控，主要保证政府机构依法对待公民。议会监察员共 4 个，且互相独立，其由议会任命并且直接听命于议会。他们向议会提交年度报告，汇报一整年的工作。根据 2011 年国家廉政体系评估报告，议会监察专员的表现优异，积极有效。

七、国家反腐败局

2003 年，瑞典总检察长成立了国家反腐败局（The National Anti-Corruption Unit，以下简称 NACU）。该局最初包括 3 名检察官，2005 年春扩大到 5 名检察官和 1 名经济专家。国家反腐败局侧重于全国范围内的贪污及与之有关的犯罪，近几年来都负责处理引人注目的腐败案件。由于国家反腐败局拥有其他检察官同样的权利和职能，所以它也能够处理国外行贿案例。该局没有属于自己的警察或调查员，所以它主要和当地与区域警察，以及其他调查人员一起合作。为获取可靠的资源，国家经济犯罪调查局也会向国家反腐败局派遣财政调查员或会计师。

第四节　瑞典廉政建设中的反洗钱规定

洗钱是腐败的必然滋生物，因此反洗钱规定也是各国反腐建设中的一个非常关键的环节。对洗钱本身以及洗钱的上游犯罪的打击成效的好坏，将通过隔断腐败赃款的流通可能性而直接抑制腐败现象的产生。鉴于北欧各国在立法上的相似性，本节选取了瑞典的反洗钱规定，使读者可以对北欧的反洗钱立法有一个大致的了解。

一、瑞典《刑法》中的反洗钱规定

2003年期间，瑞典政府根据《联合国反腐败公约》第23条（2）d的有关反腐败的内容，报告了自己的《刑法》中有关廉政建设中的反洗钱的内容。这种立法在瑞典《刑法》第9章第6-7a条中有所规定。

瑞典《刑法》对洗钱的行为有如下界定：占据他人由于犯罪而被剥夺的东西，并且占据行为使恢复其原状困难；从他人犯罪所得中获取不正当收益；以要求、转让犯罪所得或其他类似的方式从犯罪所得中获利。但对于这些行为的最高量刑仅为2年监禁刑，相比我国对洗钱罪的重刑打击而言，这一处罚确实很低。

而对于在商业活动中或作为商业活动的一部分的活动中（这些活动以大规模的方式或者习惯性的方式进行），存在收购或得到他人的犯罪孳息或犯罪所得，并且这种行为使恢复其原状困难的，也应当同样被判处监禁。对于上述行为，如果情节严重，均可突破2年监禁的界限，可判处6个月以上6年以下（“以上”“以下”均包含本数）的监禁。

而对于协助犯罪所得财产的转移、转让或出售，或者采取一些类似措施以期隐瞒财产来源的人（对于帮助行为的处罚），应判处至多2年监禁。对采取不当方式参与财产的转移、转让、输送或采取其他方式来意图隐瞒他人通过犯罪行为致富的事实，也应判处监禁。对于这些行为，如果犯罪性质严重，那么也应判处6个月以上6年以下（“以上”“以下”均包含本数）的监禁。但如果犯罪涉及金额较小，那么应就少量犯罪所得判处至多6个月监禁或罚金。

对少量所得的判处同样适用于有下列情况的人：并没有意识到，但是有合理理由假设参与犯罪的人；并没有意识到，但有合理理由认为他人已通过犯罪获利的人。

二、《反洗钱措施法》

瑞典的《反洗钱措施法》（*The Act on Measures against Money Laundering*）通过控制犯罪所得的洗白流程，在廉政建设的过程中立下了汗马功劳。该法于1999年7月1日生效。

1. 对洗钱行为的界定

在该法中，洗钱被定义为：任何通过非法途径获得的财产并可能导致隐藏财产，或者犯罪者逃避法律制裁，或者阻碍财产回流，或者任何对此财产的支配、获得、拥有和使用的行为都被认为是洗钱。而且，即使有关财产行为不在上述行为的范围内，但是若此行为的目的是隐藏事实，或者其从事的是任何掩盖事实，从而从犯罪中得到收益的行为，那此人也同样构成洗钱犯罪。上述这些行为可能还同时受到《刑法》第9章第6a条和第7a条有关金钱接受和小额度金钱接受犯罪规定的处罚。

2. 法律打击的范围

此法案适用于以下行为：（1）银行服务和其他活动，包括公共借贷和发放借款；（2）人寿保险业务；（3）《证券交易法》第1章第3条指定的业务类型；（4）受金融监管机构监督的业务，以及主要涉及《金融业务法》（1992：1610）第3章第1条的第2段—第14段提及的一个或多个活动；（5）需要依据《货币兑换和资金转移法》（1996：1006）告知金融监管局的业务；（6）《保险经纪法》（1989：508）第1条规定的业务类型。

同时，该法适用的范围还必须满足一个要求：仅适用于上述业务类型中规定的以客户为目标的业务活动，并且这些活动都是在瑞典的一个固定业务点进行的。此外，若上述这些行业明知参与的交易可能会构成洗钱交易，也会受到惩罚。

3. 企业关于身份验证的要求

对于企业而言，在经营和业务往来的过程中，必须承担起检查希望与之构建业务关系人的身份的义务。此外，在任何交易数额超过 11 万克朗的行为过程中，企业也需要对对方进行身份验证。这同样适用于在交易不超过此限度，但如果有理由相信有关交易链接到另一个交易，合并金额将超过上述限额的情况。如果在交易时无法获悉总金额，身份验证必须在交易总金额超过上述限额时尽快进行。

如果某人不是以自己的名义希望与企业建立商业关系，或者不是以自己的名义进行上述交易，那么企业应采取适当措施来对进行这一行为的一方进行身份确认。

但是，如果企业总部设在欧洲经济区，那么企业在进行该法案适用范围中提及的业务时，不需要进行身份验证。这同样适用于交易人的身份以前就已经依据该法的规定进行验证的情况。

人寿保险公司和依据《保险经济法》（1989：508）第 1 条提及的类型进行业务活动的企业，当保险合同的年缴保费不超过 7000 克朗或单期保费不超过 18,000 克朗时，不需要进行身份确认。如果支付行为的账户是前述企业总部设在欧洲经济区的企业，或者交易人身份曾已进行过验证的情况，那么也不需要进行身份确认。不过，尽管在这些情况下一般不需要进行身份验证，但如果公司有理由怀疑交易会导致洗钱行为，那么就必须进行身份确认。

4. 企业的记录保存义务

与身份确认相关的文件或信息应按照政府规定的标准进行保存，或者政府做出决定，由金融管理局在商业关系结束后的至少 5 年内保存相关记录。

5. 企业的检查和报告义务

企业应当对任何有合理理由相信构成洗钱的交易进行审查。企业需向国家警察委员会或由政府指定的其他警察机关报告任何可能表明存在洗钱行为的情况。一旦做出报告，应相关机构的要求，企业就应当对洗钱行为的调查提供更多信息。应国家警察委员会或政府指定的相关机构的要求，任何参与买卖古董、艺术品、宝石、金属，报废品或运输业务，房地产或房屋租赁中介，博彩或赌博等业务的人都应按照相关机构的规定提供任何对洗钱行为的调查有重要意义的信息。

按照上述义务要求提供信息的企业，不需要对违背职业保密行为负责，也不需要承担违背职业保密行为责任。这些义务和免责的内容同样也适用于企业董事会全体成员或者任何代表企业提供信息的员工。

但是，企业及其董事会或其员工不得向客户或其他外界人士透露以下信息：已经进行了审查，或按规定企业向有关部门已经递交了相关信息，或者警方正在调查此事。

对于故意或过失违反检查义务或者提供资料、配合调查义务的，以及禁止透露信息的规定的人，将被处以罚金。

如果金融监管局（Financial Supervisory Authority）在检查企业的过程中，或以其他方式获悉有可能构成洗钱行径的交易，那么金融监管局应就上述交易告知国家警察委员会（National Police Board）或政府指定的警察机构。

6. 企业制定内部反洗钱程序和培训的义务

企业应当在内部采取和执行旨在防止被用作洗钱机构的程序，并开展相应的培训，保证员工能够接受与反洗钱相关的恰当的信息和培训。政府或由政府授权的金融监管局可以就企业应实施的程序以及应提供的培训和信息颁布附加指南。

第七章　北欧与中国廉政制度的比较

腐败现象自从人类社会出现以来就一直存在，至今已经有几千年的历史了。面对贪腐现象，各国政府都想尽各种方法应对，力图实现预防和打击的有效结合。从这几年透明国际的数据进行分析，世界上那些CPI指数始终在8.0以上的国家，腐败现象都得到了有效的抑制，政府的清廉度都很高。北欧五国都在其中。① 而与北欧相比，中国的廉政建设尽管已经取得了明显的成绩，但形势仍然是非常严峻的。那么我国的反腐机制究竟和北欧有什么本质上的区别呢，我们能从北欧的反腐廉政建设的成绩中学到些什么呢?

---

① 清廉指数（CPI）排行榜是一个综合了全世界14个民意调查结果后的产物，它把所有国家得分从10-0进行排列，10分表示最清廉，分数越低，表示人们对一个国家公共机构清廉程度的观感越差。清廉指数排行榜显示贫穷与腐败存在因果关系。40%以上得分低于3分的国家，腐败猖獗，它们都是被世界银行列为低收入的国家。2007年，索马里和缅甸是得分最低的国家，只有1.4分，而丹麦、芬兰和新西兰则以9.4分雄踞榜首。参见 http://bbs.tigtag.com/thread-343386-1-1.html，最后访问日期：2015年3月11日。2013年，受贿率最低的国家则变成了丹麦、芬兰、日本和澳大利亚，只有1%。参见 http://www.360doc.com/content/14/0707/08/16510914_392543974.shtml，最后访问日期：2015年3月11日。

第一节　对于腐败现象的处罚机制

一、贪腐案件的刑罚幅度

笔者注意到，长期以来，很大一部分民众认为，中国对贪官和腐败类犯罪的处罚太轻了，才会有人前赴后继。还有很多人甚至坚定地认为：对贪污受贿案件，应该有判死刑的硬规定，也即只要达到了某个数额，不管其他情况，一概判死刑。这种言论有很大的市场，也有些咬牙切齿的意味。但真的是刑罚越重，对贪腐的抑制就越有效吗？

早在几个世纪前，孟德斯鸠在观察中国的抢劫犯罪和俄罗斯的抢劫犯罪时就发现，俄罗斯在抢劫罪的法律规定方面远没有中国人聪明。原因是中国刑法规定，抢劫致人死亡的处以死刑，单纯的抢劫没有死刑，所以那个时候抢劫一般只劫财，不要命；俄罗斯的刑法规定抢劫无论致死还是不致死都处以死刑，所以抢劫案件中基本没有活命。因此，孟德斯鸠进一步指出，“在刑罚多少偏于残酷的国家，并不使人因此而更服从法律。在刑罚较轻的国家，人们惧怕刑罚，也不下于刑罚残暴恶毒的国家”。“经验告诉我们，在刑罚从轻的国家里，公民的精神受到轻刑的影响，正像其他国家受到严刑的影响一样。如果在一个国家里，有什么不便的事情发生的话，一个暴戾的政府便想立即加以消弭。它不想法执行旧有的法律，而是设立新的残酷的刑罚，以便马上制止弊害。但是因为政府的动力被用尽了，人们对严刑峻法在思想上也习惯了，正如对宽法轻刑也会习惯一样；当人们对轻刑的畏惧减少了，政府不久便不能不事事都用严刑。有的国家时常发生拦路抢劫，为了消除这种祸害，他们便发明了车轧杀刑；这个刑罚的恐怖，使抢劫暂时停止。但是不久以后，在大路上拦路抢劫又和从前一样了。”孟德斯鸠还指出，严刑还会产生不利于控制犯罪的相反后果：“严刑固然可以使人心恐怖，但是也会产生另外一种结果，就是以后将无人来控告，也无人来判罪了”，其结果是反而不利于控制犯罪，形成犯罪黑数。①

这一点在北欧的贪腐类犯罪的刑事立法中得到了印证。北欧五国是世界上最清廉的地区之一，但是与此同时，针对腐败类型的犯罪，北欧的处刑也是最轻的——最高刑罚不过 6 年的监禁。而其中的有些国家，比如芬兰，对腐败犯罪的最高量刑才达到 4 年监禁。

相比而言，我国对于类似案件的刑事处罚是相当严峻的。《刑法》第八章和第九章分别就贪污贿赂罪和渎职罪这两个类罪名规定了数十个罪名。抛开渎职类犯罪（从第 397 至第 419 条共 37 个罪名），仅第八章就针对贪污贿赂行为规定了 13 个罪名（从第 382 条至第 396 条）。其中，根据 2016 年 4 月 18 日正式实施的“两高”最新司法解释，针对贪污罪，个人贪污数额在三百万元以上的，应当认定为《刑法》第三百八十三条第一款规定的“数额特别巨大”，依法判处十年以上有期徒刑、无期徒刑或者死刑，并处罚金或者没收财产。尽管这是第八章中唯一直接规定死刑的地方，但是，对于受贿罪，是比照贪污罪进行处罚的，也即对受贿严重的，可以判处死刑。而且，对于挪用公款罪、行贿罪的最高量刑皆为仅次于死刑的无期徒刑。此外，对于其他罪名的处罚也都比北欧国家相应罪名的量刑要重得多，很多罪名的最高处罚都达到了十年有期徒刑。

因此，笔者认为，在刑法上关于贪腐类犯罪的定罪和量刑的规定方面，我国无论从罪名的设置还是对犯罪的处罚力度上，都比北欧国家重。也即，对犯罪处罚的力度并不构成加剧腐败泛滥或对腐败打击不力的原因。从某种程度上而言，过重的科刑非但不会起到应有的犯罪威慑作用，反而会使很多公职人员在初次贪腐之后产生反正要面临很重的处罚，不如破罐子破摔，尽可能地贪污更多的钱的想法。

---

① 参见孟德斯鸠：“波斯人信札·第十二信”，转引自 http://tieba.baidu.com/p/2001159849，最后访问日期 2015 年 3 月 11 日。

二、反腐犯罪的立案金额标准

不过，相比我国打击贪腐犯罪的重刑而言，有关立法，主要是刑法，对于贪腐类犯罪的立案金额起点相对于北欧和世界很多国家而言却是高了。比如，2016 年 4 月之前，贪污罪的立案标准是 5000 元人民币，也即贪污数额在 5000 元以下的不予刑事追诉。很多人认为，随着经济的发展和货币贬值，这个数额的确定已经不符合社会现实了，因为随随便便吃一顿饭，收一个小礼物就能达到，似乎再以此为标准是过于严苛了。笔者对此却不能认同。以贪污罪为代表的腐败类型犯罪侵犯的首要法益是国家公务人员职务行为的廉洁性。从这个角度而言，职务行为的廉洁性是不能标价的，但从惩罚犯罪的角度而言，又必须标价方能有打击的标准；那么，如果不得不对这种侵犯职务行为廉洁性的犯罪进行起刑点数额标准设定的话，这个数额就应当非常低，因为，实际上，是这种行为本身就值得打击——职务行为的廉洁性本身就是一种非常珍贵的利益，也即其本身就形成了刑法所要保护的法益，相比而言，数额反而是一个附加物了。尽管如此，中国的最高司法机关还是适度考虑了经济发展的要素，在 2016 年 4 月颁行的最新相关司法解释中将这个立案标准提高到了 3 万元，特殊情形下，1 万元即可追诉，这些特殊情形包括：（1）贪污救灾、抢险、防汛、优抚、扶贫、移民、救济、防疫、社会捐助等特定款物的；（2）曾因贪污、受贿、挪用公款受过党纪、行政处分的；（3）曾因故意犯罪受过刑事追究的；（4）赃款赃物用于非法活动的；（5）拒不交待赃款赃物去向或者拒不配合追缴工作，致使无法追缴的；（6）造成恶劣影响或者其他严重后果的。类似的不重数额，而重行为本身的可惩罚性的刑法在世界各国比比皆是。比如针对盗窃行为，我国的起刑点数额是 1000 元至 3000 元，各省、自治区、直辖市高级人民法院、人民检察院根据自己的经济发展状况，并考虑社会治安状况，在这个范围内确定各地具体适用的数额；而在日本，盗窃行为本身就是被刑法谴责的行为，因此哪怕盗窃一张不值钱的照片或者纸张也会构成犯罪。因此，我国对于腐败类案件的立案数额标准不是低了，而是高了。这一点也得到了北欧各国相应立法的佐证。

北欧各国对于公务人员私人往来接受礼品的数额都进行了严格的规定，即不能超过 100 欧元，相当于 700 多元人民币。而且值得注意的是，在进行这种数额对比的时候，考虑到每个币种在本国的实际购买力，将其都换算成人民币严格来说在研究方法上是不严谨的。因为 100 欧元对于北欧各国的国民而言，其本国购买力并不相当于 700 元人民币在中国的购买力。考虑到这一点，100 欧元这个数额规定实在是很低。而这还只是对于私人收受礼品的规定，并不涉及具体的犯罪。在具体的贪腐类犯罪中，大多数北欧国家的刑法只对何种行为构成何种贪腐类犯罪做出了界定，而没有规定具体的定罪数额。这意味着出现了腐败行为，无论数额为多少，都要打击，只不过在具体的量刑上较轻而已。因此，前述丹麦为了提前拿驾照而贿赂警察仅相当于人民币 600 元的行为就遭到了追诉。①

由此，笔者认为，坚持对腐败行为的零容忍，在认定犯罪的立案数额标准上坚持低数额立案标准，但在打击力度上，也即量刑幅度上不一味地追求重刑，才是一种科学的态度。数十年来，尤其自 20 世纪 90 年代以来，世界各国、各式各样的实证研究一致指出，提高刑罚最好的效果是“没效果”，最差的效果则是“提高人民的暴戾气息，微幅增加暴力犯罪”②。在这个方面，国家有必要加大教育和宣传力度，提高公民的理性，因为当一个社会被激情和冲动支配的时候，就是一个恐怖的社会，任何理性的声音都会被对贪腐行为厌恶的激情所淹没。

---

① 《党政干部文摘》2005 年第 7 期，第 37—38 页。

② Andrews, Donald Arthur, Bonta, James. Deterrence: The Psychology of Criminal Conducts, 5th edition, Elsevier, 2010, in Chapter 13 - Getting Mean, Getting Even, Getting Justice: Punishment and a Search for Alternatives. p. 447.

第二节　反腐败过程中相关机构的讨论

一、整体层面上的比较

盘点北欧五国主要的反腐机构，大致分布如下：

冰岛的主要反腐机构有：检察机关、特别检察官办公室、国家审计署和监察专员；丹麦的主要反腐机构有：重大经济和国际犯罪检察官、检察机关、审计长办公室和监察专员；芬兰的主要反腐机构有：反腐败刑事调查局、国家预防犯罪委员会、国家调查局、金融监管局、检察机构、审计署、监察专员；挪威的主要反腐机构有：司法部、国家经济与环境犯罪调查检控局、检察机关、警察特别分队、有组织犯罪和其他严重犯罪检察部门、国家审计总署和监察专员；瑞典的主要反腐机构有：瑞典检控机关、瑞典警方的国家腐败工作组、瑞典国家经济犯罪调查局、国家预防犯罪委员会（从属于司法部）、国家审计署、国家反腐局和监察专员。

总的来看，这些反腐败的机构可以归纳为：警察机关以及其下设的专门负责腐败或者某类特殊案件的机构、检察机关以及其下设的专门机构、司法行政机关、审计署和监察专员。这样看来，我国除了没有设置专门的监察专员之外，仅就反腐败的机构设置而言，其实与北欧五国的机构设置区别不大，只不过名称不同，工作具体分工有细节上的区别而已。而这种区别在北欧五国之间也同样是存在的。

目前，我国在党内、行政系统内、检察系统内，从中央至地方均设置有反腐机构，但具体有多少反腐机构则很难有一个准确答案。我国的反腐败机构，分布在各个层级，数量庞大，统计上有难度，只能进行类别划分，主要可以分为纪检、监察、审计、检察等系统。其中纪检属于党内反腐部门，监察属于行政反腐部门，检察属于司法反腐部门，而审计则全面配合这几个部门开展工作。此外，银行和海关在进行腐败资产海外追逃以及防止腐败资产海外流失方面均起到了重要作用。

从历史发展的脉络来看，我国最早的反腐机构是在党内设立的，也即 1949 年 11 月新中国成立之初即设立的中央纪律检查委员会。与此同时，人民监察委员会成立，负责行政监察工作。1954 年，监察部成立，隶属中央行政机构，同时取消人民监察委员会。“文化大革命”期间，这两个机构都被撤销，“文化大革命”结束之后又被恢复。1993 年，中纪委和监察部合署办公，实行“一套工作机构、履行党的纪律检查和行政监督两项职能”的体制①。自此，这两个机构成了中国反腐的主力。1995 年，最高人民检察院成立反贪污贿赂总局，专门侦办国家公务人员的贪污贿赂案件，结束了之前司法机构中没有专业的反贪部门的状态。自此，中国的反腐机构形成了党内、行政、司法的三股力量。

2007 年，我国成立了一个反腐机构——国家预防腐败局，直属于国务院，工作重点是制度性预防腐败以及打击腐败的国际合作。目前，该局已与外事局合并，更名为国际合作局，其下仍设有一个办公室，叫国家预防腐败局办公室，而国际合作局的主要职能也从过去的预防腐败转向了国际追逃追赃。②

在反腐的分工配合上，过去通常是由党内纪检监督为主导，其他反腐部门积极配合。发现国家公务人员贪腐行为时，多由各级纪委先行介入，待证据掌握得差不多后，再交由检察机关。但是十八大之后，中央纪委力图在发现官员经济犯罪之后，不再做一线调查部门，而是直接交由检察院反贪部门处理。

过去，最高人民检察院中承担反贪工作的不仅是反贪污贿赂总局，还有最高检渎职侵权检察厅、职务犯罪预防厅，权力的分散反而造成了权力运行上的不力。因此，近年来最高人民检察院改革，成立反贪

---

① “中国有多少反腐机构?”，载《中国青年报》2014 年 11 月 10 日，http://news.ifeng.com/a/20141110/42431678_0.shtml? wratingModule=1_9_1，最后访问日期 2015 年 3 月 12 日。

② 最高人民检察院内部以前设有经济犯罪侦查科，但并不仅仅负责贪腐案件的侦办。

总局，取消了最高检渎职侵权检察厅、职务犯罪预防厅，使反贪力量得以重新整合。

此外，2003 年“中央纪律检查委员会、中央组织部”巡视组正式成立，设立 5 个巡视组，标志着巡视工作进入正式运作阶段，2009 年更名为中央巡视组。中央巡视组实行组长负责制。巡视组组长一般从已离开一线岗位但尚未年满 70 周岁的省部级（正职）官员中选任。现在的中央巡视组共设 15 个巡视组。按照惯例，每个地方巡视组负责相对固定的省（市、区），以便巡视组可以持续关注、深入了解被巡视地的情况。

因此，我国的反腐败工作链条可以总结为：中央巡视组处于反腐工作的最前锋，监察和审计在其后迅速跟进，之后是党内的纪检部门，纪检部门进行初步调查之后将案件转交给检察机关，再由检察机关交由法院进行审判。在这个链条周围，银行、海关、行政执法等部门进行积极配合。当这些部门的工作出现冲突时，还有一个自上而下，遍及各层级的反腐败协调小组进行协调，由执法、纪律部门的主要领导参加，当然这种协调主要是针对大案要案进行的。

从这些机构的设置和分工可以看出，在反腐败努力中，我国所花费的人力、物力很大，机构的种类与其覆盖的方面并不比北欧五国弱，但最大的区别在于：我国的反腐败模式是行政权力主导式的。无论是党内纪委，还是监察、审计部门，抑或是中央巡视组、反腐败协调小组等机构，其工作形式和权力运行模式都是行政性的，也即权力运行的模式是自上而下，上行下效式的。检察院在这个过程中反而成了配角。众所周知，行政权力的特征就在于阶层性、命令性与直接性。因此，采用行政权为主导的反腐模式无疑会具有高效快速的特点；但同时，由这些特征所决定，其反腐工作也会出现“运动性”的特点，因为行政权的运行极易受到上位阶层人员好恶和工作重点的影响。此外，由于这种模式缺乏独立性，也很难做到独立，因此工作的中立性、客观性、持久性都会受到不同程度的影响。

反观北欧的反腐机构，尽管也有行政性部门参与，但是以检察机关、审计机关和监察专员为主，这几个机构是真正相互独立意义上的工作配合，形成了反腐的机构工作网。而我国表面上反腐机构众多，一点都不比北欧逊色，似乎也形成了网状布局，但因为其全盘的行政性特征，从上述总结的反腐工作链条可以看出，其实我们的反腐机制是线性的，而非真正的多点位、互相制约制衡的网状形态。

二、北欧监察专员制度对我国的启示

近年来，很多人在讨论内地是否能跳出现有的反腐机构布局，建立像香港地区廉政公署那样的机构。廉政公署的建制很像建立了一个专门负责贪腐事项的监察专员，其实就是受到北欧监察专员制度影响的产物。无论中国的土壤是否适合这一制度生根发芽，或者这一制度到中国之后需要进行变种性改造，北欧监察专员①这种建制是很值得我们参考的。不仅因为其对世界的强大影响力，而且也因为这一制度对我国现行已经形成的反腐机制的破坏性影响是最小的，也将是有效的。即只需整合现有的反腐力量，便可成立一个新的、独立的部门，以反映民意，辅助打击腐败，同时监督可能的行政恶行。

在现代社会中，如何避免行政权力的滥用，保护公民正当权益，维护社会公平越来越成为一个重要的课题。各国例行的司法监督、议会监督和行政监督尽管以权力分立和制衡的方式部分实现了权力运行的均衡化，但都有各自的缺陷。监察专员制度就是在这种情况下受到各国青睐的。其由立法机关任命的独立地位，简洁的程序，报告公开的透明形象，亲民的态度和工作机制，以及由独立而带来的民众对其公正性的认可，都是其工作运行的优势。

我国近几年也非常关注监察专员制度，很多部门也在自己内部纷纷

① 我国现行的监察机构尽管也有监察之名，但与北欧的监察专员的运行机制是完全不同的。

建立了监察专员，比如财政部、有的法院内部[①]；甚至纪委内部也有监察专员。但这些监察专员只是顶了北欧监察专员的名称，实际运行方式却是不同的。最大的区别就在于我国的各种监察专员都不是一个独立的建制，而是建立在各个部门之中的。在这种建制下，无论叫什么名称，都无法起到真正的监察专员的作用。比如中纪委和监察部于1993年合署办公后，其行政监察除机构设置有较大变化外，原有的领导与被领导的关系，职权范围和权力运作原则都没有太大变化。

目前，很多学者也在讨论在人大中建立人大监察专员。在笔者看来，无论这种监察专员是由哪个机构建立，向哪个机构负责，关键在于其独立地位的保障上，在建立之后如何摆脱各种势力的影响和干扰，赋予其独立的接受申诉的权力和广泛的独立调查权，并规定各个部门如果不予配合所要承担的责任。建立独立的监察专员制度，不仅将对我国的反腐工作发挥重大作用，而且还会通过对行政权的广泛监督，还政治以清廉；同时还可以通过与民意的有效沟通与反馈，加强民众和政府之间的合作，成为一个有力的消除不满的机制，从而极大地促进我国的法治建设。

第三节　政务公开的启示

透明的政务系统为北欧五国的清廉政治做出了卓越贡献。“权力使人腐败，绝对的权力绝对使人腐败”，英国历史学家阿克顿勋爵100多

① 比如广东省深圳市中级人民法院2011年发布《关于实行廉政监察专员制度的规定》，向审判执行部门派驻廉政监察专员，进一步加强反腐倡廉建设。此规定在六个方面进行了创新性制度设置。廉政监察专员可向所在监察片区各业务部门负责人直至院领导提出加强反腐倡廉建设、改进司法作风的建议；廉政监察专员实行集中管理，派驻到审判执行部门办公，真正实现把监督关口前移的制度设计目标；廉政监察专员年终绩效进行考核，由政治部拟定具体考核细则，并对廉政监察专员任期加以明确，任期拟定为3年；廉政监察专员履行行政监察职责的工作汇报方式是以季度报告、年度综合报告、廉政建议书等形式向院长和纪检组长报告；院党组根据工作需要，将廉政监察专员定期或不定期派驻到不同业务部门，实现岗位交流；廉政监察专员必须忠于职守，秉公办事，遵纪守法，保守秘密，正确履行监督职责，不得以权谋私，不得滥用职权干预审判组织和审判执行人员依法办案。参见“深圳法院监察专员给力廉政建设”，http://rmfyb.chinacourt.org/paper/html/2011-01/01/content_20908.html，最后访问日期2015年3月12日。

年前的名言至今仍然适用。因此，权力的本质使权力很难自我克制，让权力的运行暴露在阳光之下，接受民众的监督，才是抑制权力滥用之本。不过最关键的是，这种监督必须是有效果的。如果权力膨胀到无畏人言的时候，表面上的透明和公开也无济于事。

在中国，皇权时代权力的运行被笼罩上了一层神秘的色彩，又凭借这种神秘而取得了部分权威，因此权力运行模式是一件离普通民众很远的事情。受中国特殊的文化影响，我国政府一直倍加重视政府信息的保密工作，其远胜于对政务公开重要性的认识。权力运行的安全性，政府的安全性被看得高于一切。从刑法上来看，我们把危害国家安全犯罪列为《刑法》分则的第一章，涉及 12 个条文，被认为是危害性最大的一类犯罪，对于情节特别严重的，都可以判处死刑，这可以说是我国刑法中独一无二的罪名都可以判处死刑的章节。从罪名上看，多个罪名的行为方式涉及泄露国家信息。当然，从国家安全的角度而言，这种规定是说得通的。而这方面的另一个证据就是，我们国家是先有保密法，才有政府信息公开方面的立法的。《中华人民共和国保守国家秘密法》早在 1988 年 9 月 5 日就由第七届全国人民代表大会常务委员会第三次会议通过了，当然现行保密法是经由 2010 年 4 月 29 日第十一届全国人民代表大会常务委员会第十四次会议修订的。而且《中华人民共和国档案法》也在保密法出台前一年的 1987 年 9 月 5 日，由第六届全国人民代表大会常务委员会第二十二次会议通过。这两部法律都强调政府信息的保密性而非公开性。这一方面使我国的政府行为长期处于不透明状态，公民获得政府信息严重不足；另一方面导致政府信息的闲置浪费，政务管理长期落后。而时隔 20 年之后《中华人民共和国政府信息公开条例》（以下简称《政府信息公开条例》）才于 2007 年 1 月 17 日经国务院第 165 次常务会议通过，自 2008 年 5 月 1 日起施行。

当然，先通过保密法，之后才有政府信息公开立法的国家并不止中国，比如英国早在 1911 年就通过了《官方保密法》，而《信息公开法》直到 2000 年年底才被议会通过，2005 年 1 月才开始实施；澳大利亚 1914 年就在其《犯罪法》中把泄露政府信息的行为规定为犯罪，1982

年才开始实施《信息自由法》。不过先进行政务公开立法，后进行保密立法的国家也不少，比如最早制定政府信息公开立法的国家——瑞典。瑞典1766年就颁布实施了《出版自由法》，而过了200多年之后，直到1980年，才制定了《保密法》。美国也早在1966年就通过了《信息自由法》，而保密制度则由总统以行政命令形式建立，目前的保密法规是第12958号行政命令，颁布于1995年4月17日。

立法的顺序问题只能从一个侧面反映一个国家的政治文化心态。无论如何，在保密法出台仅20年之后我国就出台了政府信息公开条例，与上述国家间隔的时间而言，算是很快的了。这既是时代迫切需求的催化作用，也体现了我国在政务公开方面认识的觉醒和努力。

《政府信息公开条例》的规范内容涵盖了信息公开的基本原则、公开的范围、公开的方式和程序、监督和保障等方面。这既是我国第一部政务公开的立法，也是迄今为止我国在政府信息公开方面的一部基本法规。毫无疑问，这部法规的出台对于强化对行政权力的监督，从而防治腐败，起到了积极的作用。

不过不可否认的是，与北欧的政务信息公开相比，我国这方面的工作还有很大的距离。

第一，传统的保密观念对政务公开的负面影响还很大。在中国2000多年的封建君主制统治过程中，强调的始终是“民可使由之，不可使知之”。这一观念影响深远。我国在制定档案法和保密法的过程中，立法指导思想就是“凡是没有列明为可以公开的，都是需要保密的”。这与现代法治国家通行的“公开为原则，保密为例外”的信条无疑相距甚远。在这种指导思想下，我们的党政各机关都形成了保密的习惯，在工作中认为保密的范围越大越好，保密工作做得越到位职责就完成得越到位。即使在《政府信息公开条例》公布多年之后，信息公开的意识依然淡薄。比如，我们对保密文件之外的可公开的政务信息的界定一直不甚清晰；相应地，保密文件存在范围过大，密级普遍过高的特征。此外，根据我国的档案制度，我们政府的文件分为归档和不归档两种。对于归档的文件还有是否保密的划分必要和可能性，而对于那些大量不归档的文件，因为没有规则的规制，公众想要获取反而更无可能。因此，要做到基本的透明政府，配合信息公开法律的实施，有必要大幅度修改保密法和档案法，严格界定需要保密的文件，在这个过程中缩小国家秘密的范围，并制定详细明确的解密权限和程序性规定，改变实践中只定密，不解密的现状。

第二，目前我国实践中可以公开的政务信息大多限于办事信息。比如《政府信息公开条例》第 9 条规定了信息公开的范围，但这个范围带有很大的模糊性：行政机关对符合下列基本要求之一的政府信息应当主动公开："（一）涉及公民、法人或者其他组织切身利益的；（二）需要社会公众广泛知晓或者参与的；（三）反映本行政机关机构设置、职能、办事程序等情况的；（四）其他依照法律、法规和国家有关规定应当主动公开的。"每一条都弹性极大，不易把握。而从第 10 条至第 12 条共计 20 余项对重点需要公开的信息的列举来看，基本都属于办事信息和大政方针性信息。① 而对于北欧信息公开中至关重要的包括政府预算在内的财政信息，以及针对公务人员个人的包括财务信息在内的个人信息的公开，我国涉及的都极为有限。

此外，从条文来看，《政府信息公开条例》总共只有 38 条，加上国务院办公厅于 2008 年颁布的 20 条实施细则，也只有 58 条。与北欧各国各类信息立法的不厌其详的长篇累牍的表述相比，仅从条文的数量来看就不难得出规定不细致的结论。

---

① 第 10 条规定："县级以上各级人民政府及其部门应当依照本条例第九条的规定，在各自职责范围内确定主动公开的政府信息的具体内容，并重点公开下列政府信息：（一）行政法规、规章和规范性文件；（二）国民经济和社会发展规划、专项规划、区域规划及相关政策；（三）国民经济和社会发展统计信息；（四）财政预算、决算报告；（五）行政事业性收费的项目、依据、标准；（六）政府集中采购项目的目录、标准及实施情况；（七）行政许可的事项、依据、条件、数量、程序、期限以及申请行政许可需要提交的全部材料目录及办理情况；（八）重大建设项目的批准和实施情况；（九）扶贫、教育、医疗、社会保障、促进就业等方面的政策、措施及其实施情况；（十）突发公共事件的应急预案、预警信息及应对情况；（十一）环境保护、公共卫生、安全生产、食品药品、产品质量的监督检查情况。"第 11 条规定："设区的市级人民政府、县级人民政府及其部门重点公开的政府信息还应当包括下列内容：（一）城乡建设和管理的重大事项；（二）社会公益事业建设情况；（三）征收或者征用土地、房屋拆迁及其补偿、补助费用的发放、使用情况；（四）抢险救灾、优抚、救济、社会捐助等款物的管理、使用和分配情况。"第 12 条基本上是对这两条的重复和细化。

第三，信息公开的方式一般是以政府主动公开的方式进行的。这样就会造成在对可公开信息的选择和公开程序上的任意性。而北欧各国一般是政府主动公开和公民申请相结合，对于没有公开的信息，只要不涉及例外的保密规定，经任何公民的申请，都可以接触到该文件和信息。

第四，在信息公开过程中对个人隐私权的认识不准确。《政府信息公开条例》中一个很重要的特点就是肯定了隐私权的例外。的确，对于公民个人隐私权的保护是一个国家重视人权的重要体现，而且，在所有进行政府信息公开立法的国家，都包含几项重要的公开例外，即“国家安全”“商业秘密”和“公民隐私”。但是，人们容易忽视的是，将公民隐私信息列为公开例外，在北欧等国家的立法考虑是：防范政府在运用个人信息的过程中侵犯包括公民隐私权在内的公民的基本权利和自由。换言之，对隐私权信息的公开例外是出于对抗膨胀的行政权力的考量。那么，值得追问的就是，对于官员的某些“隐私权”的公开恰恰也是为了对抗这种庞大的行政权力，因为这些作为国家公务人员的官员就是行政权的掌握者和实际运行者，他们本身就构成了行政权运行的核心。对他们个人信息的公布都会触犯其“隐私权”吗？如果真的触犯了其“隐私权”，就可能会出现公务人员“隐私权”与限制行政权两个现代社会均非常重要的价值的冲突，在这种冲突中，如何平衡与取舍？对这两个问题的回答至关重要。

需要注意的是，在这里，笔者提到国家公务人员的“隐私权”时，打了双引号。也即对于一些我们现在争议的隐私权内容，国外早已有了定论。比如，对于公务人员，其财产的详细信息，个人受教育背景等信息，早就已经不属于“隐私权”的范畴，是必须要公开的。相比而言，在中国，对于公务人员，关于官员财产公示制度的公示官员级别、公示范围、公示条件是否已经成熟等的争议从未停止。自下而上、由各地自发推动的官员财产公示制度试点也仍在继续。“但这些试点如星星之火，此起彼熄，最终都没能‘燎原’，很多试点热闹一阵后就改弦更张，退步到原来的只申报不公开。”无论试点是否成功，但这种缩手缩脚，抠抠搜搜的探索方式恰恰说明了财产公示制度触动了无数既得利益者的神经，因此“隐私权”在这个探索过程中成了一个绝好的挡箭牌。①

回到前面笔者提出的两个问题，第一，从世界范围而言，所有官员，无论什么级别，其财产状况是需要无条件公开的。这至少在北欧等国已达成共识，其相关的信息公开法规中对于隐私权的考量是不包括这种财产信息的。因此，对于官员财产的全面公开不会触犯其“隐私权”。

第二，当真正的隐私权与政务公开的目标发生冲突时如何考量？对于这个问题，我们不妨引入隐私权克减的理论。这种隐私权的克减是针对公众人物的。“公众人物”的概念首先由美国提出，并通过诸多判例已经建立起“公众人物的隐私权应受到限制”的理论。这一理论已经为绝大多数现代法治国家所认可和接受。公众人物作为一个特殊群体，其隐私权势必会与公众知情权以及舆论监督权发生内在的冲突，而为了保护后者，对公众人物的隐私权进行必要的限制和克减已经成了现代法治国家的必然选择。也即当一个人选择作为公众人物的时候，就必须承担隐私权克减的后果。而作为国家公务人员的官员就是这种公众人物中的一份子。②

因此，在官员财产公开的道路上，我们还有艰辛而漫长的路要走。在这个过程中，需要明晰的是：要完成我国的廉政建设，必须无差别建立公务人员的财产公开制度。值得欣慰的是，2015 年国务院新闻办公室已经在其数次新闻例会上表示，在这一年中，将加大政府信息公开力度，同时增大全社会的参与和监督力度。无论如何，“信息的公开透明有助于官员依法施政，也是依法治国的题中应有之义”已经得到了政府的认可和高度重视。③

---

① “在官员财产申报制度的争议过程中，‘特赦’的主张总是如影随形。2012 年 12 月 17 日，中纪委直属的中国纪检监察学院副院长李永忠表示，腐败分子把收受的全部贿赂匿名清退，并且在案发后，经查实退回的赃款与实际情况完全吻合即可得到赦免。这样可以减轻这些已经有腐败行为的人对反腐败的抵抗，以换取他们对政治体制改革的支持。李永忠称这种做法叫‘有条件的部分赦免’。”信息来源：搜狗百科，http://baike.sogou.com/v58946293.html，最后访问日期：2015 年 3 月 13 日。

② 比如，早在 1998 年，法国就制定了《政治家生活资金透明度法》，专门规范公职人员的财产公开。美国的财产申报制度则始于 1978 年颁布的《政府官员行为道德法》。40 年来，包括一名美国众议院议长在内的不少高官都曾因为违反财产申报制度而受到惩处。

③ 参见“‘透明政府’新动作：中国创设国务院政策例行吹风会”，新华网，2015 年 2 月 6 日。http://www.gov.cn/xinwen/2015-02/06/content_2815992.html，最后访问日期 2015 年 3 月 13 日。

附　录

冰岛《国家审计法》

国家审计法于1997年5月27日颁行。

第1条

国家审计署在议会的领导下履行其职能。根据第33/1944号《宪法》第43条，国家审计署应对中央政府及其他负责政府运作与监护的机构的年度财务收支进行审计。此外，根据本法第9条规定，国家审计署可以开展绩效审计工作。此外，它还应监督预算的执行情况，并协助议会委员会履行与政府财政事务相关的职责。

第2条

议会总统委员会应任命审计署的主管，审计长，连续6年为一任期。审计长应是一名合格的特许会计师。其薪酬以及其他条款和条件应由国家薪金仲裁法院确定。审计长应是议会的官员，且对议会负责。经议会联合会议同意，议会总统委员会可罢免审计长。

第3条

国家审计署独立履行其职责。但是，冰岛议会与总统委员会可以主动或根据议员的要求，要求国家审计署提供其职责范围内任何一项具体审计项目的报告。

国家审计署的工作人员应完全独立于正在被审计的部委和机构。

第 4 条

国家审计署有权委派独立的特许会计师或某个特定领域的其他专家执行本法或其他特定法律中委托给审计署的具体的审计任务。

第 5 条

国家审计署的账目应由议会总统委员会委派的独立注册会计师审计。

国家审计署的账目应在政府年度账目中公布。

第 6 条

国家审计署应负责对政府年度账目以及开支和赤字根据财政预算案规定由财政部提供的资金支付或者根据特定法律由其他收入支付的机构，基金和其他机关的账目进行审计。

此外，国家审计署应对那些由财政部负责经营管理或财政部持有一半或者一半以上资产的公司和组织的账目进行审计。若财政部在某个公司、合作社、商业银行或基金持有一半或一半以上资产，且股东年会期间选定了审计员，应提出议案由国家审计署来审计年度账目。此外，政府与城市或私营机构签订合同，且合同包含政府按照法律规定必须支付费用的服务，则与这些合同有关的账目也应由国家审计署审计。

为本条第 2 款所述实体的年度账目进行财务审计，国家审计署可以收取与实际审核成本相当的费用。

第 7 条

国家审计署可要求任何从政府获得资金或担保的部门、协会、基金或其他机构提交财务报表，被要求的机构有义务提交所要求的文件。此外，根据法律以及与个人、公司或机构签订的工作合同或价目表合同规定，应全部或大部分由财政部支付的劳动或服务，会给政府或政府机构开具发票，同时，根据发票信息留下记录的原始凭证，国家审计署有权取得并审查这些原始凭证，以核实发票内容和财政部的支付义务。

国家审计署也可审查与政府和城市联合行动项目相关的城市的会计工作。此外，国家审计署还可检查政府持有股份的部门或公司的会计工作。

如对本条授予国家审计署的审查权有异议，审计长可从刑事法院获得裁定。

第 8 条

财政审计在任何时候都尤其要达到如下目标：

1. 根据公认的会计原则，财务报表公允列报机构的运行与财务状况。

2. 检查内部控制以及内部控制是否保证了良好的结果。

3. 账目与适用的预算案、补充预算案或其他议会法案、合法指令、商业惯例或服务合同的授权一致。

4. 审查并核实体现政府实体活动及绩效，并列报在财务报表中的指标。

第 9 条

国家审计署可以对第 6 条所述机构、基金、公司和组织进行绩效审计。此外，国家审计署还可以对中央政府持有一半或一半以上资产的机构、基金、公司和组织进行绩效审计，即使法律可能要求其他审计机构进行财务审计。另外，国家审计署可以对由中央政府购买、但由城市或私营机构根据与政府签订的合同实施的活动或服务进行绩效审计。绩效审计包括公共资金的处理和使用，机构与国有企业的运行是否经济和高效，是否在这方面遵守了适用的合法指令。

国家审计署可要求提交有关财政支持的使用及其他政府财政资金调拨的报告，并对比初衷来评估实际结果。此外，国家审计署可以审查政府在环境事务领域内计划、法令、义务的执行情况。

国家审计署应对根据本条开展的审计工作的结果进行报告。国家审计署应提请注意任何错误程序，并指出有待改进的问题。

第 10 条

在根据第 6 条和第 9 条履行其职能时，国家审计署有权获得所有相关数据，包括凭证、报告、书籍和信件。此外，国家审计署可要求提供与履行第7条所述职能相关的信息或数据。

国家审计署应决定审计的时间和地点。如果国家审计署决定在某个机构或政府法人团体的办公室进行审计，这个机构有义务按要求为审计工作的顺利进行提供办公场所。

国家审计署可以决定有义务移交审计所需数据的一方延缓移交数据，也可以延缓回复与记账、现金管理及操作有关的评论。

国家审计署可向冰岛议会预算委员会提供审计署根据本条第1款所收集的数据或提交报告。如审计长要求，预算委员会成员对如此获得的任何信息负有保密义务。

第11条

如果国家审计署决定适用第7条和第9条的规定，应向具体事务所属的预算委员会和议会委员会汇报审计结果。议会委员会可以根据总统委员会制定的其他规则，按照这些法规开始检查审计结果。

第12条

每年应准备国家审计署职能行使总报告，并提交议会。

第13条

本法自1997年6月9日起生效。与此同时，1986年的《国家审计法》废除。

冰岛《政府雇员法》

第 70/1996 号

第一部分　总则

第 1 章　本法使用范围

第 1 条

本法适用于任何受雇于政府服务超过 1 个月的人员，包括未定合同、定期或临时合同，无论此人是工会成员或附属于其他组织，只要他的工作是其主要职责就适用本法。

本法第二部分的条款仅适用于第 22 条中定义的公务员，第三部分的条款适用于其他政府雇员。

这里的“工作”包括本法涉及的任何“工作”。“职位”一词仅代表被任命的职位（参见第 22 条）。

第 2 条

本法不适用于冰岛总统，政府总理或议会成员。本法适用于最高法院法官和区级法院法官。

本法不适用于以下雇员：

（1）合资企业雇员或适用于商业法的其他单位或组织，即使这些单位或组织完全由政府所有。

（2）由政党而不是政府部分或全部所有的机构中的雇员，包括自办机构，即使它们是完全由政府资助的。

第 3 条

有关雇员个人权力和责任的法律条款依然有效。

第 4 条

如果本法适用范围内有争议，由财政部长裁决。如果雇员或另一利益当事人不遵守该决定，可将争议提交至法院。

第 2 章　职员的任命和聘用

第 5 条

法律条款决定由哪个政府机构作出职员任命。在法律空缺时，一个机构的上级部长任命该机构领导。鉴于该机构的领导聘用其他雇员，部长可视情况而定，任命此机构的其他公务员。

第 6 条

职员任命的雇用合同条件如下：

（1）已满 18 岁。不到最低年龄的属于学习合同，负责卫生工作、收发信息或类似工作。其他法律的年龄规定依然有效。

（2）已经成年。在第一点特例中已成年的不适用本法。

（3）思想健康、身体良好，可随时工作。

（4）冰岛公民。欧洲经济区其他国家的公民也可同冰岛公民一样受雇。特殊情况下的其他国家公民不受此条件限制。

（5）受过普通教育，此外，法律规定的特殊工作应具备特别教育经历以满足该工作的需要。

（6）如果法律要求或在特殊情况下，需要承担财务责任时，负责其自己的财务，例如出纳员、票据收款人。

如果申请人被判《刑法》第 68 条第 1 款的罪行，不能受聘。

男女平等享有权利成为公职人员，平等工作，享受平等薪酬。

第 7 条

职位空缺应在《法律公报》中刊登，申请截止日期应至少在公布之日两周后。但依照第 23 条第 2 款，允许提供长期或临时岗位；根据第

150/1996 号第 7 条、第 24 条，为空缺提供临时任命；依照第 36 条，在岗位间进行调动，无需刊登空缺岗位。

其他工作应依照财政部长制定的第 464/1996 号《规章》进行官方招聘。机构负责人有权对其机构的空缺职位公告设置特别规定，只要这些规定公开并得到财政部长确认即可。本段中规定要求特殊学历或培训的空缺职位不需要公开刊登。

一旦超过申请截止日期，必须公布申请人姓名和岗位。

第 3 章 权利

第 8 条

在雇员被任命或受聘时，雇员应收到其任命或聘用通知。财政部长可在实施此规定方面制定更具体的要求。

任何任命或聘用雇员的人应出具书面内容，详细说明该雇员的职责；如果雇员有意愿，还应对其进行指导，无论这是否适用于其全部或某一方面的工作。

第 9 条

依照政府薪酬仲裁法院或政府薪酬委员会（参见第 39 条）或依照薪酬协议（参见第 47 条），雇员有权获得其工作报酬。

机构领导可决定在基础薪酬外，向雇员支付额外薪酬。已任命的公务员和由政府决定薪酬的人员除外。

依照第 1 款协商而定，薪酬委员会第 150/1996 法第 8 条包括使用工作的特殊能力、有特殊工作压力的工作。这些决定可随时更改。雇员有权因变化辞去职务。但雇员必须在得知变化 1 个月内通知其机构领导。如果变化不利于该雇员，应在通知其辞职期限到期后生效（参见第 46 条）。

依照第 2 款，机构领导的决定应遵守财政部长的规定。例如，应详细说明男女有平等机会获得额外薪酬。财政部长应监督这些规定的实施情况。例如，如果决定不符合规定，财政部长可自主改变额外薪酬决定。如果机构的总支出和效益与财政预算不一致，财政部长可撤销该机构或其领导。

第 10 条

应在第二个月的第一个工作日支付基本工资。本法中的“基本工资”指工作日工作的基本薪酬，不包括第 9 条第 2 款中的额外薪酬。

如果雇员在一个月第一天以后开始工作，应收到该月相应工作天数的薪酬。

第 11 条

雇员有权根据法律规定、特殊情况或合同规定享受假期（参见第 9 条第 1 款）。

一个机构的领导在与雇员协商后决定何时休假。休假是雇员的义务之一。

第 12 条

根据法律规定、特殊情况或合同规定（参见第 9 条第 1 款），雇员有权享受带薪病假或妊娠恢复带薪假期。

第 13 条

雇员有权享有弹性工作时间。如果雇员的要求不影响该机构对公共服务的情况下，该机构领导必须尽量满足雇员在此方面的愿望（参见第 17 条第 1 款）。

依照第 1 款，如果一个机构领导拒绝雇员的要求，该决定应上报给负责的部长。

第 4 章　职责

第 14 条

雇员有义务履行其职责，并关心各个方面。雇员应在履行职责时礼貌、灵活、符合规定。雇员应在其工作中或工作外场所，避免任何破坏其声誉或其所处工作或专业的事情。雇员有义务向其寻求帮助和指导的人提供必需的帮助和指导，例如告诉他们如何作咨询。

第 15 条

雇员有义务遵守与其工作相关的上级合法指令。

第 16 条

无论是早上或是间歇后，雇员应按时上班。建立报到时间登记系统是为了记录雇员的到岗时间。

无故缺勤会被扣除两倍缺勤时间的工资。

第 17 条

依照法律规定或工资协议，机构领导决定雇员的工作时间。

雇员有义务在其领导认为需要的情况下加班。除警方工作或其他安全服务工作外的人员，有义务每周加班超过其法定工作时间的五分之一。

第 18 条

雇员有义务对在工作中获得的信息进行保密，或根据法律规定、上级指示或事件的性质，对该事件保密。

第 19 条

雇员有义务接受工作的变化或从其工作开始职责的变化。如发生此类变化，雇员可以选择辞去职务；但必须在得知变化 1 个月内通知其上级领导。如果变化导致薪酬减少或权力变化，应在维持其任命期间或与其合同剩余时间相等时，薪酬和权力保持不变（参见第 46 条）。

第 20 条

在雇员工作期间，如果雇员打算为另一党工作、参与企业管理或成立一个公司，必须向提供其工作的机构说明目的。无论上述工作是否与其岗位工作冲突，无论是否禁止其参与上述工作，应在两周内告知雇员。禁止决定应提交至部长。

如果雇员频繁从事与其政府工作相冲突的活动，应禁止该雇员从事第 1 款中规定的活动。

第 21 条

如果雇员没有按时上下班，出现其他失职行为、不服从上级的合法指令或禁令，不能胜任工作或表现怠惰，工作不积极、工作期间醉酒，或言谈举止不符合工作需要，其所属机构的领导应对其进行书面训斥。如可能，应事先给该雇员机会表明观点。

第二部分　公务员特别规定

第 5 章　岗位任命或临时任务

第 22 条

只有以下陈述中的雇员根据本法定义为公务员：

（1）议会职员领导、国家审计长和议会监察专员。

（2）总统秘书、各部门的常任秘书、各部门办公室的主管、在外交服务中的各大使、参赞。

（3）最高法院法官、最高法院秘书和地区级法院法官（参见第 15/1998 号第 36 条）。

（4）冰岛主教、主教牧师、大教堂教长和牧师。

（5）检察长、副检察长和其他检察官。

（6）副司法部长、国家调解人和儿童监察员。

（7）地方执行长官、国家警察局长及副局长、雷克雅未克警察局长及副局长，国家警察学院院长和警官（参见第 150/1996 号第 9 条）。

（8）国家海关署长、雷克雅未克海关署长和海关官员。

（9）国家监狱长、监狱长和监狱看守。

（10）国内税收主管、税务调查主管、税务委员会全职委员和税务办公室领导。

（11）地区医生和护士。

（12）国家兽医、地方兽医和鱼类疾病兽医。

（13）政府机构领导和上述外的国有企业领导。

财政部长决定本条第 1 款第 13 项的雇员范围，财政部长应在每年 2 月 1 日前在《法律公报》上公布这些公务员信息。

第 23 条

公务员一次任期 5 年，法律特别规定的除外。

如果依照第 1 款一个人受命某职位，无论该岗位是否会以空缺职位公开，当事人应在任期结束 6 个月前得到到期通知。如果没有接到此类通知，当事人的任期会自动延期 5 年，根据第 37 条第 1 款，当事人想要辞职的情况除外。

第 24 条

如果任职人员在他/她任期内去世，或因病或其他原因在延期中无法到岗，任命机构可临时任命另一人来接替此职位，但时间不超过 1 年。临时受命雇员享有第 6 章、第 7 章规定的权力和责任。

第 25 条

如果一个人是长期或临时受命某岗位，他的任命一直保持到出现以下情况：

（1）当事人违反岗位职责，必须离开；

（2）当事人不再符合第 6 条的条件；

（3）当事人自己主观辞去职务（参见第 37 条）；

（4）当事人因身体状况不能继续留任（参见第 30 条）；

（5）当事人到了退休的年龄（参见第 33 条）；

（6）依照第 23 条，当事人的长期任用到期，第 2 款适用情况除外；

（7）依照第 24 条，当事人临时任用到期；

（8）当事人转调到另一岗位（参见第 36 条）；

（9）当事人所在岗位取消（参见第 34 条）。

第 6 章　解除职务

第 26 条

任命一个岗位的政府机构还可以临时解除一个人的职务。

如果公务员不按时上班或出现失职，不服从上级的合法指令或禁令，缺乏工作技能，在工作中表现怠惰，不能顺利工作（参见第 38

条)、在工作中醉酒或在工作时及工作外言谈举止不适合其所在职位，应接受临时解除职务。

负责财务或会计工作的公务员，如果其被怀疑或确认其负责的财务混乱并导致相关机构进入破产程序或被迫进行债务谈判，则其会被临时解除职务。

临时解除职务一般以书面形式通知，并说明具体原因。如果公务员因第 2 款中的原因被临时解除职务，应依照第 21 条在解除其职务前对其进行训斥，同时必须给当事人改正的机会。在解除职务令生效前，不需要给当事人机会就解除职务的原因进行辩解。

如果公务员强烈要求，应对临时解除职务做出解释。如果一个政府机构而非部长已经执行此类决定，可上报给部长。

第 27 条

如果公务员故意违反职责，被临时解除职务，应由专家委员会对此事件进行调查，来判断是应该永久解除其职务，还是恢复其职务。政府机构或雇员可依照刑事案件程序提交案件进行调查。

第 1 款中提到的调查公务员案件的委员会，应由 3 个具备公共管理专业知识的人组成。财政部长任命该委员会，委员会主席和替补 4 年一任期。其他委员会成员在委员会的每一案件中工作；其中一个人由相关部长任命，另一个人由政府员工联盟联合任命。如果员工联盟不能就任命达成统一意见，由财政部长任命该成员。这个委员会应就公务员被临时解除职务的原因提供合理意见。

第 28 条

公务员在被临时解除职务期间，薪酬减为其职位固定工资的一半。他可继续使用其岗位提供的住房或出租房，费用从其工资中扣除。

如果一个人被解除职务后又恢复职务，应视为持续在岗，没有中断，应补发其根据第 1 款中扣除的工资。

第 29 条

如果公务员被法院最终判决剥夺其职务的权力，他应被永久解除职务。如果一个公务员被地方法院判决剥夺其职务的权力，此类判决应说明该判决立即生效或推迟到该案件上诉到更高一级法院的期限截止时生效，或推迟到更高一级法院判决即将公布之时。

如果依照第 27 条中的委员会中大多数人认为有正当理由临时解除一个公务员的职务，该公务员应被永久解除职务。没有证据证明对该公务员控诉的情况除外。

如果一个公务员承认其应受处罚的行为，该行为依照《刑法》第 68 条会导致解除其职务，该公务员应被永久解除职务，无需通告。

第 30 条

如果一个公务员因病或因故不能到岗工作，连续长达 1 年或相当于其连续在政府工作时间的十八分之一，如果时间超过 1 年，应因病解除其职务。此情况下，如果有医生证明，再有 3 个月身体就可以完全恢复的不适用此规定。如果在额外的 3 个月到期时，仍不能继续工作，应被解除职务。

如果公务员生病，且医生证明该公务员的身体状况不可能再继续工作，在病假到期后，可因身体状况欠佳，解除其职务。该决定应上报给相关部长。

如果公务员依照本条款被解除职务，该公务员应继续收到 3 个月的原工资。此规定同样适用于去世公务员的尚存配偶。

第 31 条

任命一个人职务的政府机构同时负责解除该职务的工作，除非法律中有特殊规定。解除职务的命令应以书面形式呈现，并详细说明解除职务的原因，例如，因身体状况欠佳或特殊违反规定的行为等。解除职务的命令应始终详细说明该命令生效的日期和条件。例如，详细说明退休金问题、何时适用、一般养老金问题、公务员应何时搬出单位提供的住房等问题。如果可能，应在作出决定前，将被解除职务的公务员可就其事件发表看法。

第 32 条

被解除职务的人有权将事件上诉到法院。

如果法院判决解除职务命令错误，应根据法院裁决作出赔偿，双方协商解决的情况除外。在评估赔偿时，应考虑该公务员的生活状况，例如他的年龄、就业机会，以及解除职务的政府机构对其明显的减轻处罚的情节。

第 33 条

公务员在 70 岁生日的月底应被解除职务。如果一个公务员依照第 23 条被临时任命某职务时已有 65 岁，他的任命期限最长可至该公务员 70 岁生日的月底。

第 34 条

鉴于该公务员没有拒绝一个条件相当的工作邀请，无论这个是政府还是其他组织提供的工作邀请，如果公务员已经为政府服务不超过 15 年，或满 12 个月，而他的职位要被废除，那该公务员应从其离开该职位起，继续领取原有薪酬 6 个月。

如果依照第 1 款所述，在 6 个月或 12 个月期限到期前，公务员领取工资期间又再次为政府或其他政府机构工作，只要该公务员新岗位的工资大于或等于其之前的岗位工资，依照本条款，应停止对其发放离职金。

第 35 条

如果公务员依照第 23 条规定，已经被临时任命某职务，而且他的任命还没有更新，鉴于该公务员没有拒绝一个条件相当的工作邀请，无论这个是政府还是其他组织提供的工作邀请，而且公务员已经为政府服务不超过 15 年，或工作满 6 个月，应从其离开该职位起，继续领取原职务的同等工资 3 个月。

第 36 条

任命一个人职务的政府机构，有权在其机构权限下的岗位中，将这个人转调到另一岗位。在另一政府机构申请调职的情况下，任命公务员职务的政府机构还可同意该公务员转调到另一政府机构任职。

如果依照第 1 款所述情况调到另一岗位任职，并且调职后的工资比之前职位的工资低，该公务员有权在剩下的任职期间，获得工资差补。

第 37 条

当公务员有意愿辞职时，必须提前 3 个月提交书面辞职申请，除非发生不可预见的情况使其不能继续工作，或接受辞职申请的政府机构同意缩短期限。

如果合法提出辞职申请，该申请应被接受。但如果大量辞职申请同时出现，或在同一专业岗位上，同一时期出现大批辞职现象，如果接受所有辞职申请，可能引起极度人员短缺问题，此类辞职申请不能被接受。在此类情况下，政府机构可延长辞职通知期，最长提前至 6 个月。在此期间，可能会辞职的公务员的薪酬和权力保持不变。该决定必须尽快与公务员沟通，不得超过原提交辞职通知后 6 周。

第 7 章　特殊职责

第 38 条

部长向机构主管发布指令文件，文件包括该机构长期和短期的主要目标和任务。

一个机构的主管依照法律、政府的指令和第一段的指令文件，负责该机构的运营管理。机构的主管还负责该机构的运作支出和财务平衡符合财政预算，并且保证资金有效使用。如果支出超出可用资金，该机构的任务没有按计划进行，或对其服务表示不满意，部长可依照第 21 条规定，对机构主管提出训斥。如果机构主管反复出现上述工作上的重大失职情况，可依照第 6 章规定，解除其职务。

第 39 条

公务员的工资和其他薪酬应由政府薪资总裁法院和政府薪资委员会依照适用于这些机构的法律决定。但警察、海关官员和监狱看守的工资和其他薪酬应由他们各自的联盟或组织与政府之间达成的工资协议决定（参见第 47 条）。

第 40 条

不允许公务员煽动或参与罢工或其他类似行为。

第三部分　政府雇员而非公务员的特别条款

第 8 章　聘用

第 41 条

政府雇员，而非公务员，应在互相通知的不确定期限基础上被聘用。此期限应在试用期结束后 3 个月，除非工资协议中有特别规定。

聘用雇员有一个固定期限。这样的雇用合同包括一个条款，规定在合同到期前，合同任一方都可终止合同。固定期限合同不可继续延长期限超过两年。

第 42 条

书面形式的雇用合同应由机构主管和雇员双方达成的协议，合同包括雇用条款。

财政部长应根据第 1 款中规定的雇用合同形式，制定第 351/1996 号《规章》。

第 43 条

机构主管有权依照雇员合同，终止对雇员的雇用。对雇员的雇用依照第 41 条第 2 段规定，有一个固定雇员期限的情况，在雇用到期时自动终止，无需通知。

在雇员 70 岁后，70 岁生日当月月底应正常终止雇用。

第 44 条

根据第 21 条，只要终止合同的情况符合该条款规定，雇员必须受到训斥，并在雇用终止前有机会改正。其他情况下，没有义务给雇员机会在终止雇用决定生效前，就终止雇用关系发表自己的看法。例如，如果终止雇员关系是出于其他原因，比如由于机构重组需要裁减雇员的情况。

如果雇员要求，应对雇用关系的终止给出书面理由，如果是由于第21条中所述原因终止雇员关系，可上报给相关部长。

第45条

如果法院最终裁决剥夺了雇员的工作权利，那么在解除该雇员职务时无需通知。如果雇员被地方法院判决剥夺其职务的权力，此类判决应说明该判决立即生效或推迟到该案件上诉到更高一级法院的期限截止时生效，或推迟到更高一级法院判决即将公布之时。

如果雇员承认其应受处罚的行为，该行为依照《刑法》第68条会被解除其职务，该雇员应被永久解除职务，无需通告。

第46条

雇员有权依照他的雇用合同辞去工作。

如果大批雇员同时提出辞职申请或在同一专业岗位上，同一时期出现大批辞职现象，接受所有辞职申请，可能引起极度人员短缺问题，此类辞职申请不能被接受。在此类情况下，政府机构可延长辞职通知期，最长提前至6个月。在此期间，可能会辞职的雇员的薪酬和权力保持不变，例如依照第9条第2款支付增补报酬。该决定必须尽快与公务员沟通，不得超过原提交辞职通知后6周。如通知期更短，应在雇员提出辞职申请后，尽快与雇员沟通，作出决定。

第47条

依照法律的进一步规定，工会和他们的协会合作一同与政府就他们成员的工资和薪酬进行协商。

第48条

工会可对政府开展罢工活动来引起政府对他们的要求的重视，这些是对《公共雇员工资条款法》《劳资纠纷法》和其他法律中的条件和限制的争议。

第四部分　其他条款

第11章　杂项规定

第49条

政府机构符合本法的决定不能上诉到更高一级政府机构，本法的个别条款有特殊规定的除外。

第50条

在与机构的雇员书面或口头沟通的情况下，主管可在本法范围内，下放权力给机构里的其他监督人员。依照本法，虽没有具体规定，但国有企业主管同样享有机构主管的权力和特权。

第51条

冰岛议会主席负责议会的雇员，参照部长或机构主管，依照本法决定雇员的权力和职责。议会主席有权管理议会雇员，其中财政部长有权依照第9条第3款、第27条第2款进行管理。

各部的常任秘书负责各部中的雇员，参照部长或机构主管，依照第9条、第11条、第13条、第17条和第21条规定，决定雇员的权力和职责。议会的员工领导以同样的方式负责管理议会的雇员，国家审计长和议会监察专员分别负责管理各自机构的雇员。

第52条

符合本法规定的政府指令而不是行政指令，在制定和修改中，冰岛州、市的联合工会、大学毕业生联盟和冰岛工人联合会有机会代表他们的成员，就指令中不同意见进行商议。

第53条

违反第40条的雇员应接受罚款处罚，除非其他法律中有具体规定更严厉的处罚。

第 12 章 法律生效和其他法律的变更

第 54 条

本法自 1996 年 7 月 1 日起生效。

第 55 条

自本法生效时起，以下法律废除：

(1) 第 38/1954 号，关于政府雇员的权力和职责的规定。

(2) 第 27/1935 号，关于公务员和政府雇员退休年龄的规定。

(3) 第 97/1974 号，关于雇员聘用监督和政府机构的住房供给的规定。

第 56 条

本法生效后，修改以下法律条款：

(1) 关于公共雇员工资条款协议的第 94/1986 号，第 1 条第 2 款修改如下：

本法条款不适用于：

①国家薪酬仲裁法院法律和国家薪酬委员会法律适用的公务员；

②政府银行和其他政府信贷机构的雇员；

③政府和市政机构和企业的雇员，在他们的工资和其他条款符合他们工会和雇主的协议的情况下，参见第 80/1938 号和第 19/1979 号；

④政府和市政工资谈判委员会的工作人员；

⑤本法第 19 条第 3 款至第 5 款中所述的市政雇员，依照市政府决定，对于没有工资商议授权的联合会雇员，由市政府决定他们的雇用条款，没有协议。

第 19 条第 1 款规定如下：

①国家薪酬仲裁法院法律和国家薪酬委员会法律适用的公务员；

②议会及隶属议会机构的雇员、冰岛总统办公室和各部的员工，包括驻外办事处；

③最高法院和地方法院的雇员；

④国家公诉人、国家检察长、国家仲裁员和儿童监察专员；

⑤基本安全服务和公共医疗卫生服务的雇员；

⑥市政府管理人员、市级律师、市级员工领导、市级工程师、雷克雅未克市办公室领导和工资管理部门的雇员；

⑦大城市企业及其服务机构的领导及副领导；

⑧工作很大程度上相当于上述第6条和第7条涉及的其他雇员。

第19条第2款中的“第3条至第6条”更改为第5条至第8条。第22条第2款中的“第19条第1款、第2款及第4款至第6款”更改为第19条第2款至第4款和第6款至第8款。

（2）以下条款是关于国家薪酬仲裁法院和国家薪酬委员会第120/1992号的修订：

①第2条中的“议会监察专员”改为：议会监察专员和儿童监察专员。

②第8条第2款修订如下：国家薪酬委员会决定公务员、警察、海关官员和监狱看守的工资和其他雇用条款，第2条规定的除外（参见《政府雇员法》条款规定）。

③本法第9条废除，其他条款序数也相应更改。

④本法第12条第1款和第2款（现在变成第11条）替换为以下内容：

国家薪酬委员会决定日常工作的固定工资和其他雇用条款。同时决定主要职位上额外职责也是其职责的一部分，这两部分的报酬分开计算。在做决定时，国家薪酬委员会可考虑对该职位有用的特殊技能和该职位带来的特别压力这两个因素。

⑤本法增加一个新条款如下：

鉴于本法第8条第2款的修订，在新《政府雇员法》生效后，国家薪酬委员会第一次决定一些公务员的工资和其他雇用条款，这些公务员自1997年1月1日起直至现在都不在本法涉及的范围内。直至这个时间，这些公务员的工资和雇用条款由他们共同的谈判协议决定。

临时条款

尽管本法第 10 条第 1 款有规定，但政府雇员在本法生效前收到工资的，仍享有此权利。

尽管本法第 12 条有规定，但在本法生效前，被任命或入职的政府雇员和第 38/1954 号适用的政府雇员，第 410/1989 号《规章》中关于政府雇员产假的规定和第 411/1989 号《规章》中关于政府雇员病假的规定依然有效。他们在病假和产假期间的工资已经确定或协商完毕，参见第 9 条第 1 款。此项规定还适用于在此期间，将要担任同样工作或同等职务工作的雇员。如果其他方面已经协商好，第 38/1954 号第 21 条规定还适用于这些雇员，依照本法第 22 条规定，公务员除外。

如果在本法生效前，那些已经被任命或聘用为不定期员工的政府雇员要终止雇用，没有互相通知期限，尽管第 4 条有相关规定，但本法第 25 条和第六部分适用此情况。

关于第 3 款规定中适用的政府雇员，以及依照本法第 22 条不是公务员的政府雇员，联合商谈合同中因身体问题终止雇用这方面的规定适用于这些政府雇员，此情况不适用本法第 30 条。

如果一个岗位被废除，在本法生效前被任命或聘用为政府雇员的人，适用于第 38/1954 号的政府雇员，和依照本法第 22 条不是公务员的政府雇员，如果他为政府工作的时间不超过 15 年，不低于 12 个月，那该雇员就有权领取 6 个月的离职金。第 34 条就该权利和赔偿金额的规定同样适用。

如果在本法生效前一个职位已经被废除，依照本法第 14 条第 2 款和第 3 款规定，在该职位被废除后 5 年内，在第 38/1954 号中规定的填补该职位空缺的雇员应对这些空缺职位的填补享有优先权。

瑞典《审计师法》

该法案经瑞典国会授权，于2001年11月29日颁布实施

总则

第1条

本法适用于：

（1）会计师监事会（第3条）；

（2）审计师的许可及授权（第4-7条）；

（3）审计事务所（第8-12条）；

（4）会计事务所的注册（第13-16条）；

（5）审计业务中的主管审计师（第17条）；

（6）许可，授权和注册的有效期（第18条）；

（7）审计师的职业责任（第19-27条）；

（8）提供资料的责任等（第28-31条）；

（9）纪律措施等（第32-35条）；及

（10）上诉，刑事责任等（第36-41条）。

第2条

在本法案中：

（1）审计师是指许可或授权会计师；

（2）许可会计师是指根据第4条规定获得许可的会计师；

（3）经授权的公共会计师是指根据第5条规定获得授权的会计师；

（4）审计事务所是指从事审计业务的个体经营商或者有一名审计师从事审计业务的未注册的合伙企业、合伙企业或者有限责任公司；

（5）注册会计师事务所是指根据第13条或者第14条规定已注册的审计事务所；

（6）审计事务所系统是指至少包括一个审计事务所，且由于所有权结构、协议、行政合作或者其他原因，可被视为同一个商业团体的一部分的企业群体；

（7）审计业务是指对依据法规、公司章程、细则或合同对行政或财政信息进行审核，并产生报告或者其他文件，构成对个人而非客户评估的基础，以及依据进行审核期间，根据观察提供的建议或其他帮助。

会计师监事会

第3条

会计师监事会应当

（1）根据本法规定审议许可、授权和登记相关事项；

（2）监督审计业务、审计师和注册会计师事务所；

（3）审议对审计师和注册会计师事务所的纪律和其他措施；

（4）确保恰当地制定会计师职业道德和普遍接受的审计标准。

更多关于会计师监事会职权的详细条款将由瑞典政府出台。

会计师的许可和授权

第4条

许可会计师应

（1）专业从事审计业务；

（2）为瑞典居民、欧洲经济区其他国家居民或瑞士居民；

（3）没有被宣告破产，不受贸易禁令的限制，不受《父母及儿童法》第11章第7条规定的监管，不受《特定情况下禁止专业咨询法》第3条（1985：354）规定的咨询禁令的限制，在其他国家不受类似禁令的限制；

（4）具备从事审计业务所需的教育及经验；

（5）已通过会计师监事会举办的许可会计师职业能力测试；

（6）成为从事审计业务的适当人选。

如有特殊理由，会计师监事会可豁免第1款中第1项和第2项要求。

第5条

授权公共会计师应符合第4条第1款第1项至第4项和第6项要求，并通过会计师监事会制定的授权公共会计师职业能力测试。

如有特殊理由，会计师监事会可豁免第4条第1款第1项和第2项要求。

第6条

第4条第1款第5项中必须通过许可会计师职业能力测试的要求，以下人也应符合：

（1）持有外国文凭，赋予持有人在瑞士或欧洲经济区内的国家从事法定审计工作的权利；

（2）已通过会计师监事会安排的特殊能力倾向测验。

第7条

第5条中已通过授权公共会计师职业能力测试的要求，以下人也应符合：

（1）持有外国文凭，赋予持有人在瑞士或欧洲经济区内的国家从事法定审计工作的无限制权利；

（2）已通过会计师监事会安排的特殊能力倾向测验。

审计事务所

许可的企业类型

第8条

审计师只可以作为个体经营者，或与另一位审计师在未注册的合伙企业，或在合伙企业或者有限责任公司从事审计业务。

即使未满足第 1 款的要求，会计师监事会也可允许在瑞典工作的会计师去瑞士或欧洲经济区另一国家从事审计业务。

作为个体经营者或在未注册的合伙企业从业

第 9 条

作为个体经营者或在未注册的合伙企业从事审计业务的审计师，应清楚地将任何其他与审计无关的业务与审计业务分开。

在审计业务中，只有审计师才可做代理人。

在合伙企业或有限责任公司从业

第 10 条

在合伙企业或者有限责任公司从事审计业务时，该公司不得进行其他任何与审计无关的业务。除审计事务所和第 11 条第 2 款中提到的企业外，该公司不得在其他公司拥有参与权。

第 11 条

只有同时满足以下三个条件，审计师才可在合伙企业或有限责任公司从事审计业务：

（1）该公司不在破产或清算中；

（2）该公司由审计师所有；

（3）该公司的董事、副董事、常务董事、常务副董事，授权签字人以及代理人均为审计师。

为施行第 1 款第 2 项，审计师的直接所有权等同于一个或者多个满足以下三个条件的合伙企业或有限责任公司的间接所有权（自有型公司）：

（1）公司是由审计师或其他自有型公司所有；

（2）公司只从事以下业务；

①审计业务；

②与审计有必然关系的业务；

③审计事务所或其他自有型公司的所有权。

（3）该公司的董事、副董事、常务董事、常务副董事，授权签字人以及代理人均为审计师。

尽管有第 1 款和第 2 款的规定，审计业务还可按照第 13 条、第 14 条对注册会计师事务所规定的条件进行。

第 1 款第 3 项及第 2 款第 3 项的规定不适用于按照《董事会代表（私营部门员工）法》（1987：1245）任命的董事及副董事。

审计师的聘任

第 12 条

审计师只能受雇于审计事务所或第 11 条第 2 款规定的公司。

如有特殊理由，会计师监事会可豁免第 1 款的规定。

会计师事务所的注册

合伙企业

第 13 条

如符合第 10 条、第 11 条规定的要求，经营审计业务的合伙企业可注册成为会计师事务所。

如有特殊理由，会计师监事会可为单个合伙人、授权签字人或代理人豁免第 11 条规定的要求。然而，大多数合伙人都应由审计师组成。如果只有两个合伙人，至少有一人应为审计师。

有限责任公司

第 14 条

如符合第 10 条、第 11 条规定的要求，经营审计业务的有限责任公司可注册成为会计师事务所。

即使不能满足第 11 条第 1 款第 2 项和第 3 项规定的条件，有限责任公司也可注册成为会计师事务所，需符合以下四个条件：

（1）至少四分之三的股份、至少四分之三的票数由审计师持有；

（2）公司的其他股份应由该公司的其他员工或由于所有权结构，在与该公司处于同一审计事务所系统的企业的员工所有；

（3）至少四分之三的董事、至少四分之三的副董事以及常务董事均为审计师；

（4）公司章程规定，过半数董事均为审计师，董事会才能构成法定人数。

第 15 条

为施行第 14 条第 2 款第 1 项，审计师的直接所有权应等同于第 11 条第 2 款所定义的一个或多个自有公司的间接所有权。但是，如果自有型公司为有限责任公司，只要求四分之三的股份和四分之三的票数为审计师或其他自有型公司所有，只需四分之三的董事、四分之三的副董事和常务董事为审计师。

为施行第 14 条第 2 款第 2 项，直接所有权应等同于一个或多个公司的间接所有权，这些公司仅从事审计业务、与审计相关的业务、审计事务所所有权或者相同类型公司所有权业务。

尽管有第 1 款和第 2 款的规定，审计师的直接或间接所有权相当于至少四分之三的公司股份，该有限责任公司才可注册为会计师事务所。

第 16 条

如有特殊理由，会计师监事会可豁免第 14 条第 2 款中关于公司股份持有人和董事会组成的要求。但是，大多数董事及大多数副董事均应为审计师，一半以上的股份及票数应由审计师或第 11 条第 2 款定义的自有型公司所有。

审计业务中的主管审计师

第 17 条

经营审计业务的合伙企业或有限责任公司应在每一项所接受的审计任务中指派公司的一名审计师担任主管审计师。如果有必要，主管审计师应为授权或许可会计师，已通过许可会计师职业能力测试，以满足法定要求。公司应立即将主管审计师的身份告知客户。

审计报告及其他意见陈述应由主管审计师签署。

如果报告或意见陈述由一名以上审计师签署，应具体说明哪一名是主管审计师。

许可、授权和注册的有效期

第 18 条

许可、授权和注册的有效期限为 5 年。如在有效期届满之前申请许可、授权或注册续期，在续期决定具有法律约束力之前，原许可、授权和注册依然适用。

会计师监事会，或法庭（上诉后）可下令，拒绝第 1 款中续期申请的决定应立即生效。

审计师的职业责任

会计师的职业道德

第 19 条

审计师应遵守会计师职业道德。

若与审计任务有关的工作由审计师的助理完成，该审计师有责任确保该助理也遵守会计师职业道德。

审计师的独立性

第 20 条

审计师应独立完成其审计任务，并且保持观点客观性。审计业务应合理安排，以保证审计师的公正性、独立性以及客观性。

第 21 条

在每一项审计任务中，审计师均应考虑是否存在可能导致其独立性被怀疑的情况。审计师应拒绝或退出这样的审计任务，

（1）如果他/她或其所任职的审计事务所系统内的另一人有以下情况：

①与客户业务有直接或间接的财务利益关系；

②在一次没有审计业务的咨询中，已经就一个某种程度上包含在该审计任务内的问题给过建议；

③在一个法律或财务问题上，支持（过）或反对（过）客户的立场；

④与客户或客户的管理层成员有密切的私人关系；

⑤正受到威胁或其他恐吓压力；或者

（2）存在其他可能导致审计师独立性被怀疑的情况。

但是，如果在某个案中，存在特殊情况或已采取措施，表明没有理由质疑审计师的独立性，则无需要求审计师拒绝或退出该审计任务。

第 22 条

在审计师提出申请后，会计师监事会应做出事先裁决，确认某一特定情况是否如第 21 条第 1 款所述，如的确如此，还需确认该个案的情况以及所采取的措施是否表明无需要求审计师拒绝或退出该审计任务。

事先裁决一旦具有法律约束力，对公共会计师监事会及审计师本人都具有法律效力。如果当时情况或规定该裁决所涵盖的问题的文件发生变动，该事先裁决不再适用。

第 23 条

第 20 条至第 22 条中的规定在适当的限度内也适用于注册会计师事务所。

存档

第 24 条

审计师及注册会计师事务所应当详细记载其审计业务。存档应包含对以后评估审计师工作及其独立性十分重要的信息。

审计报告及其他意见陈述发布时，文档应当已经完成。

削弱信心的附属营业

第 25 条

审计师不得从事审计业务之外的业务或者与审计业务有天然联系的业务，如果有以下情况：

（1）这些业务的性质或范围可能会降低对审计师独立性的信任；或

（2）这些业务在某种方式上偏离法定审计的要求。

在审计师提出申请后，会计师监事会应做出事先裁决，确认某业务活动是否符合第 1 款的要求。第 22 条第 2 款的规定适用于此类事先裁决。

职业保密

第 26 条

审计师不得利用其在专业工作过程中获取的信息谋取个人利益、损害他人利益或为他人谋利。未经授权，审计师不得披露此类信息。审计师应确保其助理同样遵守这些规定。

公共部门适用《保密法》（1980：100），不适用这些规定。

保险等

第 27 条

审计师和注册会计师事务所应向会计师监事会购买保险或者存放抵押品，以支付审计师或事务所在审计业务中可能造成的损失。

如有特殊理由，会计师监事会可豁免保险或抵押的要求。

提供信息的责任等

第 28 条

会计师监事会行使监管权力时，审计师及注册会计师事务所有义务允许监事会检查与他们活动相关的文件、账目以及其他文件，并提供必要的信息。

第 29 条

与审计事务所业务往来特别密切的企业，该事务所或其审计师受雇进行审计工作，为之提供咨询服务或其他援助，如果监事会要求该企业提交任何与这些咨询服务或援助相关的信息，该企业应予以提交。

根据第 1 款的规定，可处以罚款。

第 30 条

如果审计事务所隶属于审计事务所系统，该事务所应将该系统内的其他企业告知会计师监事会。如果系统的组成发生变动，事务所应向监事会汇报。

审计事务所应立即提供第 1 款规定的信息。

第 31 条

如果国家税务局注意到任何与审计师或注册会计师事务所相关、对会计师监事会的活动可能至关重要的情况，税务局应通知监事会。但是，这不适用于税务部门依据《税务部门协助犯罪调查法》（1997：1024）在活动过程中所获悉的情况。

纪律措施等

第 32 条

若审计师在审计过程中故意出现差错，或不守诚信，或未能按第 39 条规定支付费用，应撤销其许可或授权。如情有可原，可给予警告。

若审计师没有履行其作为审计师或审计事务所代表的职业责任，可给予警告。如有必要，会计师监事会可发出纪律提醒。情节特别严重者，可撤销其许可或授权。

在考虑撤销、警告或纪律提醒时，应以书面形式通知该审计师，并给予其机会就案件举证发表意见。

如有特殊理由，受到警告的审计师也可能被责令向国家支付至少 1000 克朗、至多 25,000 克朗的罚金。

如受到批评的事件发生5年后，审计师才收到通知，不得给予警告或纪律提醒。

第33条

许可会计师如不再符合第4条的要求，或授权会计师不再符合第5条要求，应撤销其许可或授权。

如出现任何对审计师的许可或授权构成阻碍的情况，审计师应立即将此情况通知会计师监事会。

第34条

第32条的规定也适用于注册会计师事务所。在这种情形下，第32条关于撤销许可或授权的规定应指注册的撤销。

如注册会计师事务所不再符合第10条、第11条、第13条及第14条中的规定，应撤销其注册。

如出现任何对注册会计师事务所的注册构成阻碍的情况，该事务所应立即通知会计师监事会。

第35条

在按照第32条至第34条考量其措施时，会计师监事会，或法庭（上诉后），可下令撤销许可、授权或注册的决定立即生效。

监事会处以罚款的裁决，当它具有法律约束力后，应与法庭裁决一样执行。

其他规定

上诉等

第36条

对于会计师监事会依据本法做出的决议，可向普通行政法院提出上诉。

但是，与第4条第1款第5项或第5条中的考试或第6条或第7条中的能力倾向测验有关的决定，不得提出上诉。

向行政上诉法院提起上诉，需要审查豁免。

第 37 条

凡许可、授权或注册的申请在提交后 4 个月内未得到会计师监事会的裁决，申请人可要求行政上诉法院发表声明，谓该问题的处理被不必要地拖延。如声明发表后 1 个月内，会计师监事会仍未对该申请做出裁决，应视该申请已被拒绝。

刑事责任

第 38 条

谎称自己为许可会计师或授权会计师的人，应被处以罚款。

费用

第 39 条

有关本法中相关费用的规定均由政府或政府指定机构颁布。

注册簿

第 40 条

会计师监事会应保存一份审计师及注册会计师事务所注册簿。关于注册簿更详细的规定应由政府发布。

授权

第 41 条

政府或由政府指定机构可颁布有关许可、授权、登记及有关商业活动条件的更多规定。这些规定可包括豁免第 24 条的规定。

生效日期及过渡性规定

1. 本法于 2002 年 1 月 1 日生效，届时《审计师法案》（1995：528）将不再适用。

2. 2002年该法案生效时正在进行的业务活动将不适用以下规定：

（1）第9条中有关明确分离某些业务活动的规定；

（2）第10条中有关禁止在注册会计师事务所进行某些业务活动的规定；

（3）第11条第2款和第15条第1款、第2款中订明的公司仅能开展特定的业务活动。

3. 因审计师于本法生效前的作为或不作为而对之采取纪律措施的事宜，应依据旧规定进行检讨，除非按照新规定更有利于审计师。

4. 依据旧规定为许可或授权会计师的审计师在本法中仍是许可或授权会计师。

5. 按照《审计师法》（1995：528）第9条注册的会计师事务所在本法中其注册仍有效。

6. 按照旧规定获得许可或授权的会计师事务所应自会计师监事会决定的日期起被视为注册。

7. 在1995年7月1日接受审计师训练，且不符合第4条所规定的审计师许可要求的任何人，如果他/她已根据政府或政府指定机构的详细规定接受了补充理论培训，可依据1995年6月底之前所行规定获得许可，直至2002年（包括2002年）。

8. 在1995年7月1日接受审计师训练，且不符合第5条所规定的审计师授权要求的任何人，可依据1995年6月底之前所行规定获得授权，直至2002年（包括2002年）。

丹麦《防止洗钱和资助恐怖主义措施法》

2007 年 5 月 11 日第 442 号法

将丹麦《防止洗钱和资助恐怖主义措施法》并入，参见 2006 年 2 月 27 日第 117 号法及针对 2007 年 2 月 7 日第 108 号法第 6 条以及 2006 年 6 月 8 日第 542 号法第 8 条相应做出的修订。

第 1 章　适用范围等

1. 本法适用于以下机构和个人：

（1）银行。

（2）抵押—信贷机构。

（3）投资公司。

（4）投资管理公司。

（5）人寿保险公司和横向养老基金（全国性职业养老基金）。

（6）储蓄机构。

（7）电子货币机构。

（8）从事人寿保险及其他投资类相关保险活动的保险经纪人。

（9）从事第 1 条至第 8 条中活动的国外机构在丹麦的分支机构。

（10）投资机构和特殊目的机构，集体投资计划，限制性机构，创新机构和对冲机构。

（11）从事商业领域的货币兑换，货币资金及其他资产转移等活动的机构和个人。

（12）从事附件 1 中提及的商业领域内一项或多项活动的其他机构和个人。

（13）在为客户策划或执行以下交易提供协助的律师：

①房地产或机构的买卖活动。

②管理其客户的货币，证券或其他资产。

③开立或管理银行账户，储蓄账户或证券账户。

④筹集必要的资金，以建立，运作或管理机构。

⑤提供其他商务咨询。

（14）代表客户并受雇于客户从事某项金融交易或房地产交易的律师。

（15）国家授权的公共会计师及注册公共会计师。

（16）授权的房地产经纪人。

（17）提供与第 13 条至第 16 条中所提及的人群同样的商业服务的机构及个人，包括税务顾问和外部会计师。

（18）参阅第 3 条第 5 款中机构服务的提供者。

（19）丹麦国家银行（丹麦中央银行），当其从事与第 1 条中所述机构相应的活动时。

（20）如果出现了符合反洗钱指令第 40 条的情况，丹麦金融服务管理局有权制定法规，规定本法案不适用于第 1 款中第 1 项至第 12 项中提及的机构或个人。

现金交易禁令

2. 零售商和拍卖商不得收取 10 万丹麦克朗及以上的现金支付，不论是一次性支付，还是看似连续的多次支付。

第 2 章　定义

3. 本法案规定：

（1）“公司”指的是：法人。

（2）“机构”指的是：公司和其他类似合法经营。

（3）“规范市场受管制的市场”指的是：关于金融工具市场的第2004/39/号指令中第4条第14款中定义的市场。

如果上述市场位于欧盟区或与欧共体签订金融区协议的国家，该市场应包括在关于金融工具市场的第2004/39/号指令第47条规定的列表中。如果该市场不属于欧盟区，未与欧共体签订金融区协议，该市场应视为世界外汇联盟的成员。

（4）“利益收益所有人”指的是最终拥有或控制客户或委托他人进行交易或活动的自然人，包括：

①通过直接或间接拥有或控制公司25%以上所有者权益或投票权，从而最终拥有或控制一个公司的个人，所有者权益在规范市场公开交易的公司除外。

②以其他方式控制一个公司管理的个人。

③根据基金章程或以其他方式，从某个基金或其他类似合法安排或资产中获得25%及以上的分红基金的知名人物。

④设立或运作基金或其他类似合法安排并从中获利的一群人。

⑤控制某基金或其他类似合法安排或资产中25%以上的基金分红的个人。

（5）“机构服务提供者”指的是第1条第1款第13项至第15项中未包括的所有自然人或法人，当其在商业范围内从事以下活动时：

①成立公司。

②担任或安排他人担任某机构的管理人员，或合资公司的合伙人，或相当于其他公司的类似职位。

③为某机构提供永久居住地址或其他地址，作为合适的联系地址和相关服务。

④担任或安排他人担任一个基金或其他类似合法安排中的托管人或管理人员。

⑤担任或安排他人担任第三方的股东，除非该机构的所有者权益在

规范市场上进行公开交易。

（6）“政治公众人物”指的是：目前或一直以来担任公共机构要职的人群，通过同性伙伴关系、婚姻与上述人群有关联的人群，其子女、父母或与之关系密切的下属。

4. （1）本法案规定中，“洗钱”一词指的是：

①通过应受处罚的违法行为，为自己或他人非法接受或谋得一份利益。

②非法隐瞒、藏匿、转移或协助处理，或之后以类似方式，确保他人在应受处罚的违法行为中获取利益。或

③试图策划或参与以上行为。

（2）第 1 款中的规定也包括进行应受惩罚的违法行为以从中获利的个人所采取的行为。

5. 本法案规定，“资助恐怖主义”指的是为刑事法典第 114 条中定义的恐怖主义活动中包含在第 114 条中的行为提供资助。

第 3 章　调查和举报义务

6. （1）本法案中涵盖的机构和个人应特别关注客户从事的性质上可视为极有可能与洗钱或资助恐怖主义有关的活动。这点尤其适用于涉及以上客户的复杂或特大交易及所有不寻常的交易模式。

（2）应尽可能对第 1 款中提及的交易的目的进行调查。调查结果应按照第 23 条规定记录在案。

7. （1）如怀疑客户的交易或咨询已经或曾经与洗钱或资助恐怖主义有关，本法案中涵盖的机构和个人应具体调查该交易或咨询。如果怀疑认定此为非法行为，可处以 1 年以上监禁，并且此怀疑十分可信，应立即通知国家严重经济犯罪检察署。

（2）如出现第 1 款中提及的怀疑情况，丹麦法律及律师协会成员应通知丹麦法律及律师协会秘书处，在根据第 1 款规定，评估该怀疑是否构成举报义务后，立刻将此通知提交给国家严重经济犯罪检察署。

（3）如果怀疑某交易与洗钱有关，并且交易尚未进行，应暂停交易，等候按照第 1 款的规定发出通知。如果按照第 2 款规定发出通知，应暂停交易，直到丹麦法律及律师协会提交该通知给国家严重经济犯罪检察署，或表明经过具体评估，不将该通知上交。如果不可避免完成交易，或将该交易视为对调查有潜在威胁，在交易完成后应按照第 4 款规定，立即发出通知。

（4）如果怀疑该交易与资助恐怖主义有关，只有在获得国家严重经济犯罪检察署的允许的情况下，才能进行与有关账户或人员的交易。国家严重经济犯罪检察署应在收到通知后的银行工作日结束之前，尽快决定是否应执行抓捕。

（5）按照司法行政法案法规中的规定，警方在调查案件时，有权要求本法案中涉及的机构和个人提供任何必要信息。

8.（1）在决定其客户的法律地位或在执行任务，为其客户辩护或代表其客户，或与司法诉讼有关，包括提供关于提起或避免诉讼的咨询时，律师豁免于第 7 条中规定的义务，不必汇报他们从客户那里获得的或与客户有关的信息。无论律师在司法程序之前、其中或之后获得此信息，无论此信息是否与有关客户的确切法律地位相关，本规定仍然适用。

（2）第 1 条第 1 款第 13 项至第 17 项中提及的个人和机构在司法程序之前、当中或之后以及确认客户的法律地位过程中有义务协助律师工作，但没有义务提交与第 1 款中规定其协助的律师需要提交的同样详细的信息。

（3）第 1 款和第 2 款同样适用于提交丹麦国税法庭和仲裁法庭审理的案件。在丹麦国税法庭代表客户时，审计员没有义务按照本法案规定提交信息。

（4）当提供的协助与洗钱或资助恐怖主义有关时，或当该机构或个人事先知情客户寻求与洗钱或资助恐怖主义相关的协助时，第 1 款和第 2 款不适用。

9. 如果丹麦金融服务管理局或丹麦商业和公司局了解到某活动可能与洗钱或资助恐怖主义有关，依据第 7 条规定的举报义务，以上机构必须通知国家严重经济犯罪检察署。

10. 丹麦金融服务管理局根据金融行动特别工作组的建议采取行动，制定更加具体的法律法规，规定第 1 条中指定的机构和个人的职责，要求他们有序提交信息给国家严重经济犯罪检察署，报告与非合作国家进行的打击洗钱或资助恐怖主义方面的金融交易情况。在此方面，丹麦金融服务管理局应规定在任何情况下都需予以有序通知，即使未提起怀疑。

第 4 章　客户尽职审查等事务

11. 本法案中涉及的机构和个人如果怀疑交易涉及资助恐怖主义或洗钱活动，按照第 7 条中规定的举报义务，应始终要求客户提供身份证明。

经常定期客户关系

12. （1）本法案中规定的机构和个人应按照第 2 款至第 8 款规定，了解其客户信息。在与以上客户建立业务关系时，包括开立银行账户或托管账户时，还应要求其客户提供身份证明。

（2）如果客户是自然人，身份证明应包括姓名、地址、国家注册号，如果此人无号，则需提供类似文件。

（3）如果客户是一个机构，身份证明包括机构名称、办公地址、商业登记号码，如机构无商业登记号码，则需提供类似文件。按照第 21 条第 1 款第 2 项，应采取合理措施，明确机构的所有权和控制结构以及机构利益所有人。

（4）应了解每个客户在业务关系中的目标和预计达到程度。

（5）应定期监管客户关系。在以上业务关系中，应监管所进行的交易，确保所进行的交易与机构或个人所了解到的有关客户、客户业务、风险预测，必要时还包括资金来源的信息相一致。应及时更新与客户相关的文件、数据及其他信息。

（6）如对之前获得的客户身份资料的真实性或充足性有怀疑，应按照第2款和第3款的规定，要求其提供新的身份证明信息。

（7）在风险评估的基础上，根据与个人客户或业务关系，产品或交易相关的风险程度，本法案中规定的机构和个人可以决定是否进行第1款至第5款中规定的身份认证程序。但是，以上机构和个人应有能力向监管相关机构或个人是否遵守本法案的当局证明，其调查程度与洗钱和资助恐怖主义的风险相一致。

（8）客户关系如在本法生效前建立，并且第1款至第5款中提及的信息缺失，应在风险评估的基础上，按照第1款至第5款的规定，适时进行身份证明和收集信息。

13.（1）在建立客户关系之前，最晚不迟于开展交易前，应完成第12条规定的身份认证程序。为保证业务正常进行，应进行风险评估，并在建立客户关系后，立刻完成身份认证程序。在第12条第2款中所述的情况下，应在与客户进行初步联系后，尽快以可行的方式完成客户身份认证程序。

（2）如不能按照第12条第1款至第4款规定进行客户身份认证程序，则不得建立正常客户关系或业务关系，也不得与以上客户进行交易。同时，机构应审查是否按照第7条规定予以通报。

（3）尽管根据第1款的规定，人寿保险公司和养老基金应在与客户建立业务关系后，进行客户身份认证程序。但是，应在付款前或付款期间，或受益人试图行使保险单内规定的权利时，进行客户身份认证程序。

（4）对于在司法诉讼或与之有关的过程中，包括提供有关提起诉讼或避免诉讼的咨询，为以上客户做辩护或代表，或确定客户法律地位的律师，第2款第1项不适用。第1条第1款中第13项至第17项中涉及的机构和个人在第1款中提及的情况下协助律师时，不必按照第2款第

1 项的规定，接受与其协助的律师同样的要求。

非经常定期客户

14.（1）本法中涉及的机构与个人在与客户进行单笔交易（非经常客户）时，每笔交易金额如达到 10 万丹麦克朗或以上，必须符合第 12 条第 1 款至第 4 款以及第 13 条的规定。不论交易是一次性完成还是由看似关联的多次操作完成，都同样需要进行客户身份认证。

（2）如果在上述交易开始时，无法得知交易金额，在机构怀疑所进行的交易在第 1 款中所述范围内，就应立即要求客户提供身份认证信息。

为第三方交易

15. 本法涉及的机构或个人一旦得知或怀疑交易的受益客户并非与之联系的一方，而是第三方时，以上机构或个人应按照第 12 条规定，要求其提供受益客户的身份等信息。

货币转移服务

16.（1）按照第 2 款和第 3 款规定，在委员会有关支付方资金转移条例中，应规定附加货币转移服务的信息规范。

（2）以下情况中，条例不适用于与商品和服务购买相关的资金转移服务：

①交易金额不超过 1000 欧元；

②为收款方提供支付服务的支付方在本法涵盖范围内；以及

③给收款方提供支付服务的支付方，使用一个唯一参考号，能识别与付款收款人订立合同，提供商品或服务的法人或自然人的身份。

（3）条例第 5 条规定的提供资金转移相关信息的要求不适用于慈善机构在丹麦境内进行的金额不超过 150 欧元的资金转移，而且该组织必须提交财务报告，接受由国家认证的公共会计师或注册公共会计师对其进行的外部审计，或者接受公共部门的监督。

（4）第 3 款规定的豁免情况应适用于在丹麦金融服务管理局登记注册的组织，符合财务报告、外界审计或公共部门监督的要求。该机构还需提供其高层管理自然人的信息或以其他方式控制该机构的人员信息。第 1 项和第 2 项中规定的情况如有变更，应及时通知丹麦金融服务管理局。

从第三方获得的信息

17.（1）本法中涉及的机构和个人可能无须按照第 12 条第 1 款至第 4 款规定，获取有关客户身份的信息，当该信息由保险经纪人按照保险仲裁法第 2 条第 1 款提供，或由金融机构按照金融业务法第 5 条第 1 款提供，或由获得许可在欧盟区内国家或与欧共体签订金融区协议的国家内，进行金融业务法第 7 条至第 11 条规定的活动的外国机构提供时。但是第 1 条规定，接收方的机构或个人有责任达到第 12 条第 1 款至第 4 款中规定的要求。

（2）如果提供第 1 款中提及的信息的机构获得许可在欧盟区以外的国家或未与欧共体签订金融区协议的国家内从事金融业务法中第 7 条至第 11 条提及的活动，如果以上机构符合打击洗钱和资助恐怖主义的要求，或类似第三套反洗钱指令中规定的要求，而且经审查该机构符合上述要求时，本法中涉及的机构和个人应将由相关机构提供的信息作为基础。

（3）如果欧盟委员会决定按照第三套反洗钱指令第 40 条第 4 款的规定，豁免相关机构在该国有注册办公室的国家时，第 1 款不适用于第 2 款中提及的机构所从事的事务。

18. 按照第 17 条规定，提供客户身份信息的机构，应立即将信息提交给本法中涉及的接收方机构或个人。此外，该机构在接收方机构或个人的要求下，应立即寄送相关客户身份证明和控制信息，以及其他与客户或受益人所有者身份认证相关的文件。

升级版客户尽职审查等事务

19. (1) 在基于客户性质，有可能带来更高的洗钱或资助恐怖主义的风险时，本法中涉及的机构和个人应在风险评估的基础上，对除第12条中提及的客户以外的客户提出身份认证的要求。这意味着，他们至少应满足第2款至第4款的要求。

(2) 当客户在身份认证过程中，并未亲自出面的时候，相关机构和个人应采取进一步措施确认客户身份。例如，可通过采取以下一种或几种措施进行客户身份验证：

①确保客户的身份通过附加文档建立；

②检查或验证所提供的文件，或要求第1条第1款第1项至第11项中提及的机构或个人提供身份认证；

③要求通过以客户的名字在一家银行开立账户来进行该交易的首次付款。

(3) 对于同来自欧盟区以外，未与欧共体签订金融区协议的国家的银行和金融机构建立的海外代理银行业务关系，本法中涉及的银行，抵押信贷机构和电子货币机构应在建立新的代理银行业务关系前做到以下几点：

①充分收集关于回复机构的信息，充分了解回复机构业务的性质，通过可公开获得的信息来决定该机构的信誉状况和监管质量；

②评估对方的反洗钱和反资助恐怖主义控制情况；

③获得日常高管层的批准；以及

④确保代理银行已经审查了客户的身份，并定期评估关于客户直接进入与本法涉及的个人或机构相关的代理银行账户的信息，并确保代理银行能够按照账户持有人的要求提供相关客户的信息。

(4) 本法涉及的机构和个人应做到以下几点：

①建立全面的程序，以确定该外籍客户是否属于政治公众人物；

②在建立与此类客户的业务关系时，需获得日常高管层的批准；

③采取合理的措施来收集在业务关系或交易中，有关客户收入和资金来源的信息；以及

④持续监控该业务关系。

（5）银行，抵押信贷机构和电子货币机构不得建立或继续与空壳银行建立代理银行业务关系，并且应采取合理措施，避免与那些允许空壳银行使用其账户的信贷机构有任何关联。

（6）本法涉及的机构和个人应尤其了解在产品或交易中可能存在的，可能使匿名人士受益的任何洗钱和资助恐怖主义的威胁。并在必要时，采取措施，防止该产品或交易用于洗钱或资助恐怖主义的目的。

简化版客户尽职审查等事务

20.（1）涉及以下产品和交易时，不必按照第 12 条和第 19 条第 2 款规定，进行客户身份认证：

①年保险金额相当于 1000 欧元或以下，或一次性付清的保险金额相当于 2500 欧元或以下的人寿保险和养老基金合同；

②根据就业合同或被保险人业务需求订立的人寿保险和养老保险合同，前提是该合同中无回购条款，也不得用作贷款抵押；

③保险费或经费以客户银行账户记为借方的人寿保险和养老保险合同，

④根据就业合同或被保险人业务需求订立的附带有限回购条款的人寿保险和养老保险合同，当客户使用回购条款时，根据第 12 条规定提供身份证明；

⑤根据金融业务法第 308 条第 1 款第 2 项和第 3 项规定的电子货币：当存储在非充值卡的最高金额不超过 150 欧元；存储在充值卡上的最高金额在一个日历年内，不超过 2500 欧元，同时在一个日历年内，最高取出金额为 1000 欧元。

（2）不论交易规模大小或产品性质，机构如怀疑该交易与洗钱或资助恐怖主义有关，相关机构可按照第 7 条规定的举报义务，要求客户提

供身份证明。

（3）丹麦金融服务管理局可在欧盟委员会决定的基础上，制定规定允许其他产品或交易被豁免。

21.（1）第12条规定的有关客户身份证明的要求在以下情况中不适用：

①在第1条第1款，第1项至第11项以及第19项中所提及的机构，或者在欧盟区内国家或涵盖在第三套反洗钱指令中，与欧共体签订金融区协议的国家内有注册办公室的类似机构，或者在欧盟区以外，未与欧共体签订金融区协议的国家内建立的类似机构，按照第三套反洗钱指令的要求，受到反洗钱和打击资助恐怖主义的要求的制约，并接受合规性的监管；

②该机构的证券被允许在规范市场上公开交易；或者

③一家丹麦公共部门。

（2）第12条规定的有关客户身份证明的要求在以下情况中不适用：当公证人或律师受到本法规定的法规约束，而利益所有人持有该公证人或律师客户账户的资金。在此条件下，如账户持有机构要求，有关利益所有人身份的信息可供账户持有的机构使用。

（3）在任何情况下，都应获得充分信息，确保客户被包括在第1款和第2款提及的某一条豁免条款中。

（4）丹麦金融服务管理局可以在欧盟委员会决定的基础上，制定法规允许其他机构和个人得以豁免。

22. 如果欧盟委员会如此决定，丹麦金融服务管理局有权决定本法中涉及的机构和个人不享有第21条中有关信贷机构，金融机构或上市机构，来自欧盟区以外，未与欧共体签订金融区协议的国家机构的豁免权力。

保存记录等事务

23.（1）本法中涉及的机构和个人应在客户关系结束后保存客户身

份信息至少 5 年。根据第 12 条、第 14 条、第 18 条和第 19 条规定获得的身份认证文件复件也应妥善保存。

（2）与交易有关的文件和记录应妥善保存，在交易完成后最少 5 年内进行统一存放。本条规定也适用于按照第 6 条第 2 款规定下记录的信息。

（3）如果机构停止交易活动，最后代理管理层应确保继续按照第 1 款和第 2 款规定，保存客户身份信息。如果在破产法院的干涉下，该机构被解散，破产法院应决定由非最后代理管理层的人员负责保管客户身份信息等。

在第三方国家的分支机构和附属机构

24.（1）在第 1 条第 1 款第 1 项至第 7 项和第 10 项至第 12 项中所涉及的机构应确保在欧盟区以外，未与欧共体签订金融区协议的国家的分支机构和附属机构按照第三套反洗钱指令的要求，并在以上国家法律允许范围内，采取客户尽职审查措施并保存客户身份信息。

（2）如果第 1 款中提及的国家的法律不允许采取类似第 1 款中提及的措施，该机构应报告有关当局，监管其是否符合本法第八章的规定。该机构还应确保通过另一种方式，应对其分支机构或附属机构洗钱和资助恐怖主义的风险。

（3）第 1 款中提及的机构应确保其在欧盟区以外，未与欧共体签订金融区协议的国家内设立的分支机构或附属机构按照第 25 条第 1 款的要求，在以上国家法律允许情况下，制定有关客户尽职审查和保存记录的书面内部规则。

第 5 章　内部规则和培训等

25.（1）本法中涉及的机构和个人应为其雇员准备充足的有关客户尽职审查、举报、保存记录、内部控制、风险评估、风险管理、管理控制和沟通交流方面，以及培训和指导项目的书面内部规则，以防范洗钱和资助恐怖主义的行为。

（2）第 1 条第 1 款第 1 项至第 10 项中涉及的机构和个人应委托管理层内的 1 名成员，确保该机构符合本法规定的职责义务。

（3）第 1 条中涉及的机构和个人应确保其雇员了解本法中规定的职责义务。

（4）在雇用关系中，第 1 款和第 2 款中提及的职责义务由雇主承担。

（5）丹麦金融服务管理局可基于第 1 款中提及的要求，制定更加具体的规定。

第 6 章　保密义务和责任义务

26. 对于本法中涉及的机构和个人按照第 7 条规定善意公开的通知和信息，或按照第 7 条第 4 款规定停止交易，该机构或个人，其雇员或管理层不承担任何责任。与之相关的信息公开不应视为违背任何保密责任。

27.（1）如得知已按照第 7 条规定进行通知，或按照第 2 款至第 6 款规定对该案件是否涉嫌洗钱或资助恐怖主义展开调查，或即将展开调查一事进行通知，或考虑通知一事，本法中涉及的机构或个人，在该机构工作的管理层和雇员，该个人的雇员以及审计人员或其他为该机构或个人执行或曾执行特殊任务的个人有义务对此进行保密。

（2）如得知按照第 7 条规定已进行通知，或考虑通知，或已对该案件是否涉嫌洗钱或资助恐怖主义展开调查，或即将展开调查，可透露给监管本法合规性的公共部门和组织。

（3）第 1 款中规定的禁止条款不应阻止律师，审计人员，外部会计师和税务顾问劝诫其客户不要从事非法活动。

（4）如得知按照第 7 条规定已进行通知，或考虑通知，或已对该案件是否涉嫌洗钱或资助恐怖主义展开调查，或即将展开调查，可透露给同欧盟委员会/2002/87/号指令第 2 条第 12 款中规定的属于同一组织的机构。

（5）如得知按照第 7 条规定已进行通知，或考虑通知，或已对该案件是否涉嫌洗钱或资助恐怖主义展开调查，或即将展开调查，可在第 1 条第 1 款第 13 项至第 15 项中提及的个人之间相互透露，前提是透露信息的一方和接收信息的一方在同一法律环境或框架内开展活动。

（6）如得知按照第 7 条规定已进行通知，或考虑通知，或已对该案件是否涉嫌洗钱或资助恐怖主义展开调查，或即将展开调查，可在第 1 条第 1 款第 1 项至第 14 项中包括的个人和机构之间相互透露，前提是：

①该信息相关方的机构或个人与透露该信息和接收该信息的机构或个人都存在客户关系，且该信息中涉及的交易由双方共同参与；

②透露信息的机构或个人与接收信息的机构或个人职业相同；

③透露信息的机构或个人和接收信息的机构或个人受到有关保密义务和个人资料保护方面的统一要求约束；

④该信息交流只用于预防洗钱和打击资助恐怖主义活动；

⑤当该机构或个人按照第三套反洗钱指令有关反洗钱和打击资助恐怖主义的要求，并已接受监管，符合要求，只有在第 4 款至第 6 款中提及的信息才可透露给在欧盟区以外，未与欧共体签订金融区协议的国家设有注册办公室或永久注册地的机构和个人。

28. 当丹麦金融服务管理局认为在欧盟区以外，未与欧共体签订金融区协议的国家有要求按照第三套反洗钱指令的要求，受到反洗钱和打击资助恐怖主义要求的约束，并已接受监管，符合这些要求时，应通知欧盟其他成员国和欧盟委员会。

29. 如果欧盟委员会作出决定，丹麦金融服务管理局可以决定，按照第 27 条规定，本法涉及的机构和个人不得对欧盟区以外，未与欧共体签订金融区协议的国家透露信息。

第 7 章　假钱

30. 机构和个人在其活动范围内，参与向公民处理和运送钞票和硬币，包括活动内容为兑换不同货币的钞票和硬币的机构和个人，应把其知情或有理由认定为假币的所有纸币和硬币从流通中收回。机构和个人应立即将假纸币和假硬币提交给警方。

第 8 章　注册和监督等

31. （1）第 1 条第 1 款第 11 项和第 18 项中涉及的机构和个人应在丹麦商业和公司局登记注册后才能从事相关活动。

（2）如果该个人或管理层内成员或该机构的利益所有人曾有刑事犯罪行为，根据刑事法典第 78 条第 2 款规定，此犯罪使人怀疑该职位或业务有被滥用的迫切危险，丹麦商业和公司局应拒绝为第 1 款中提及的机构和个人提供注册。

（3）如果已登记注册的个人或管理层内成员或已注册机构的利益所有人未遵守第 2 款的规定，丹麦商业和公司局应撤销对第 1 款中提及的个人或机构的注册。

32. （1）丹麦商业和公司局应确保第 1 条第 1 款第 11 项和第 15 项至第 18 项中涉及的机构和个人遵守本法和依据本法发布的相关规定。丹麦商业和公司局还应确保第 1 条第 1 款第 11 项中涉及的机构和个人遵守在资金转移过程中对于支付方信息的规定。

（2）应在评估洗钱和资助恐怖主义风险的基础上，根据第 1 款规定，对第 1 条第 1 款第 15 项至第 18 项中包括的机构和个人进行监管。

（3）第 1 款中提及的机构和个人应向丹麦商业和公司局提供一切必要信息，以监管其是否遵守本法，或依据本法颁布的其他法规，以及是否遵守在资金转移过程中对于支付方信息的规定。

（4）任何时候，一旦丹麦商业和公司局已证明客户身份，即便在未取得法院指令时，包括在检查期间，丹麦商业和公司局仍有权接触第 1 条第 1 款第 11 项中涉及的机构和个人，以获取信息。

（5）丹麦商业和公司局依据第 1 款规定进行监管时，可以使用外部援助。

33. 丹麦商业和公司局可以针对第 31 条中提及的机构和个人制定更详细的法规，规定通知、登记和公开披露，包括规定登记何种信息，申请人或他人应提交何事并使用数字或类似电子签名在丹麦商业和公司局的计算机系统自行进行电子登记，以及如何使用这一系统的法规。

34.（1）丹麦金融服务管理局应确保第 1 条第 1 款第 1 项至第 10 项和第 12 项中涉及的机构和个人遵守本法以及根据本法颁布的法规。丹麦金融服务管理局还应确保第 1 条第 1 款第 1 项至第 10 项和第 12 项中涉及的机构和个人在进行资金转移过程中，遵守有关支付方资金转移信息的法规。

（2）第 1 条第 1 款第 12 项中涉及的机构和个人应在丹麦金融服务管理局注册登记。

（3）第 1 款中提及的机构和个人应向丹麦金融服务管理局提供一切必要信息，以监管其是否遵守本法，或依据本法颁布的其他法规，以及是否符合在资金转移中有关支付方信息的法规。

（4）任何时候，一旦丹麦金融服务管理局已证明客户身份，即便是在未取得法院指令时，包括在检查期间，丹麦金融服务管理局仍有权接触第 1 款中涉及的机构和个人以获取信息。

（5）根据第 12 条第 8 款的规定，丹麦金融服务管理局可下令执行客户身份证明和信息收集。

反馈

35.（1）国家严重经济犯罪检察署在不与调查冲突的情况下，应告知通知人案件状况，包括是否遭到控告，是否撤销其在国家严重经济犯罪检察署的洗钱登记，以及以裁决或裁决书的形式通知其关于定罪的最终决定。

（2）第 1 款中提及的通知不得泄露给他人。

第9章　上诉条例

36. 丹麦金融服务管理局或丹麦商业和公司局根据本法或依据本法颁布的法规或有关资金转移中支付方信息的法规所做的决议，可由该决议的有关当事人在被通知该决定后4周以内向公司上诉委员会提起上诉。

第10章　处罚条例

37. (1) 如故意或由于重大疏忽违反了第2条；第6条第2款第2项；第7条第1款第2项，第3款和第4款的第1项；第11条；第12条第1款至第6款；第13条第1款第1项和第3项，第2款和第3款的第2项；第14条；第15条；第19条第1款和第2款第1项以及第3款至第5款；第23条第1款第1项以及第2款和第3款第1项；第24条；第25条第1款至第3款；第27条第1款；第30条第2款；第31条第1款；第32条第3款以及第34条第2款和第3款，应处以罚款。如故意或由于重大疏忽违反了第35条第2款，应处以罚款，除非依据刑事法典的规定，处以更严重的处罚。

(2) 如极其严重或影响广泛的故意违反了第2条；第3条和第4条的第1款；第7条第1款、第2款，第12条的第1款至第6款；第14条和第15条；以及第23条第1款第1项，第2款和第3款的第1项的相关规定，应追加处罚，处以最高6个月的监禁。

(3) 在依据此法颁布的法规中，应规定违反以上法规的条款的处罚金额。

(4) 如果个人或机构由于疏忽未能履行依据第32条第3款和第34条第3款规定的职责和义务，丹麦商业和公司局和丹麦金融服务管理局应各自采取强制措施，对个人，机构或负责以上机构的个人处以每日或每周罚款。

(5) 任何个人或机构如不服从依据第34条第5款之规定下达的命

令，应对其处以罚款。

（6）如故意或由于重大疏忽违反资金转移支付方信息委员会法规中的第 5 条、第 6 条第 2 款、第 7 条第 1 款、第 8 条、第 9 条、第 11 条、第 12 条和第 13 条的相关规定，应对其处以罚款，如出现极其严重故意违反以上条款并影响重大之情况，应追加处罚，甚至处以最高 6 个月的监禁。

（7）公司等（法人）应依据刑事法典第五章的规定承担刑事责任。

第 11 章　生效和过渡性条例等

38.（1）本法依据参阅第 3 款规定，于 2006 年 3 月 1 日正式生效。

（2）与此同时，2005 年 3 月 1 日颁布的第 132 号反洗钱和资助恐怖主义措施法案废止。

（3）第 6 条第 2 款、第 12 条第 5 款和第 19 条将于 2007 年 1 月 1 日正式生效。

39. 自本法生效之日起，机构和个人在从事第 1 条第 1 款第 11 项和第 18 项中包含的活动时，不受第 31 条第 2 款和第 3 款的约束。

40. 2004 年 12 月 20 日颁布的第 1501 号统一法（关于某些支付方式的规定）最近在 2005 年 6 月 24 日颁布的第 603 号法案中予以修订，修订内容如下：

在第 10 条中，加入以下内容，形成第 2 款：

对于现金支付金额为 10 万丹麦克朗及以上，实行一次性支付或相互关联的多次分期支付的零售商和拍卖商，依据第 1 款接受现金支付的义务对其不适用。

41. 本法案适用范围不包括格陵兰岛和法罗群岛，但出于格陵兰岛和法罗群岛分别出现的具体情况的需要，其运行中出现变更时，可通过颁布谕令，使本法在这些领域生效。

附件

（1）接受存款和其他可偿还资金。

（2）借贷，包括：

①消费借贷；

②抵押信用贷款；

③保理和贴现业务；

④商业交易融资（包括没收）。

（3）金融租赁。

（4）支付服务（货币转移服务）。

（5）支付工具的发行管理支付方式（例如，信用卡，旅行支票和银行汇票）。

（6）担保和抵押品。

（7）在如下领域进行的个人账户或客户财户交易：

①货币市场金融工具（支票，票据，存款证明等）；

②外汇市场；

③金融期货与期权；

④货币和利率工具；以及

⑤证券。

（8）参与发行证券并提供相关服务。

（9）提供在机构并购方面有关资本机构、产业战略和相关问题方面的建议。

（10）货币经纪。

（11）投资组合管理和建议。

（12）证券保管和管理。

（13）安全保管建议。

芬兰《公共合同法》

注：非官方翻译

公共合同法

（348/2007）

第一部分　原则及适用范围总则

第1章　适用范围及原则

第1条——本法的目的

1. 国家和市政当局以及其他缔约机构应按照本法规定将合同公开招标。

2. 本法的目的是提高公共资金的使用效率，促进高质量采购，确保企业和其他团体在公共采购竞标中在提供供应、服务和公共工程合同方面享有平等的机会。

3. 本法规定了欧洲议会和欧洲理事会关于协调公共工程合同、公共供应合同和公共服务合同授予程序的第2004/18/EC指令（以下简称“公共合同指令”），以及欧洲理事会关于协调与公共供应合同和公共工程合同授予审查程序的适用有关的法律、条例和行政条款的第89/665/EEC指令（以下简称“审查程序指令”）的生效。

第2条——公共合同的原则

1. 缔约机构应充分利用现有的竞争条件，确保采购过程中所有的参与者都享有平等和非歧视待遇，并在满足相称性要求的同时以透明的方式行事。

2. 缔约机构应尽可能经济、系统地组织采购程序，尽量适当地组合采购程序，并将环境因素考虑在内。为了减少采购过程中的行政工作，缔约机构可以采用框架协议和联合采购，或利用公共合同授予过程中的其他合作机会。如果候选人或投标人是另一个缔约机构或是隶属于缔约机构的团体或机构，应与其他候选人或投标人同等对待。

第 3 条——基于特权或专有权的服务活动中的非歧视要求

如果缔约机构将开展公共服务活动的特权或专有权授予一个实体而非类似的缔约机构，就授权行为授予的、作为上述公共服务活动一部分的合同而言，授权行为应规定该实体必须遵守国籍非歧视原则。

第 4 条——按照世界贸易组织《政府采购协定》订立的条款

属于世贸组织《政府采购协议》（芬兰法律汇编 5/1995）适用范围的公共合同中，适用于芬兰和其他欧盟成员国投标人与投标的条款也同样适用于其他缔约国的投标人和投标。

第 5 条——定义

本法以及基于本法的条例中，下列词语具有以下涵义：

（1）公共合同：在一个或多个缔约机构和一个或多个供应商之间以书面形式签订的经济利益合同，以施工、供应产品或提供服务为目标；

（2）公共工程合同：以工程的实施或工程的设计和实施为目标的公共合同。工程与附件 C 范围内的活动有关，或与符合缔约机构要求的一项工程或工程的完工（不论以何种方式）有关；公共工程合同的内容可以是由建筑物、土木工程或水利工程构成的经济或技术实体；

（3）公共供应合同：以购买、租赁或租购产品（附有或没有购买选择权）为目标的公共合同，而非公共工程合同；以产品供应为目标，且涵盖产品组装和安装工作的公共合同也应被视为公共供应合同；

（4）公共服务合同：以提供服务作为目标的公共合同，而非公共工程或供应合同。以产品和服务为目标的公共合同，若服务价值超过了合同涵盖的产品的价值，应被视为公共服务合同。以服务为目标，并且包含了附录 C 范围内的工程活动的公共合同也应被视为公共服务合同；

（5）公共工程特许合同：与公共工程合同属于同一类型的合同，但是对于将要实施的工程，被特许人要么只获得承担工程的权利，要么获得该权利的同时还需向特许方支付费用；

（6）服务特许合同：与公共服务合同属于同一类型的合同，但是对于服务的提供，被特许人要么只获得提供服务的权利，要么获得该权利的同时还需向特许方支付费用；

（7）供应商：在市场上提供产品、服务，或施工的自然人、法人、公共实体，或此类自然人或法人群体或机构群体；

（8）候选人：寻求参与限制性程序、谈判程序或竞争性对话的经济实体；

（9）投标人：已提交投标书的供应商；

（10）公开程序：缔约机构发布合同公告、所有感兴趣的供应商均可提交投标书的采购程序；除了发布合同公告外，缔约机构还可以向它认为合适的供应商发出招标邀请；

（11）限制性程序：缔约机构发布合同公告、任何供应商都可以要求参与的采购程序；只有受缔约机构邀请的供应商才可以提交投标书；

（12）谈判程序：缔约机构发布合同公告、任何供应商都可以要求参与的采购程序；缔约机构与选定的供应商谈判合同条款；

（13）直接授予：缔约机构在不发布合同公告的情况下准许一个或多个供应商参与，并与之谈判合同条款的采购程序；

（14）竞争性对话：缔约机构发布合同公告、任何供应商都可以要求参与的采购程序；缔约机构与准许参与该程序的供应商展开对话，以确定一个或多个能够满足要求的合适的供应商，并在此基础上邀请其选定的候选人投标；

（15）框架协议：一个或多个缔约机构和一个或多个供应商之间签订的协议，其目的是确定条款，例如，关于在一定时间内即将被授予的合同的价格和数量；

（16）设计竞赛：能使缔约机构在诸如城乡规划、建筑和工程或数据处理领域以授予或不授予奖金的方式获得评审委员会选定的一项规划的采购程序；

（17）动态采购系统：将在市场上供应的、普遍使用的商品的采购完全电子化的程序；该程序有时间限制，在有效期内对所有符合选择标准，并已提交符合规格的指示性投标书的投标者开放；

（18）电子拍卖：是一个首次标评后，使用电子设备展示新价格、价格下调或与标书的某些元素有关的新价值，使用自动评估方法将标书进行排名的重复性程序；以智力成果为标的物公共工程合同和公共服务合同不适用于电子拍卖；

（19）技术规格：对招标产品、服务或材料所要求的特征的定义；这些特征应包括不同层次的质量或环境绩效、设计、合格性及适用性、产品使用评估、产品安全及产品尺寸、产品名称、术语、符号、测试及测试方法，其中包括与产品的包装标志、标签、使用说明、生产过程和方法以及合格评定程序相关的要求；公共工程合同的技术规格还应包括与设计、成本、测试与检查、接受条件、建筑方法和建筑技术相关的规则以及其他与完成的工程、工程所需材料或部件有关的技术条件；

（20）技术定义是指欧洲标准、欧洲技术认可、官方技术规格、国际标准、技术参考、国家标准、国家技术认可或与设计、计算、施工或产品使用有关的其他国家文献；

（21）标准：指为了重复或持续使用，经被认可的标准化机构批准，已作为标准发布的技术规格。对标准的遵循不是强制性的。标准分为以下几类：

①国际标准：国际标准组织采用的、一般公众都可获得的标准；

②欧洲标准：欧洲标准组织采用的、一般公众都可获得的标准；

③国家标准：国家标准组织采用的、一般公众都可获得的标准；

（22）欧洲技术认可：为了特定目的对建筑工程产品的合适性进行的正面技术评估，以满足建筑工程基本要求为基础，以产品的固有特性以及申请使用的特定条件为手段；欧洲技术认可由欧盟成员国以此为目的而指定的许可机构颁发；

（23）通用技术规格：根据成员国认可的程序制定、已在欧盟官方公报上公布的技术规格；

（24）技术参考：由欧洲标准化机构根据市场需求的发展而采纳的程序而非官方标准生产的任何产品；

（25）公认机构：符合适用的欧洲标准的测试和校准实验室以及认证和检查机构；缔约机构应接受在其他成员国建立的公认机构出具的证书；

（26）通用采购词汇（CPV）中应指定欧洲议会与欧洲委员会第2195/2002/EC号条例采用的参考术语；

（27）书面或以书面形式：由可阅读、复制和传播的文字或图形组成的任何表达；它可以包含以电子方式传输和存储的信息；

（28）电子方式：使用电子设备处理和存储，通过电报、无线电、光学或其他电磁方式传输和接收的数据。

第2章 适用范围

第6条——缔约机构

在本法中，缔约机构指：

（1）国家和市政当局以及联合市政当局；

（2）福音路德教会、东正教会和教区以及其他有关机构；

（3）《国有企业法》（1185/2002）规定的国有企业；

（4）受公法管辖的机构，即为满足大众利益这一特定目的而建立的法人，不具有工业或商业特性，且：

①在大多数情况下由本款1-4项所述的缔约机构提供资金；

②受本款1-4项所述的缔约机构的监管；或

③拥有行政、管理或监督委员会，其中半数以上的成员由本款1-4项所述的缔约机构委任；以及

（5）从本款1-4项所述的缔约机构获得合同价值一半以上援助的采购商。

在福音路德教会活动中实施本法，应在《教会法》（1054/1993）的范围内进行。

第7条——公共合同范围之外的一般豁除

本法不适用于以下公共合同：

（1）当合同需要对外保密时，当履行合同时必须依法采取特殊安全措施时，或出于对国家基本安全利益的保护考虑时；

（2）当合同目标主要适用于军事用途；或

（3）由同样的程序规则规制并根据以下协议或程序授予的公共合同：

①根据芬兰与一个或多个第三国签订的国际协议，涵盖供应、旨在为签约国共同实施或开发一项工程而设立工程或旨在为签约国共同实施或开发一个项目而设立服务；

②根据某个国际组织的特定程序；或

③根据一个签订的，与驻军和欧盟成员国或第三国的企业有关的国际协定。

与第1款第3项第1目所陈述的相反，本法适用于与发展合作合同有关的外事管理公共合同。

第8条——公共服务合同范围之外的豁除

本法不适用于以下公共服务合同：

（1）以任何金融方式收购或租赁土地、现有建筑物或其他不动产或由此产生的相关权利；

（2）广播公司进行广播的节目素材的收购、开发、制作或共同制作，以及广播时间；

（3）仲裁和调解服务；

（4）与发行、买卖或转让证券或其他金融工具有关的中央银行服务和金融服务，如缔约机构为筹集资金或资本而进行的交易；

（5）雇用合同；

（6）所提供的服务由缔约机构提供全部报酬的研究和开发服务，但不包括收益全部归缔约机构所有的研究和开发服务；

（7）属于《联合国气候变化框架公约》《京都议定书》规定中条例的生效法律（《芬兰规约全书》的《条约汇编》12/2005 和 13/2005）范围之内排放单位的收购；以及

（8）理事会关于共同体航空承运人进入共同体内航线的第 2408/92 号条例范围内的空中交通服务的收购。

与第 1 款第 1 项陈述内容相反的是，在征购或租赁合同之时、之前或之后，以任何形式签订的金融服务合同都应当遵守本法的规定。

第 9 条——水、能源、运输和邮政服务业的公共合同

1. 本法不适用于与《水、能源、运输和邮政服务业公共合同法》[以下简称《特殊行业公共合同法》（第 349/2007 号芬兰法律汇编）]范围内的活动相关的公共合同，但是依据本法第 9 条，邮政服务行业的公共合同除外，直至本法第 87 条所指的过渡期结束。本法不适用于与《特殊行业公共合同法》规定的且在本法适用范围之外的活动有关的公共合同。本法的司法救济适用于《特殊行业公共合同法》适用范围之内的合同。

2. 本法不适用于与《特殊行业公共合同法》所述活动相关的公共合同，如果这些合同的价值不超过《特殊行业公共合同法》第 12 条所规定的欧盟门槛金额。

第 10 条——内部授予的公共合同

本法不适用于缔约机构为形式上独立于缔约机构且拥有自主决策权的实体所授予的公共合同，如果缔约机构独立或与其他缔约机构共同对该实体行使控制权，如缔约机构对自己部门行使控制权一样，且该实体与控制机构共同开展其活动最重要的部分。

第 11 条——由集中采购机构授予的公共合同

1. 若集中采购机构已遵守本法，从集中采购机构或通过集中采购机构购买货物、服务或工程的缔约机构也应被视为遵守本法。

2. “集中采购机构”是一个缔约机构，为直接或间接拥有它的缔约机构购买货物或服务，或者为缔约机构授予货物、服务或工程公共合同或签订货物、服务或工程框架协议的。如果集中采购机构是专门为开展这些活动而设立，或者已规定开展这些活动是其职权范围的一部分，集中采购机构应开展上述活动。

3. 集中采购机构也可以为芬兰的欧盟机构采购。

第 12 条——在专有权的基础上授予的服务合同

本法不适用于一个缔约机构为另一个缔约机构基于符合《建立欧洲共同体条约》的法律、条例或行政条款规定的提供服务专有权所授予的公共服务合同。

第 13 条——接受国家援助的工程合同实行公开竞争

在授予国家援助的决策已定的情况下，如果没有参与竞争性投保，缔约机构不得在获得国家援助后独立履行公共工程合同。

第 14 条——为庇护工场保留公共合同

缔约机构可以保留参与有利于庇护工场的公共合同授予程序的权利，或有权规定此类合同应在庇护就业方案的背景下执行。在庇护就业方案中，大多数雇员都是残疾人，由于先天残疾或严重残疾，不能在正常的环境下就业。公共合同公告中必须标明该合同是为庇护工场或庇护就业方案保留的。

第 3 章　门槛及计算公共合同的估值

第 15 条——国家门槛

本法案不适用于：

（1）估值低于 15,000 欧元（不含增值税）的公共供应合同和公共服务合同、设计竞赛或服务特许合同；

（2）与第 1 款就公共服务合同所述的相反，附录 B（组别 25）中的医疗保健和社会服务合同，以及附录 B 提到的，并根据《公共就业服务法》（1295/2002）第 6 章第 3 条在与雇主签订的联合采购协议中采购的服务，如果该合同的估值低于 5 万欧元（不含增值税的）；以及

（3）估值低于 10 万欧元（不含增值税）的公共工程合同及公共工程特许合同。

第 16 条——欧盟门槛

根据修订欧洲议会和欧洲理事会关于合同授予程序的申请门槛的第 2004/17/EC 号和 2004/18/EC 号指令的欧盟委员会（EC）第 2083/2005 号条例，欧盟门槛如下：

（1）中央政府部门授予的公共供应合同和公共服务合同：137,000 欧元。

（2）中央政府部门以外的缔约机构授予的供应合同和服务合同：211,000 欧元。

（3）公共工程合同和公共工程特许合同：5,278,000 欧元。

欧盟委员会应根据有关公共合同的《指令》第 78 条规定的程序每两年修改一次门槛金额，并将修改后的门槛金额公布在《欧盟官方公报》上；公布之后，第 1 款所规定的门槛金额应被欧盟委员会修订的新的门槛金额所取代。贸易与工业部必须根据欧盟委员会的修改立即将欧洲门槛金额的变动公布在《欧盟官方公报上》。

第 1 款第 1 项和有关公共合同的《指令》中的附件Ⅳ涵盖的、被视为芬兰中央政府部门的机构，应由政府法令规定。

第 17 条——合同估值的计算

1. 合同估值的计算标准应为最大赔偿总额（不包含增值税）。合同估值计算应考虑的因素包括：执行合同的替代方法、包含在合同内的选择条款和延展条款以及支付给候选人或投标人的费用或款项。第 15 条第 2 款中的联合协议的估值应将就业部门提供的资金考虑在内。

2. 公共工程合同估值的计算不仅应考虑工程的成本，还要考虑施工所需、缔约机构交由承包商支配的物资的总估值。

3. 一份合同分割成部分进行授予的情况下，计算合同估值时应将所有的部分的估值总额考虑在内。若所有部分的总价值超过了第 15 条规定的国家门槛金额和第 16 条规定的欧盟门槛金额，则本法第 4 章中超过门槛金额的合同法规适用于每一部分的分别授予。

4. 对于合同中的估值低于 8 万欧元的服务和供应部分或估值低于 100 万欧元的工程部分，如果这些部分的总价值不超过合同总价值的 20%，根据第 21 条第 1 款，缔约机构不应适用本法。但是，若某一部分的估值超过第 15 条规定的国家门槛金额，根据第 21 条第 2 款，缔约机构必须遵守本法的规定。

5. 缔约机构发布合同公告时或开始合同授予程序时，合同估值应是有效的。

第 18 条——某些公共服务合同估值的计算

计算合同估值的价值基础如下：

（1）保险服务合同：应付保险费和其他形式的报酬。

（2）银行和其他金融服务合同：费用、佣金、利息及其他形式的报酬。

（3）设计合同：费用、应付佣金和其他形式的报酬。

（4）公共服务合同授予前组织的设计竞赛：公共服务合同的估值，包括任何可能的奖品和支付给参赛者的酬劳；以及

（5）设计竞赛中支付给参赛者的奖品和酬劳，包括最终可能根据第 27 条第 7 项的规定签订的公共服务合同，如果缔约机构在竞赛通知中没有排除该奖项。

第 19 条——合同期限的估值计算

1. 对于与产品租赁、租用、租购有关的公共供应合同，估值计算的价值基础如下：

（1）对于固定期限公共合同，如果期限小于等于 12 个月，应是合同期限的总估值；如果合同期限大于 12 个月，应是包括剩余价值的总价值。

（2）无固定期限或期限不能确定的公共合同，应是月估值乘以 48。

2. 对于有固定期限或在一定期限内续约的公共供应或公共服务合同，合同估值计算基础如下：

（1）前面 12 个月或上一个财政年度期间授予的同一合同的续签合

同的总实际价值，依据首次合同之后的12个月内可能发生的数量或价值的变化进行调整；或

（2）首次交付后12个月内或财政年度期间（如果合同期限长于12个月）授予的续签合同和总估值。

3. 对于没有明确总价款的服务合同，合同估值计算的价值基础如下：

（1）对于固定期限共同合同，如果期限小于或等于48个月，应是合同期限的总估值；或

（2）对于无固定期限或期限超过48个月的公共合同，应是月估值乘以48。

4. 对于框架协议，应考虑在内的价值是框架协议期限内所有合同的总估值。

第20条——禁止人为分割或合并合同

不得以将合同排除在本法适用范围之外为目的，人为把合同分割、分离或计算。公共供应合同或公共服务合同不得与工程合同合并，也不允许人为地采用其他方式合并合同，以防止合同进入本法适用范围。

第4章　不同类型合同的适用规则

第21条——公共供应合同和公共服务合同、服务特许合同及公共工程合同的适用规则

1. 除了第9章的条款，本法条款适用于附件ⅡA中所列的公共供应合同和公共服务合同，以及第16条第1款第1项或第2项所述的超过欧盟采购门槛金额的工程合同。附件ⅡA所述服务与附件ⅡB所述服务一起采购时，如果附件ⅡA所述服务的价值高于附件ⅡB所述服务的价值，且服务合同的总价值超过欧盟门槛金额，本法条款适用于这种情形。

2. 第一、第三和第四部分的规定适用于附件ⅡB定义的公共服务合同、服务特许合同、第7条第1款第3项第2目所述的由外交事务行政管理机构签订的与发展合作合同相关的公共合同，以及在附录ⅡA定义

的、依据第16条第1款低于欧盟采购门槛金额的公共服务合同、公共供应合同和公共工程合同。另外，适用于这些合同的规定还包括第60条关于候选人和投标人的法律形式的规定，第61条关于在招标过程中团体参与的规定，第63条关于异常低价投标书的规定，以及第64条关于对投标书进行比较时将缔约机构授予的补贴考虑在内的规定。

3. 第35条有关合同授予通知发布要求的规定，以及第44条至第46条有关技术规格、环境特征的技术规格以及投标人提供的证明的规定也应适用于依据第16条第1款第1项或第2项高于欧盟采购门槛金额、附件ⅡB所述的公共服务合同。

第22条——设计内容规定

1. 本法适用于在公共服务合同授予之前组织的设计竞赛以及给参赛者提供奖品或酬劳的设计竞赛。

2. 第一、第三和第四部分中的规定适用于设计竞赛。此外，第33条和第34条有关设计竞赛中裁判和决策的规定，第60条中有关候选人和投标人的法律形式的规定，第61条有关竞标过程中团体参与的规定，第63条有关异常低价投标书的规定以及第64条有关对投标书进行比较时将缔约机构授予的补贴考虑在内的规定均适用于设计竞赛。缔约机构应提交高于第16条第1款第1项或第2项规定的欧盟采购门槛金额的设计竞赛的信息（详见第35条），以及低于欧盟采购门槛金额的设计竞赛的信息（详见第68条）。

第23条——有关公共工程特许合同和基于特许合同的公共工程合同的规定

1. 第一和第四部分的规定、第五章有关合同授予程序的规定、第35条有关合同公告的规定、第36条第3款和第38条第2款有关时间限制的规定以及第48条有关分包的规定均适用于高于第16条第1款第3项所述的欧盟采购门槛金额的公共工程特许合同。

2. 第一和第四部分的规定、第65条和第66条有关合同授予程序的规定以及第68条有关合同公告的规定均适用于低于第16条第1款第3

项所述的欧盟采购门槛额的公共工程特许合同。

3. 若特许权受让人是一个缔约机构，基于一个公共特许合同将公共工程特许合同授予第三方时，特许权受让人应以第21条规定的方式遵守本法的规定。

4. 若特许权受让人不是一个缔约机构，将高于第16条第1款第3项所述的欧盟采购门槛金额、基于一个公共工程特许合同的公共工程合同授予第三方时，特许权受让人应遵守第一部分和第四部分的规定、第36条第3款有关合同授予程序的时间限制的规定、第38条第2款和第3款的规定、第39条的规定以及第35条有关发布要求的规定。

5. 第4款所述的第三方不包括为执行公共工程特许合同而成立的团体或相关的附属企业。附属企业指特许权受让人可以直接或间接施加支配性影响的企业，或是能够对特许权受让人施加支配性影响的企业，或是由于所有权、财政参与或财政参与规则的原因与特许权受让人一起受另一家企业支配的企业。若出现以下情况，就可以假定一个企业施加了支配性影响：

（1）直接或间接持有该企业大部分的认缴资本；

（2）控制该企业发行的大多数股份所附表决权；

（3）可以对该企业一半以上的行政、管理或监督机构进行任命；

（4）特许权的申请书中应包括这类企业的详尽清单。企业间的关系一旦发生改变，就应该对清单做出相应地修改。

第二部分　对公共供应合同、附录A中定义的主要公共服务合同、公共工程特许合同及高于欧盟采购门槛金额的设计竞赛的规定

第5章　合同授予程序

第24条——选择合同授予程序

1. 第5条第10款至第18款规定了公共合同的竞争程序。合同授予

主要采用公开或限制性程序。谈判程序、直接授予合同、竞争性对话程序以及框架协议可以在第 25 条至第 32 条规定的条件下使用。

2. 在限制性程序、谈判程序以及竞争性对话程序中，缔约机构可以提前限制其邀请参与投标的合适候选人的数量。缔约机构应在合同公告中标明打算邀请的候选人数下限，在适当的情况下，标明上限。缔约机构应按照合同公告中的下限要求以及客观和非歧视性标准来挑选他们将邀请参与投标的候选人。

3. 为了确保真正的竞争，相对于合同金额与标的物，得出的候选人数量必须足够。在限制性程序中，应邀请至少 5 名候选人投标，除非合适的候选人不足 5 名。在谈判程序和竞争性对话中，应邀请至少 3 名候选人投标，除非合适的候选人不足 3 名。

4. 在谈判程序和竞争性对话的最后阶段，只要有足够数量的合适的候选人或解决方案，应得出足够的候选人数量，以确保真正的竞争。

5. 缔约机构邀请的候选人数量应至少等于预先设定的最少数量。如果符合选择标准的候选人数量低于预先设定的最少数量，缔约机构可以继续邀请那些适合提交投标书的候选人，或可以开始谈判。只有那些符合最低标准并已提交参与投标请求的候选人才可以被邀请投标。

第 25 条——谈判程序

1. 倘合同中关于邀请投标的初始条件没有重大改动，如果缔约机构收到的参与公开程序、限制性程序或竞争性对话的投标书的内容不符合招标要求，或者依据第 47 条、第 48 条、第 50 条或第 52 条至第 60 条的规定，投标书不可被接受，则缔约机构可以通过谈判程序授予公共合同。

如果所有满足第 52 条至第 60 条要求的最低标准且已在之前的程序中按照投标程序的正式要求提交了投标书的投标人都参加了谈判程序，则缔约机构无需发布新的合同公告。

2. 此外，在以下情况下缔约机构可以选择使用谈判程序：

（1）在采购性质或附带风险不允许事先整体定价的特殊情况下；

（2）如果是采购服务，如金融服务、涉及工程设计的服务以及其他专业和技能服务，无法足够精确地设定投标邀请或合同规格以允许通过根据公开或限制性程序规则选择最佳投标书来授予合同的情况下；

（3）施工目的仅仅是为了研究、测试或发展，而不是为了盈利或收回研发成本的公共工程合同；

（4）在选择特许权受让人时。

第 26 条——谈判程序的实施

1. 缔约机构应与投标人就其提交的投标书进行谈判，以使投标书适应合同公告或投标邀请书中的要求。谈判的目的是根据第 62 条的规定挑选出最佳投标书。

2. 倘合同公告或招标邀请书中标明了需要采取分阶段谈判程序以及谈判期间采用的合同授予标准，则缔约机构可让程序分阶段进行，通过采用合同授予标准减少谈判期间需要讨论的投标书的数量。

3. 谈判期间，缔约机构应确保平等对待所有的投标人。缔约机构不得以歧视性方式提供信息，有损竞标中参与者的平等待遇。

第 27 条——合同的直接授予

在以下情况下，缔约机构可以直接授予公共合同：

（1）倘合同的初始条件没有重大改动，缔约机构没有收到参与公开程序或限制性程序的投标书或合适的投标书或者申请书时；

（2）由于技术或艺术的原因，或与专有权保护有关的原因，合同只能授予给某个特定的供应商时；

（3）因缔约机构无法预料的事件（不受缔约机构支配）引发的紧急情况，无法遵守规定的时间限制，有绝对必要直接授予合同时；

（4）当合同所涉及的产品纯粹是为了精神活动、学习或发展的目的而制造；该产品没有大量生产以建立商业可行性或收回研发成本时；

（5）在商品市场上有报价并供购买的货品；

（6）以特别有利的条件从正在结束业务活动的供应商或者从破产接管人或清算人处购买货品，与债权人订立债务偿还安排，或者类似的程序；

（7）设计竞赛后，根据适用的规则，必须授予给获胜的候选人或获胜候选人之一的公共服务合同；在后一种情况下，必须邀请所有获胜候选人参与谈判。

第 28 条——额外供应合同的直接授予

1. 若更换供应商会迫使缔约机构购买可能导致在操作和维护方面不兼容的或严重的技术困难的、具有技术特性的原料，缔约机构可直接将额外供应合同授予给原供应商，作为对之前送货或安装合同的部分替代或延续。只有在特殊情况下，此类合同以及周期性合同的期限才可超过三年。

2. 除第 1 款的规定之外，缔约机构可以直接为原合同中没有、但由于不可预见的情况为实施工程和服务所必需的额外工程或服务授予合同，条件是：合同是授予实施此类工程或服务的原供应商，且此类额外工程或服务不能在技术上或经济上与原始合同分离，不会给缔约机构带来重大不便，或者尽管可以与原始合同分离，但这些工程或服务对原合同的完成是绝对必要的。但是，为额外工程或服务授予的合同的总价值不得超过原始合同价值的 50%。在同样的条件下，缔约机构可以直接为起初未包括在公共工程特许合同内的额外工程授予合同，只要合同是授予原特许权受让人。

3. 除了第 1 款和第 2 款的规定之外，缔约机构可直接将新的工程或服务合同授予原供应商，只要新工程或服务与早期根据公开或限制性程序授予的合同相符合。使用上述程序的条件是：原工程或服务的合同公告上表明可能使用该程序，并且在计算原合同的总价值时，将额外服务或新公共工程的估算成本考虑在内。原合同签订后的 3 年内方可使用该程序。

第 29 条——竞争性对话

1. 在特别复杂的合同中，缔约机构可以通过竞争性对话授予公共合同：

（1）缔约机构不能够按照第 44 条第 2 款第 2 项至第 4 项客观地说明其法定或财务状况，或能够满足他们需要或目标的技术方案；

（2）合同授予的标准是经济上最有利的投标。

2. 在竞争性对话中，缔约机构应确保平等对待所有的投标人。缔约机构不得以歧视性方式提供信息，有损竞标中参与者的平等待遇。

3. 未经候选人或投标人同意，缔约机构不得将某个参与对话的候选人提议的解决方案或提供的其他机密信息透露给其他参与者。

4. 缔约机构可以规定价格、付款或为对话参与者颁发奖品。

第 30 条——竞争性对话的实施

1. 缔约机构应公布合同公告，说明他们的需求以及合同要求。缔约机构可以在项目描述文件中进一步规定合同的目的和内容。

2. 缔约机构应根据第 52 条至第 59 条的规定，与选中的候选人一起展开对话，以确定一个或多个合同履行方案。在对话中，缔约机构可以与候选人讨论合同的所有方面。

3. 通过使用投标书比较标准，缔约机构可以规定竞争性对话程序按阶段展开，以减少对话阶段需要讨论的解决方案的数目。合同公告或项目说明中应标明要采用分阶段程序以及应使用的标准。

4. 合同履行方案一旦确定下来，缔约机构就应当结束对话。此时，缔约机构应当通知参与者对话已结束。

5. 缔约机构应要求候选人以对话期间提出的解决方案为基础提交最终投标书。投标书应依据投标邀请书的规定将实施工程所要求的各个方面包含在内。

6. 缔约机构应以合同公告或项目说明中标明的比较标准为基础，对投标书进行评估。缔约机构应按照第 62 条的规定设置比较标准并授予合同。

7. 缔约机构可以要求投标人对投标书进行解释和详细说明。但是，这种解释或说明不得改变投标书或投标邀请书的基本特征，扭曲竞争或产生歧视性影响。在相同条件下，缔约机构可以要求投标人对中标的标书中的有关方面进行说明或确认标书中的承诺。

第 31 条——框架协议

1. 缔约机构应通过公开或限制性程序选择框架协议的供应商。缔约机构还可以根据第 25 条的规定通过谈判程序，或根据第 27 条的规定通过直接授予合同来选择框架协议的供应商。应采用第八章设置的授予标准接纳框架协议的供应商。若一个框架协议须与多个供应商签订，应至少选择 3 个供应商，除非合适的供应商和符合授予标准、可被接受的投标书少于 3 个。

2. 基于框架协议的合同应与协议原始缔约方签订。在框架协议期限内，缔约方不得对框架协议规定的条款作重大修改。使用框架协议不得扭曲、限制或妨碍竞争。

3. 该框架协议的期限不得超过 4 年，因框架协议内容而有正当理由的特殊情况除外。

第 32 条——基于框架协议的合同

1. 若框架协议是与一个供应商订立的，基于框架协议的合同应在框架协议规定的条款范围内授予。缔约机构可咨询供应商，要求其在必要时对投标书进行书面说明或补充。

2. 若框架协议是与多个供应商订立的，基于此类框架协议的合同，可以通过适用框架协议中的条款来授予，无需重新竞标，或者，如果框架协议没有列出所有的条款，可以根据框架协议的条款与招标文件的条款（如适用）通过邀请框架协议的各方参与投标来授予。如有必要，可对框架协议中的条款进行解释或详细说明。

3. 缔约机构应要求能够履行合同的框架协议所有各方提交书面投标书。缔约机构应确定一个足够长的期限，以便提交投标书。确定期限时，需要考虑合同标的的复杂性、提交投标书所需时间以及其他类似因素。合同的内容应予以保密，直到规定的回复期限届满为止。缔约机构应根据投标邀请书中标明的合同授予标准和比较标准选择最佳投标书。

第 33 条——设计竞赛

1. 设计竞赛的规则应当为有兴趣参赛的人知晓。不得以区域因素为由，也不得以要求参赛者必须是自然人或法人为由限制参与者参加设计竞赛。

2. 若设计竞赛的参赛者有数量限制，则应遵守前面所述的标准和非歧视标准。

3. 在任何情况下，受邀参赛的候选人数量都应当足够多，以确保真正的竞争。

第 34 条——评判委员会的组成和决定

1. 设计竞赛中应设有评判委员会，其成员应由独立于参赛者的自然人组成。若要求参赛者具备一项特定的专业资格，则评判委员会中至少应有三分之一的成员应具备该资格或同等资格。

2. 评判委员会应自主决策或自主发表意见。评判委员会应检查竞赛通知中的信息。评判委员会达成意见或做出决定之前，必须遵守匿名原则。

3. 如有需要，评判委员会可邀请候选人回答评委会在议事录中记录的问题，就方案的各个方面进行解释。应完整记录评判委员会成员和候选人之间的对话。评判委员会应在议事录中记录其对各项方案的评估，评估需由每个成员签字，其中应包括各个方案的排名和优点、评判委员会的评论以及可能需要说明的地方。

第 6 章　公共合同的时间限制和强制性公开

第 35 条——公开要求

1. 缔约机构应根据政府法令的规定公布预先信息公告、合同公告、设计竞赛公告、公共工程特许合同公告和合同授予公告。此外，如果特许权受让人不是缔约机构，特许权受让人应公布基于公共工程特许权的公共工程合同公告。

2. 合同公告应送交贸易与工业部规定的机构进行发布。

3. 关于发布要求、送交公告的通信方式、公告内容、公告的发布、公共合同指令和本条所述的发布要求的其他方面的更为具体的规则均应在政府法令中规定。

第 36 条——最短时限及确定时限

1. 确定投标程序的时限时，缔约机构应将合同的标的和复杂性以及拟定和递交投标书所需的时间考虑在内。时间限制应从合同公告发布之日后的第一天开始。如果是限制性程序，则接收投标书的时间限制应从投标邀请书发出之日开始。

2. 对于限制性招标、谈判程序和竞争性对话，提交参与请求的最低时限应为 37 天。如果是公开程序，提交投标书的最低时限为 52 天；如果是限制性程序，提交投标书的最低时限为 40 天。

3. 对于公共工程特许合同，提交参与请求的最低时限应为 52 天。若特许权受让人不是一个缔约机构，提交参与基于公共工程特许权的公共工程合同的请求的最低时限应为 37 天。提交投标书的最低时限为投标邀请书发出之日起 40 天。

第 37 条——加速程序

对于限制性程序或谈判程序，如果因时间紧迫，第 36 条规定的时限不可行，则可以缩短时限。但是，接收参与请求的时间限制不得少于 15 天；如果公告是以电子方式发出的，则接收参与请求的时间限制不得少于 10 天。对于限制性招标，接收投标书的最低时限为 10 天。

第 38 条——缩短时限

1. 在公开程序和限制性程序中，若缔约机构在合同公告发布之日前 52 天至 12 个月内已发布预先信息公告，接收投标书的时间限制可缩短，但不得少于 22 天。

2. 若公告是通过电子方式公开，公开程序中接收投标书的时间限制、限制性程序、谈判程序和竞争性对话中接收参与请求的时间限制均可缩短 7 天。

3. 自公告发布之日起，若缔约机构通过电子手段提供所有的合同文件，并在公告中注明获取文件的网址，则在公开程序和限制性程序中，第 2 款所述的接收投标书的时间限制可以再缩短 5 天。

第 39 条——延长时限

不论出于何种原因，如果与投标邀请书或补充信息有关的文件不能在规定的时限内提供（尽管要求及时提供），或者如果参观相关场地之后或对支持投标邀请书的文件进行现场检查之后才能进行投标，那么接收投标的时间限制应当延长，以便供应商了解投标需要的信息。

第 7 章　投标邀请书及界定合同标的物

第 40 条——投标邀请书

投标邀请书应当以书面形式提交，应足够清晰，以便投标人提交相称的、相互之间具有可比性的投标书。投标邀请书或合同通知应邀请供应商在截止日期之前以书面形式提交投标书。

如果投标邀请书与合同公告不一致，以合同公告为准。

在合理范围内，缔约机构有权对获取邀请文件进行收费，以收回因范围特别广泛、文件材料或类似因素产生的成本。

第 41 条——投标邀请书的内容

投标邀请书或合同公告（如适用）应包含以下内容：

（1）根据第 44 条和第 45 条关于技术规格和提交要求的规定，对合同标的物的定义，以及其他与合同标的有关的质量要求；

（2）已发布的合同公告的参考信息；

（3）接收投标书的截止日期；

（4）投标书的寄送地址；

（5）编制投标书必须使用的语言；

（6）符合与候选人或供应商的经济和财务状况、技术能力、专业能力相关的要求和其他要求的证明，以及候选人或供应商必须提供的文件清单；

（7）合同授予标准，如果合同授予标准是以经济上最有利的投标书为标准，则还应包括合同授予的比较标准以及给予每一个标准的相对权重，或合理范围，或者比较标准的排名（在特殊情况下）；

（8）投标书的有效期。

此外，投标邀请书或合同公告应标明对投标程序和提交投标书都极其重要的其他任何信息。

第 42 条——向候选人和投标商发送投标邀请书

1. 在公开程序中，只要候选人在递交投标书的截止日期前及时做出参与请求，缔约机构就应在收到参与请求后 6 天内将投标邀请书发送给提出参与请求的候选人。缔约机构也可以自合同公告公布之日起，以电子方式将投标书放在合同公告指定的网址上供查阅。

2. 在限制性程序、谈判程序和竞争性对话中，投标邀请书只能发送给缔约机构准许参与投标程序的候选人。投标邀请书应当同时发送给所有的候选人。

3. 在公开招标中，缔约机构应在接收投标书的截止日期之前至少 6 天发送投标邀请书补充文件。如果是限制性或加速程序以及谈判程序，缔约机构应在接收投标书的截止日期之前至少 4 天发送投标邀请书补充信息，前提是及时做出这样的要求。

第 43 条——谈判邀请书

1. 在谈判程序和竞争性对话中，谈判邀请书中应包含投标邀请书，或项目描述（如有），或索取文件的地址、文件索取截止日期，获取文件应支付的费用以及支付安排（如适用）。

2. 投标邀请书中应当包含第 41 条第 1 款所述的信息。但是，竞争性对话谈判邀请书中不必注明接收投标书的时间限制，而必须注明谈判的起始日期、谈判地址以及谈判中使用的语言。

第 44 条——合同的技术规格

1. 合同内容的技术规格应在合同公告或投标邀请书中注明。技术规格应能够使投标人平等参与竞争。技术规格不得对竞争性招标造成不合理的障碍。定义技术规格时应尽可能考虑到残疾人的需要。

2. 技术规格应参照以下方式制定：

（1）参照依据芬兰或其他国家标准转换的欧洲标准、欧洲技术认可、官方技术规格、国际标准或技术参考；如果没有这些标准，参考国家标准、国家技术认可或国家设计、工程估算或实施、或与产品制造有关的技术文件；每个参考项都应附上“或同等标准”字样；

（2）根据性能或功能要求，这些要求足够精确，可据此来定义合同的标的和合同的授予；

（3）对于某些特性，参照第 1 项所述的技术规格；对于某些特性，参照第 2 项所述的要求；

（4）根据性能或功能要求，参照第 1 项所述规格，假定这些规格符合这种性能，或者，如果这些规格符合与性能相关的要求或功能要求。

3. 技术规格不应参照产品的具体品牌或来源，也不应参照商标、专利、产品类型、产地、具体的方法或制造过程，而对某些供应商或产品带来有利的或歧视性的影响。在特殊情况下，如果不可能对合同标的做出足够精确和清晰的描述，技术规格可以做以上参照，并应该附上“或同等标准”字样。

第 45 条——有关环境特性的技术规格

1. 第 44 条第 2 款第 2 项提到的性能和功能需求可能包括对环境特性的要求。缔约机构可以使用由欧洲或多国生态标签或任何其他生态标签定义的详细规格或部分规格（如有必要）。

2. 使用由生态标签定义的规格或部分规格的条件是：

（1）那些规格适合用来定义货物或服务（合同标的物）的特性；

（2）标签要求是根据科学的信息制定的；

（3）利益相关方，如政府机构、消费者、生产商、分销商和环保组织都可以参与到制定标签的过程中；

（4）有关各方均可获得该标签。

3. 缔约机构可表明，带有生态标签的产品和服务符合环境特性的要求。但是，缔约机构必须接受投标人提交的任何其他适当的证明方式，如制造商的技术档案，或认可机构的检测报告。

第 46 条——证明符合投标要求

1. 投标人应在投标书中证明拟议的货物、服务或工程满足投标邀请书的规定，否则将不能参与竞争。

2. 若缔约机构已根据第 44 条第 2 款第 1 项制订了技术规格，且投标人通过适当的方式在投标书中证明其提议的货物、服务或工程满足技术规格要求，令缔约机构满意，则缔约机构不能以招标的货物、服务或工程不符合缔约机构参考的规格为由，拒绝接受投标书。适当的证明方法可以是制造商的技术档案，或者由芬兰或其他欧盟成员国境内的认可机构出具的检测报告。

3. 在缔约机构已根据性能或功能要求制定技术规格的情况下，如果拟议的货物、服务或工程符合依据国家标准转换的欧洲标准、欧洲技术认可、官方技术规格、国际标准或技术参考，且这些规格符合投标邀请书中规定的性能或功能要求，那么缔约机构不得以投标书不符合缔约机构参考的技术规格为由拒绝接受投标书。投标人在投标书中必须证明符合标准的产品、服务或工程符合缔约机构规定的性能或功能要求，令缔约机构满意。适当的证明方法可以是制造商的技术档案，或者由芬兰或其他欧盟成员国境内的认可机构出具的检测报告。

第 47 条——备选投标

1. 如果合同授予的标准是以经济上最有利的投标书为标准，缔约机构可以接受备选投标，但前提是合同公告上要标明备选投标已得到授权。此外，备选投标必须满足投标邀请书中对合同标的设定的最低要求，并且满足提交备选投标的要求。

2. 若缔约机构已表明将接受提交的备选投标书，那么缔约机构不能仅以合同是服务合同而不是供应合同或者是供应合同而不是服务合同为由拒绝接受备选投标书。

第 48 条——分包

1. 缔约机构可以要求投标人在其投标书中注明合同中计划分包给第

三方的部分以及拟议的分包商，但不应影响主要供应商履行合同的责任。

2. 缔约机构可以要求特许权受让人把占工程总价值的至少30%、要授予特许合同的合同授予分包商，同时为候选人提供增加这个百分比的选择。这一最低比例必须在特许合同中注明。缔约机构可以要求候选人在他们的投标书中注明工程总价值、要授予特许合同、他们计划分包给第三方的百分比。

第49条——有关公共合同的特殊条款

1. 缔约机构可以指定与履行合同有关，特别是旨在有利于环境和社会方面的特殊条款，例如，现场职业培训、遵守国际劳工组织公约的规定、工作条件和雇用条件或残疾人的招聘，这些特殊条款必须是非歧视性的，符合欧洲共同体法，且在合同公告或投标邀请书中注明。

2. 在合同签订之前，中央政府机构授予私人雇主的公共工程合同中应附加一项条款。根据该条款，与公共工程有关的雇用合同应遵守最低雇用条件。按照芬兰法律和集体协议，在类似工程中，最低雇用条件必须遵守。

第50条——与税收、环境保护、雇用保障条款和工作条件有关的义务

1. 缔约机构可以在合同公告中注明投标人可获取相关义务信息的机构，这些义务与税收、环境保护、雇用保障条款和工作条件或雇用条件有关。缔约机构应要求投标人表明他们在编制投标书时已将上述义务考虑在内。

2. 第1款的规定不应影响第63条关于审查异常低价投标书的条款的适用。

第51条——通信

1. 所有通信和信息传递可以根据缔约机构的选择通过邮寄、传真或电子方式进行。所选择的通信方式必须是可普遍使用，不得限制供应商进入投标程序。

2. 政府法令应制定有关通信方法要求、技术要求以及公共合同指令及其附件 X 所述的其他电子通信要求的更具体的规则。

第 8 章　候选人和投标人的准入以及对投标书的挑选

第 52 条——候选人和投标人的适合性验证

在对投标书进行比较之前，应排除竞标候选人或投标人，验证候选人和投标人的适合性并挑选中标者。但是，根据第 53 条或第 54 条的规定，当缔约机构已经了解排除标准时，候选人或投标人可在随后的竞争中被排除参与竞标。

第 53 条——把触犯某些罪行的候选人和投标人排除在竞标之外

1. 缔约机构应将候选人或投标人排除在竞标之外，如果缔约机构得知候选人、投标人、主管或任何对候选人或投标人有代表权、决策权或控制权的人已被判决定罪，判决已经获得既判力，且因以下一个或多个原因在犯罪记录中得以详细说明：

（1）参与《芬兰刑法》第 17 章第 1a 条（第 39/1889 号芬兰法律汇编）所定义的犯罪组织；

（2）贿赂罪（《芬兰刑法》第 16 章第 13 条）；严重贿赂罪（第 16 章第 14 条），或商业贿赂罪（第 30 章第 7 条）；

（3）税收欺诈（《芬兰刑法》第 29 章第 1 条）或严重税收欺诈（第 29 章第 2 条）；补贴欺诈（第 29 章第 5 条）；严重补贴欺诈（第 29 章第 6 条）；补贴滥用（第 29 章第 7 条）；

（4）洗钱（《芬兰刑法》第 32 章第 6 条）或严重洗钱（第 32 章第 7 条）；

（5）通过不正当影响引起的工作歧视（《芬兰刑法》第 47 章第 3 条）。

2. 由于第 1 款所述原因而受到企业罚款（《芬兰刑法》第 9 章）的候选人或投标人应被排除在竞标之外。

3. 若候选人或投标人已被判决定罪，且判决因类似第 1 款所述原因在另一个国家已获得既判力，那么缔约机构应将候选人或投标人排除在竞标之外。在欧共体各成员国中，这些条款应适用于共同体法定义的以下罪行：

（1）加入犯罪组织，对犯罪组织的定义见理事会关于把加入欧盟成员国境内犯罪组织定为刑事罪行的第 98/733/JHA 号联合行动第 2 条第 1 款；

（2）腐败，对腐败的定义见以《欧洲联盟条约》第 K. 3 条第 2 款第 3 项为基础，1997 年 5 月 26 日《理事会法》制定的、涉及欧洲共同体官员或欧洲联盟成员国官员的《反腐败公约》，以及欧洲理事会关于打击私营部门腐败的第 2003/568/JHA 号框架决定第 2 条第 1 款第 1 项；

（3）欺诈（《欧洲共同体金融利益保护公约》第 1 条）；洗钱（欧洲理事会关于防止利用金融系统洗钱的第 91/308/EEC 号指令第 1 条）。

4. 如果为了最重要的整体利益的要求，或者被定罪的人不再在提交投标书的企业担任重要职位，可以不用将因本条所述之原因而定罪的候选人或投标人排除在竞标之外。

第 54 条——其他排除标准

1. 缔约机构可以将以下候选人或投标人排除在竞标之外：

（1）候选人或投标人已破产或者正在停业清理或已停业，候选人或投标人已与债权人订立安排或重组计划或者处于因法律规定的某一相似程序而产生的类似情形中；

（2）候选人或投标人因宣告破产或者被命令进行强制性的停业清理，或者因第 1 项所述的其他程序而成为诉讼对象；

（3）已获得既判力的判决裁定候选人或投标人犯有违反职业道德的罪行；

（4）缔约机构证明候选人或投标人严重违反职业操守；

（5）候选人或投标人没有在芬兰或其所在国履行与纳税或社会保险金有关的义务；

（6）为缔约机构提供适用第八章条款所要求的信息时，候选人或投标人严重虚报信息，或未提供此类信息。

2. 如果犯有过错或疏忽的人是候选人或投标人的主管或是拥有代表权、决策权或控制权的人，应适用第 1 款第 3 项、第 4 项的规定。将候选人或投标人排除在竞标之外可以考虑其他因素，例如罪行或疏忽的严重性、与合同标的物的关系、经过的时间、罪行导致的其他影响以及犯有过错或疏忽的人采取的补救措施。

第 55 条——验证排除标准

1. 缔约机构可以要求候选人和投标人以及其他成员国的主管部门按照适当法规提交证据和说明，以验证第 53 条或第 54 条所述排除标准是否适用于候选人或投标人。

2. 对于第 53 条和第 54 条第 1 款第 3 项，缔约机构应将投标人所在国的主管部门出具的犯罪记录摘录作为证据。对于第 54 条第 1 款第 1 项、第 2 项和第 5 项，缔约机构应将主管部门签发的证书作为证据。

3. 若候选人或投标人所在国没有签发此类证明文件，可用根据候选人或投标人代表所在国的法律而做出的宣誓声明或郑重声明代替证明文件。

第 56 条——与候选人和投标人的适用性有关的要求和参考资料

1. 缔约机构可以设定与候选人或投标人的财务和经济状况、技术能力、专业能力和专业素质有关的要求，并要求候选人或投标人提交相关参考资料。

2. 为了检验候选人或投标人是否符合上述要求，要求提交的参考资料应与候选人或投标人履行合同的能力相关。要求应根据合同标的、合同目的和合同范围设定。要求与参考资料应在合同公告中注明。未满足缔约机构规定的最低要求的候选人或投标人不能参与竞标。

3. 缔约机构应在合同公告中注明客观的、非歧视性的标准和规则。为将候选人或投标人纳入投标程序或谈判程序，缔约机构应在限制性程序、谈判程序或竞争性对话中使用这些标准和规则。缔约机构应规定候选人的最低数量，以及候选人的最高数量（如合适）。

4. 缔约机构可以邀请候选人或投标人对参考资料和其他文件进行补充说明。

第 57 条——注册

缔约机构可以要求候选人或投标人根据其所在国的法律证明：

（1）候选人或投标人已在职业或贸易注册簿上注册（通过提供注册簿摘录）；

（2）候选人或投标人开展了一项贸易（通过提供宣誓声明或证书）；以及

（3）有权在其所在国提供服务（通过提供执照或某组织的会员证书）。

第 58 条——经济和财务状况

缔约机构可以要求候选人或投标人通过如下资料证明其经济和财务状况：

（1）银行或信贷机构的对账单或专业风险补偿保险证明；

（2）损益表、年度报告、其他年度账目和集团年度账目（若这些资料必须在候选人或投标人所在国公开）；以及

（3）企业总营业额及地区营业额报表（若可获得这些营业额的信息）。

如果候选人或投标人因正当理由不能提供缔约机构要求资料，可通过缔约机构认可的其他文件证明其经济和财务状况。

第 59 条——技术能力和专业能力

1. 缔约机构可以要求候选人或投标人通过如下文件来证明其技术和专业能力：

（1）候选人或投标人或企业的管理人员，特别是那些负责提供服务或管理工程的人的教育和职业资格；

（2）近 5 年内实施的工程清单，随附最重要的工程的客户满意施工证书；该证书中应当注明工程价值、工程日期和地点，并应说明是否根

据贸易规则施工和完工；在适当情况下，主管部门应直接向缔约机构提交这些证书；

（3）近3年内完成的主要货物交付或提供的主要服务的清单，清单内容包括金额、日期和接收方；若接收方是公共企业，该清单应由主管部门证实；若接收方为私人企业，则通过采购方的证书证实，若做不到这一点，则由候选人或投标人的声明证实；

（4）列明涉及的技术专家或机构（不论这些专家或机构是否直接隶属于候选人或投标人），特别是那些负责质量控制的专家和机构。若是公共工程合同，则列明承包商为开展工程可以向其求助的专家和机构；

（5）若是供应合同和服务合同，则提供候选人或投标人提供的质量保障技术设施以及研究系统的说明；

（6）若提供的产品或服务复杂或有特殊用途，则提供由候选人或投标人，或候选人或投标人所在国代表候选人或投标人的官方主管机构对候选人或投标人的生产能力或服务提供商的技术能力以及候选人或投标人拥有的研究方式或候选人或投标人将实施的质量控制措施进行检查而颁发的证书；

（7）服务供应商或承包商的年均人力资源报表以及近3年来管理人员的数量报表；

（8）服务供应商或承包商用于履行合同的工具、工厂或技术设备报表；

（9）投标人打算分包的合同比例的说明；

（10）对于将提供的产品，需提供样品、说明书和照片（若缔约机构有要求，其真实性必须经过核实）以及由官方质量控制机构或认证机构颁发的、证明产品是否合格的证书（产品是否合格可参考技术规格或标准）；

（11）对于将需要进行选址或安装的供应品作为合同标的的公共合同，需说明候选人或投标人的专业能力、效率、经验和可靠性。

2. 若适合合同标的，缔约机构可以要求候选人或投标人提供履行公共工程合同或公共服务合同时可以适用的环境管理措施说明。若缔约机构要求提供由独立机构颁发的、证明投标人遵守环境管理标准的生产证书，则缔约机构应参考《欧洲共同体生态管理和审计计划》，或者参考环境管理标准，这些环境管理标准基于由符合共同体法律规定的机构认证的相关欧洲或国际标准，或者基于与认证有关的相关欧洲或国际标准。缔约机构应接受其他欧盟成员国境内的机构提供的等效的证书以及供应商提供的其他等效的环境管理措施证明。

3. 若适合合同标的物，缔约机构可以要求候选人或投标人提供质量保证措施说明。若缔约机构要求提供由独立机构颁发、证明投标人遵守质量保证标准的生产证书，那么缔约机构应参考基于相关欧洲标准系列的质量保证体系，欧洲标准系列由符合与认证有关的欧洲标准系列的机构认证。缔约机构应接受其他欧盟成员国境内的机构提供的等效的证书，以及投标人提供的其他等效的质量保证措施证明。

第 60 条——候选人和投标人的法律形式以及列明负责人

1. 根据候选人或投标人所在国的法律规定，有权提供相关服务的候选人或投标人不应仅因以下理由被拒绝：依据合同授予地的欧盟成员国的法律，要求候选人或投标人是自然人或法人。

2. 若是公共服务合同和公共工程合同以及涉及选址和安装操作的公共供应合同，缔约机构可以要求候选人和投标人在投标书或参与请求中列明负责履行该合同的人的姓名和相关专业资格。

第 61 条——参与招标程序的团体以及依靠其他实体的能力

1. 供应商群体可提交投标书或毛遂自荐为候选人。为了提交投标书和参与请求，缔约机构可以不要求这些候选人或投标人采用特定的法律形式。但是，在合同期内，可以要求候选人或投标人团体采用特定的法律形式，只要这种转变对满意地履行合同是有必要的。

2. 无论候选人或投标人与其他实体的关系的法律性质如何，候选人或投标人都可以依靠其他实体的能力。一个团体可以依靠团体的参与者或其他实体的参与者的能力来履行合同。候选人或投标人或其组成的团体应向缔约机构提供证据，证明其满足与经济和财务状况、技术能力、专业能力有关的要求以及其他要求。该证明文件可包括公司间签订的合同或其他具有法律约束力的文件，这些文件证明其能力达到要求，且候选人或投标人或其组成的团体均能获得这些能力。

第 62 条——选择投标书

1. 授予的合同应是根据与合同标的物有关的比较标准、缔约机构认为最经济有利的投标书，或者应该是价格最低的。若将合同授予最经济有利的投标书，应遵照的标准可包括：质量、价格、技术优势、审美和功能特性、环境特性、日常管理费用、成本效益、售后服务和技术援助、交货日期和交货期、完工期限、生命周期成本等。

2. 除第 1 款中的规定外，在评估最经济有利的投标书时，缔约机构可将以满足公众需求和环境要求为目的的经济和质量标准考虑在内，但前提是这些标准可测量并且与合同标的物有关。在相同条件下，缔约机构可以参考旨在满足弱势群体（使用合同标的物）需求的标准，但前提是这些因素在技术规格中进行了定义。

3. 缔约机构应当在合同公告或与投标邀请书有关的文件中注明比较标准，对于为决定最经济有利的投标书而选择的标准，应注明每一项标准的相对权重。在竞争性对话中，同样的信息应当在合同公告或项目描述中注明。在合理的范围内可以对权重加以说明。若确实无法给出比较标准的相对权重，应根据重要性将比较标准按顺序列明。

第 63 条——异常低价投标书

1. 在涉及合同质量和适用范围时，缔约机构可以拒绝异常低价投标书。在拒绝该投标书之前，缔约机构应要求投标人以书面的形式提供该投标书的构成要素细节。

2. 第 1 款所述要求可能尤其与以下方面相关：为制造货物所选择的经济和技术方案、服务供应或施工、履行合同的极为有利条件、拟议方案的原创性、合同履行地的就业保护、对与工作环境有关的条款的遵守情况，以及投标人获得国家帮助的可能性。缔约机构应根据提供的证据核实投标书的构成要素。

3. 如果投标人因非法获得国家援助，投标书价格异常低，缔约机构可以拒绝该投标书。但在被拒绝之前，投标人必须拥有充分的时间证明国家援助的合法性。

第 64 条——比较投标书时，考虑缔约机构提供的补贴

若投标方是隶属于缔约机构组织的一个实体，或缔约机构已为投标人提供或将提供影响投标书价格的财政补贴，那么缔约机构在比较投标书时，应考虑真正影响投标书价格的因素，如财政补贴。

第三部分 国家程序

第 9 章 低于欧盟采购门槛的合同、附件所述的辅助服务合同及其他合同的招标程序

第 65 条——合同授予程序

1. 本章规定的合同授予程序可用于低于欧盟采购门槛的合同、独立于欧盟采购门槛、附件所述的辅助服务合同、服务特许合同和第 4 章中的设计比赛。

2. 第 5 条第 10 款至第 18 款中规定了公共合同的竞争程序。授予合同时应主要使用公开程序或限制性程序。缔约机构可按照第 25 条第 1 款以及第 66 条的规定使用谈判程序，并根据第 67 条的规定直接授予合同。竞争性对话程序与框架协议可以在第 29 条至第 32 条规定的条件下使用。

第 66 条——谈判程序

1. 对于总估计价值少于 5 万欧元的公共供应合同和公共服务合同，以及总估计价值少于 50 万欧元的公共工程合同，缔约机构可以使用谈判程序。

2. 另外，在以下情况下，缔约机构可以使用谈判程序：

（1）合同的性质使缔约机构不能进行招标邀请，或者不适合进行招标邀请，因而无法根据公开或限制性程序的规则挑选最佳投标书来授予合同；

（2）在特殊情况下，当采购的性质或附带风险不允许事先整体定价时；

（3）当涉及与研究、报告、规划、评估和培训有关的合同时，且这些合同要求对服务供应商的专业知识和能力进行特别评估时；

（4）涉及与项目中私营部门和公共部门之间伙伴关系安排有关的合同、与永久伙伴关系协议有关的合同，以及长期合同时；

（5）涉及在全国或地区专门针对社会及卫生保健部门的公共服务合同时；

（6）涉及要求多种专业的专门知识的合同时，尤其是在社会和卫生保健部门；

（7）涉及缔约机构可能无法准备的、特别紧急的合同时；

（8）涉及服务特许合同时，以及授予公共工程特许合同时；以及

（9）涉及仅以研究、测试或开发为目的，而不是以盈利或收回研发成本为目的的合同时。

3. 招标程序开始前，缔约机构应草拟一份对合同目标及合同主要内容的描述。

缔约机构可以通过减少候选人或投标人的数量使招标程序分阶段进行。合同公告、合同描述或投标邀请书中应标明进行分阶段程序采用的方法以及减少候选人或投标人数量所使用的标准。只要有足够数量的合适候选人，缔约机构应至少与3个候选人进行谈判。

第67条——合同的直接授予

缔约机构可以根据第27条和第28条的规定直接授予合同。此外，如果客户认为竞争性招标安排、谈判程序的使用或服务商的变更显然不合理或十分不恰当，无法保护重要的照顾关系或者客户关系，那么缔约机构可以在个别情况下直接授予社会服务合同、医疗保健合同、教

育和培训合同。

第 68 条——合同的公开

1. 缔约机构应通过公开或限制程序、谈判程序或竞争性对话，服务特许和公共工程特许的方式将开放竞争的合同公开。此外，缔约机构也应当公开框架协议和设计竞赛。

2. 更多具体规则涉及发送公告的通信手段、公告内容、合同公开以及公开要求的其他方面。

第 69 条——投标邀请书

1. 投标邀请书应足够清楚，使候选人能够提交相称的、具有可比性的投标书。投标邀请书或合同公告应邀请供应商在截止日期前递交投标书。

2. 投标邀请书或合同公告（若适用）中应当包含以下内容：

（1）合同标的物，如合适，依据第 44 条和第 45 条关于技术规格的规定；

（2）候选人或供应商符合与经济和财务状况、技术能力和专业能力相关要求以及其他要求的证明文件以及该候选人或供应商必须提交的文件清单；

（3）合同授予标准，如果合同授予是以经济上最有利的投标书为标准，则应包括比较标准以及各标准的排名次序；

（4）收到投标书的截止日期；

（5）投标书的寄送地址；

（6）投标书有效期。

3. 此外，投标邀请书中应注明对招标程序和提交投标书都特别重要的其他信息。投标邀请书的拟定可适用第 7 章的规定（如使用）。评估候选人和投标人是否合适时，第 55 条至第 59 条的规定（如适用）可适用于所要求的参考资料。

4. 若投标邀请书与合同公告不符，应以合同公告为准。

第 70 条——拟定投标邀请书，发送给供应商

1. 投标邀请书以及以此为基础的投标书应以书面形式拟定。在谈判程序中或直接授予合同时，特殊情况下，可以以口头方式提交投标邀请书及投标书，例如，如果是特别紧急的合同，有正当理由认为不适合使用书面程序。如果投标邀请书或投标书不是以书面形式拟定，应以书面形式记录谈判内容以及任何影响谈判程序以及投标人的资信状况的信息。

2. 若是公开程序，投标邀请书应立即发送给请求获得投标邀请书的供应商，或通过电子方式使供应商获得投标邀请书。若采用其他招标程序，投标邀请书应发送给获准参加投标程序的候选人。投标邀请书应被同时发送给所有候选人。

3. 应根据合同的适用范围和合同质量确定一个合理的期限，投标人应在该期限内提交标书。

第 71 条——选择投标人

1. 在限制性程序、谈判程序和竞争性招标中，应根据之前指出的与投标人经济和财务状况、技术能力和专业能力相关的标准或根据其他客观和非歧视性标准来选择投标人，并在所有的招标程序中对候选人和投标人是否合适进行评估。

2. 不符合履行合同所需的技术标准、财务标准或其他标准的候选人或投标人不能参与竞标。为了将不合适的候选人和投标人排除在竞标之外，可适用第 52 条至第 59 条关于候选人和投标人合适性评估的条款（如适用）。

第 72 条——合同的授予

1. 合同应授予给缔约机构认为其投标书最经济有利或者其投标书价格最低的投标人。对最经济有利的投标书进行评估的比较标准应与合同标的物相关，并能让缔约机构对投标书进行公平公正的评估。若是公共服务合同或公共工程合同，由于负责提供服务或施工的人员的专业知识、专业能力尤为重要，履行合同的比较标准可以包括以下因素：不同等级的质量控制、能力、经验和专业能力，这些因素都超过用以评估投标人适用性的最低标准。

2. 如果合同授予是以最经济有利的投标书为标准，评估标准应在合同公告或招标邀请书中以优先顺序排列。在适用的情况下，缔约机构可以按照第62条的规定设置比较标准。

第四部分　关于决定合同授予、合同签订、救济方法的一般规定和其他规定

第10章　与合同授予和合同文件有关的决定

第73条——关于合同授予和通知的决定

1. 缔约机构应当以书面形式公布有关候选人和投标人状况和竞标程序结果的决定，以及决定理由。该决定应包括将该事项提交市场法院的书面说明（“呈请说明”）。该决定和决定理由以及呈请说明应以书面形式提交给有关各方。除非另有证明，应认为候选人和投标人已于该决定和呈请说明发送后7日获知该决定和呈请说明。

2.《行政司法程序法》（586/1996）第3章有关请求说明的条款将适用于呈请说明（如适用）。

第74条——签订合同

授予合同之后，缔约机构应以书面形式签订合同。对于第16条中定义的高于欧盟采购门槛的合同，可以在候选人或投标人获知或被视为已获知决定和呈请说明之后的21天内签订合同和实施决定。然而，如果出于公众利益这样重要的原因，或缔约机构无法预见、独立于缔约机构的事件而导致的原因，也可提前签订合同。

第75条——关于文件透明度条款的适用

1. 只要缔约机构是《政府活动公开法》第4条定义的机构，或者如果根据其他法律规定，缔约机构必须遵守《政府活动公开法》，则

《政府活动公开法》（621/1999）应适用于缔约机构文件的透明度、获取缔约机构文件应支付的费用以及一方获取信息的权利。

2. 如果组织竞争性招标的缔约机构不符合第1款的定义，《政府活动公开法》关于一方获取文件的权利、文件透明的规则以及获取信息的程序与决定的规定应适用于参与者获知投标文件的权利，还应适用于缔约机构雇员保密规则。

3. 可以根据《政府活动公开法》第33条的规定对缔约机构关于获取文件信息做出的决定提出上诉。若被起诉的一方对象不是一个作为公共机关的缔约机构，处理上诉的行政法院应是缔约机构所在的司法管辖区的行政法院。

4. 对福音路德教派的决定提出的上诉应属于《教会法》的范围。

第11章　救济

第76条——市场法院发布的制裁措施

1. 若缔约机构违反本法或基于本法的条例，或违反欧洲共同体法律或世贸组织《政府采购协定》，市场法院收到呈请后可以：

（1）完全或部分取消缔约机构的决定；

（2）禁止缔约机构适用与合同相关的文件内容或执行错误的程序；

（3）要求缔约机构纠正错误的程序；或

（4）命令缔约机构向正确程序下有望中标的一方提供赔偿。

2. 若第1款第1项至第3项规定的措施对缔约机构、第三方权利以及公众利益造成的损害大于益处，或者在合同签订之后才提出呈请，则可以制定赔偿条款。在确定赔偿金额时，应考虑缔约机构所犯的错误或疏忽的性质、合同总价值以及呈请人招致的诉讼费和损害赔偿。

第77条——移交市场法院

第76条第1款所述的呈请应以书面形式提交。呈请书必须在候选人或投标人收到与第73条第1款规定的与决策有关的书面信息和呈请说明之后的14天内提交。签订合同不应妨碍处理呈请。

第 78 条——相关方

1. 合同相关方可以将与合同有关的事宜提交市场法院办理。

2. 贸易和工业部可将与共同体程序相关的事宜提交给民众法庭，以监督对共同体程序的遵守情况。至于第 13 条规定的相关事宜，可以由国家或市政当局或由为实施工程合同提供具体项目补贴的其他相关方提交市场法院。

第 79 条——临时禁令

1. 在第 76 条第 1 款所述的呈请以书面形式提交之后，市场法院可以禁止或暂停执行决定，或发布指令来暂缓执行合同，以作为市场法院诉讼期间的一项临时措施。第 76 条第 1 款第 2 项规定的禁令和第 3 项规定的义务也可以作为市场法院诉讼期间的一项临时措施。

2. 在做出与第 1 款规定的措施有关的决定时，市场法院应确保该措施对缔约机构、第三方的权利和公共利益造成的好处大于危害。

3. 在紧急情况下，市场法院的首席法官或法官可以对第 1 款规定的临时措施作出裁决。

第 80 条——听证会及其他程序

1. 市场法院在采购案中不可以发布临时禁令或暂停令，并且在处理案件时必须为缔约机构和其他相关方保留发表意见的机会。出于案件需要，可以采取临时措施，如果为缔约机构和其他相关方保留发表意见的权利有损于实现该措施的目的，则无需保留该权利。

2. 市场法院可以要求当事人参加开庭审理并出示任何与待决案件有关的说明文件。如果该当事人不履行上述义务或无合法理由而缺席，市场法院可以命令当事人出示文件或出席庭审，并处以罚款。

3. 市场法院管辖范围内的案件，应适用《行政司法程序法》，但《行政司法程序法》第 74 条第 3 款除外。

第 81 条——有条件罚款

为了强调遵守第 76 条第 1 款第 2 项所述禁令的重要性以及第 3 项所述义务的重要性，市场法院可以处以有条件罚款。下列情况下，市场法院也可处以有条件罚款，作为市场法院诉讼期间的临时措施：根据第79条第1款，在市场法院诉讼期间临时暂停合同；根据第79条第2款发布第76条第1款第2项所定义的禁令时；第76条第1款第3项规定的义务。施加和判处失责罚款应适用《失责罚款法》（1113/1990）的条款。

第82条——禁止上诉（365/1995）

禁止以市场法院的决定违反《当地政府法》（365/1995）或《行政司法程序法》为由，根据《当地政府法》或《行政司法程序法》的条款对市场法院管辖范围内的事件提起上诉。

第83条——对市场法院的决定提起上诉

可以根据《行政司法程序法》在最高行政法院对市场法院做出的裁决提起上诉。尽管可以对市场法院做出的裁决提起上诉，还是应遵守市场法院的裁决，除非最高行政法院另有指示。

第84条——损害赔偿

1. 因违反本法或基于本法的规定、欧共体法律或世贸组织《政府采购协议》而对候选人、投标人或供应商造成损害的人应负损害赔偿责任。

2. 但是，在索赔要求指因招标程序产生的费用的情况下，如果候选人或投标人能够提供证据证明招标程序中存在第1款所定义的不当程序，并且可以证明如果程序正确，候选人或投标人本有机会中标，则候选人或投标人有权获得赔偿。

3. 对于第1款和第2款规定的事项，根据《程序法》第10章的规定，管辖法院应为初审法院。

第12章　其他条款

第85条——信息披露

1. 尽管《政府活动公开法》或其他法案对信息保密做了规定，缔约机构也应将合同不同阶段的统计信息和其他信息以及履行的合同转交给芬兰当局和共同体法律要求的欧盟机构，以达到监督合同和交换信息的目的。尽管有保密规定，但根据本法，贸易和工业部有权将收到的信息转交给欧盟当局。

2. 福音派路德教会及其教区文件的公开应适用《教会法》的条款（若适用）。

3. 政府法令将针对在第 1 款提到的并且在公共合同指令第 75 条和第 76 条中规定的统计义务，以及公共合同指令第 43 条提到的缔约机构的义务做出更多具体规定。这些规定的目的是拟定有关招标程序和合同决定以及其他信息的报告，并将其转交给欧盟机构。

关于第 1 款所述、《公共合同指令》第 75 条和第 76 条规定的统计义务，关于《公共合同指令》第 43 条所述的缔约机构就招标程序和合同决定以及其他须转交给欧盟机构的信息拟定报告的义务，政府令应制定更为具体的规定。

第 86 条——具体规定

在适当的情况下，政府法令中应有如下规定：

（1）动态采购系统和电子拍卖的使用要求及其程序要求；

（2）就本法所述的国家采购制度的建立和原则提供更多具体的规定。

第 87 条——生效和过渡性条款

1. 本法将于 2007 年 6 月 1 日生效。本法生效前可采取任何实施本法的必要措施。

2. 本法的生效意味着 1992 年 12 月 23 日修订的《公共采购法》（1505/1992）以及不在《公共采购法》（342/1994）范围内的《合同法令》的废止。

3. 本法适用于在本法生效后启动招标程序的合同。合同公告发布之时，招标程序就被视为已经开始。对于不需要发布合同公告的合同，投标邀请书或谈判邀请书发出之时或与供应商展开谈判之时，合同就被视为已开启。

4. 本法应适用于由邮政服务部门的签约单位开启的合同，直至

2007 年 12 月 31 日。

附件引自芬兰法律附录

附件 I

第 1（2）条，第（b）[(1)]点所述活动的清单①

NACE

CPV 编码			第 F 条		建筑
部门	组别	类别	标的	说明	
45			建筑	该部门包括： 新建筑物和工程的建设，重建和共同维修	45000000
	45. 1		场地准备		45100000
		45. 11	建筑物的拆除和破坏；土方工作	本类别包括： ——建筑物和其他结构的拆除 ——建筑工地的清理 ——土方工作：挖掘、垃圾填埋、校平以及建筑工地的分级，掘沟，去除岩石、爆破等。 ——采矿场地准备 ——清除表土以及矿产和场地的开发和准备 本类别还包括： ——建筑工地的排水 ——农地或林地的排水	45110000
		45. 12	测试钻探	本类别包括： ——用于建筑、地球物理，地质或类似用途的试钻及核心取样该类别不包括： ——产油井或气井钻探，见 11. 20 ——水井钻探，见 45. 25 ——凿井，见 45. 25 ——油气田勘探、地球物理、地质和地震勘探，见 74. 20	45120000

① CPV 与 NACE 术语存在出入时，以 NACE 的命名法为准。

续表

CPV 编码			第 F 条		建筑
部门	组别	类别	标的	说明	
	45.2		建筑物的完工或部分完工；土木工程		45200000
		45.21	建筑物和土木工程的总施工	此类别包括： 所有类型建筑物的施工 土木工程建筑的施工： 桥梁，包括高架公路，高架桥，隧道和地铁 长输管道，通讯输电线路 城市管道，城市通讯输电线路 城市辅助工程 现场预制结构的装配和建造 此类别不包括： 石油和天然气开采过程中的服务活动，见 11.20 非混凝土自制部件的完整预制结构的建造，见部门 20，26 和 28 除建筑物外，体育馆、游泳池、健身房、网球场、高尔夫球场及其他体育设施之外的建筑工程，见 45.23 建筑安装，见 45.3 建筑完工，见 45.4 建筑和工程活动，见 74.20 建筑工程管理，见 74.20	45210000
		45.22	屋顶覆盖和框架的建造	该类别包括： 屋顶的建造 屋顶覆盖 防水	45220000

续表

CPV 编码			第 F 条		建筑
部门	组别	类别	标的	说明	
		45.23	高速公路、道路、飞机场和体育设施的建设	该类别包括： 高速公路、街道、道路、其他车辆和步行方式的建设 铁路的建设 机场跑道的建设 除建筑物外，体育馆、游泳池、健身房、网球场、高尔夫球场及其他体育设施之外的建筑工程 路面和停车场标记涂画 该类别不包括： 初期土方工作，见 45.11	45230000
		45.24	水利工程的建设	该类别包括以下建设： 水路、海港和河流工程，游乐港口（游船码头），水闸等 水坝和河堤 清淤 地下工程	45240000
		45.25	涉及专项贸易的其他建设工程	该类别包括： 需要专门的技能和装备、为不同种类结构所共有的专项建筑活动： 基础建设，包括打桩 水井钻探和建设，凿井 非自产钢构件的建造 钢筋弯曲 砌砖和置石 脚手架和工作平台的建设和拆除，包括脚手架和工作平台的出租 烟囱和工业烤箱的建造 该类别不包括： 出租无需安装和拆除的脚手架，见 71.32	45250000
	45.3		建筑安装		45300000

续表

CPV 编码			第 F 条		建筑
部门	组别	类别	标的	说明	
		45.31	电线及配件的安装	该类别包括： 建筑物或其他建设工程的安装： 电线及配件 电信系统 电加热系统 住宅天线和天线 火灾报警器 防盗报警系统 升降机及自动梯 避雷针等	45310000
		45.32	绝缘工程活动	该类别包括： 建筑物或其他热、声或震动绝缘项目的安装 该类别不包括： 防水，见 45.22	45320000
		45.33	管道工程	该类别包括： 建筑物或其他建筑工程的安装：管道及卫生设备 煤气装置 供暖、通风、制冷或空调设备和输送管道 喷水灭火系统 该类别不包括： 电加热系统的安装，见 45.31	45330000
		45.34	其他建筑安装	该类别包括： 公路、铁路、机场和港口照明和信号系统的安装 建筑物或其他配件或设备（不另分类）建筑工程的安装	45340000
	45.4		建筑物完工		45400000

续表

CPV 编码			第 F 条		建筑
部门	组别	类别	标的	说明	
		45.41	抹灰	该类别包括： 在建筑物或其他室内外灰泥粉刷（包括相关车床加工材料）建筑工程的应用	45410000
		45.42	细木工安装	该类别包括： 非自制门、窗、门框和窗框、设施齐全的厨房、楼梯、商店设施和类似木材或其他材料的安装 如天花板、木质墙面材料、活动隔墙等的内部安装 该类别不包括： 镶木地板或其他木质地板的铺设，见 45.43	45420000
		45.43	地板和墙壁材料	该类别包括： 建筑物或其他建筑项目（如下）的铺设、铺砖、壁挂或装配： 陶瓷、混凝土或琢石材料的墙砖或地板砖 镶木地板或其他木质地板 地毯或油毡地板，包括橡胶或塑料 水磨石、大理石、花岗岩或石板地板或墙壁材料 墙纸	45430000
		45.44	涂漆和上光	该类别包括： 建筑物内外墙壁涂漆 玻璃、镜子等土木工程结构安装的涂漆 该类别不包括： 窗的安装，见 45.42	45440000

续表

CPV 编码			第 F 条		建筑
部门	组别	类别	标的	说明	
		45.45	其他建筑完工	该类别包括： 私人游泳池的安装 建筑物外墙的蒸汽清洁，喷砂清理和类似活动 其他建筑完工和修整工程（不另分类） 该类别不包括： 建筑物或其他结构的内部清洁，见 74.70	45450000
	45.5		与运营商租赁建筑或拆迁设备		45500000
		45.50	与运营商租赁建筑或拆迁设备	该类别不包括：在无运营商的情况下租赁建筑或拆迁机械和设备，见 71.32	

（1）关于欧共体经济活动数据分类的 1990 年 10 月的理事会条例（EEC）第 3037/90 号（OJ L 2[3]，24.10.1990，p.1），是由 1993 年 3 月的委员会条例（EEC）第 761/93 号（OJ L 83，3.4.1993，p.1）修改的法规。

附件 II

第 1（2）（*d*）条所述的服务

附件 II A[(1)]

类别序号	标的	CPC 参考号	CPV 参考号
1	保养和维修服务	6112，6122，633，886	50100000—50982000（除 50310000 — 50324200，50116510-9，50190000-3，50229000-6，50243000-0）
2	陆路运输服务[(2)]，包括装甲车服务和快递服务，邮件运输除外	712（除 71235），7512，87304	60112000-6 — 60129300-1（除 60121000 — 60121600，60122200-1，60122230-0），64120000-3 — 64121200-2

续表

类别序号	标的	CPC 参考号	CPV 参考号
3	旅客和货物空运服务，邮件运输除外	73（除 7321）	62100000-3 — 62300000-5（除 62121000-6，62221000-7）
4	陆路邮件运输[3]和航空邮件运输	71235，7321	60122200-1，60122230-0 62121000-6，62221000-7
5	通讯服务	752	64200000-8 — 64228200-2，72318000-7，72530000-9 — 72532000-3
6	金融服务： （a）保险服务 （b）银行和投资服务[4]	ex 81，812，814	66100000-1— 66430000-3，67 110000-1 — 67262000-1（[4]）
7	计算机和相关服务	84	50300000-8 —50324200-4，72100000—72591000 - 4（除 72318000-7，72530000-9 — 72532000-3）
8	研究与开发服务[5]	85	73000000-2—73300000-5（除 73200000-4，73210000-7，73 22000-0）
9	会计、审计和记账服务	862	74121000-3 —74121250-0
10	市场研究和民意测验服务	864	74130000-9—74133000-0，7 4423100-1，74423110-4
11	管理咨询服务[6]和相关服务	865，866	73200000-4 —73220000-0，7 4140000-2 —74150000-5（除 74142200-8），74420000-9，7 4421000-6，74423000-0，744 23200-2，74423210-5，74871 000-5，93620000-0
12	建筑服务；工程服务和综合工程服务；城市规划和园林工程服务；科学和技术咨询相关服务；技术测试和分析服务	867	74200000-1—74276400-8，743 10000-5 —74323100-0，74874 000-6

续表

类别序号	标的	CPC 参考号	CPV 参考号
13	广告服务	871	74400000-3—74422000-3（除74420000-9，74421000-6）
14	建筑物清洁服务和物业管理服务	874，82201-82206	70300000-4—70340000-6，74710000-9—74760000-4
15	以收费或合同为基础的出版和印刷服务	88442	78000000-7—78400000-1
16	污水和垃圾处理服务；卫生设施服务和类似服务	94	90100000-8—90320000-6，50190000-3，50229000-6，50243000-0

（1）CPC 术语（临时版本），用来定义第 92/50/EEC 号指令的适用范围。

（2）类别序号为 18 的铁路运输服务除外。

（3）类别序号为 18 的铁路运输除外。

（4）与发行、销售、购买、转让证券或其他金融工具有关的金融服务和中央银行服务除外。

除外的服务还包括：与通过任何金融程序并购或租赁土地、既有建筑或其他不动产或相关权利有关的服务；但是，在购买或租赁合同之时、之前或之后以任何方式提供的金融服务都应遵守该指令。

（5）所提供的服务由缔约机构提供全部报酬的研究和开发服务（不包括收益全部归缔约机构用于处理自身事物的研究或开发服务）除外。

（6）仲裁和调解服务除外。

附件ⅡB

类别序号	标的	CPC 参考号	CPV 参考号
17	酒店与餐饮服务	64	55000000-0—55524000-9，93400000-2—93411000-2
18	铁路运输服务	711	60111000-9，60121000-2—60121600-8
19	水上运输服务	72	61000000-5—61530000-9，63370000-3—63372000-7

续表

20	支持与辅助运输服务	74	62400000-6，62440000-8，62441000-5，62450000-1，63000000-9—63600000-5（除 63370000-3，63371000-0，63372000-7），74322000-2，93610000-7
21	法律服务	861	74110000-3—74114000-1
22	人事安排与供应服务[1]	872	74500000-4—74540000-6（except 74511000-4），95000000-2—95140000-5
23	调查与安全服务，不包括装甲车服务	873（除 87304）	74600000-5— 74620000-1
24	教育与职业教育服务	92	80100000-5—80430000-7
25	健康与社会服务	93	74511000-4，85000000-9—85323000-9（除 85321000-5 和 85322000-2）
26	娱乐、文化和体育服务	96	74875000-3 —74875200-5，92000000-1—92622000-7（除 92230000-2）
27	其他服务[2]		

（1）雇用合同除外。

（2）由广播机构对广播节目进行收购、开发、生产或合作生产的合同除外，并且为节目的播放时间订立的合同除外。

挪威《打击清洗犯罪收益措施条例》（《反洗钱条例》）

引言条款

第 1 条　适用范围

这些条例适用于在《打击清洗犯罪收益措施法》（2003 年 6 月 20 日颁布的第 41 号《反洗钱法》）第 4 条中列出的具有报告义务的实体。

第 1 章　客户关系、身份证件要求、身份验证等

第 2 条　建立客户关系

一旦客户能够使用具有报告义务的实体提供的服务，例如，开立账户或发放支付卡，《反洗钱法》第 5 节（身份验证）所述的“客户关系”就视为已经建立。

国家授权审计师和注册审计师一旦接受了一项任务，包括咨询和其他非审计服务，或者向工商企业注册处申报（参见《工商企业注册法》第 4 条第 4 款），则视为已建立客户关系。

授权外部会计师一旦就一项任务与委托人签订了书面协议，或接受了一项要求签订书面协议的任务（参见《外部会计师法》第 3 条），则视为已建立客户关系。

进行房地产代理的房地产代理商一旦接受出售或购买房地产的任务，则视为已与委托人建立客户关系。如果是出售房地产，房地产经纪人还应要求买方在结算前，提供有效身份证明。第 1 句与第 2 句同样适用于合作房屋协会以及在涉及房地产代理的任务中进行房地产代理的

律师。

律师和其他专业或定期提供独立法律援助的人员一旦接受《反洗钱法》第 4 条第 2 款第 7 项所述的任务，则视为已建立客户关系。

第 3 条　贵重物品交易商特别条款

依据《反洗钱法》第 4 条第 2 款第 8 项规定，有报告义务的实体应依照《反洗钱法》第 5 条要求客户提供身份证明，并依据《反洗钱法》第 6 条记录以下信息：

（1）现金交易金额达四万挪威克朗或以上或相应的外币金额，若怀疑交易涉及犯罪收益或挪威《刑法》第 147 条或第 147 条所述情形，

（2）现金交易金额达 10 万挪威克朗或以上或相应外币金额。

如果交易包含一系列看起来彼此相互关联的操作，门槛金额应按总体计算。

第 4 条　身份证件要求（自然人）

《反洗钱法》第 5 条第 1 款第 3 句所述的书面身份证明应是原件或经核证的副本。自然人的身份证件应包括全名、签名、照片及身份证号（或码）。身份证件应由公共部门签发，或由具有令人满意的证件签发控制程序且其证件公认具有令人满意的安全性的其他机构签发。

如果尚未获得挪威个人身份证号或码，应出具令人满意的身份证件，包括客户的全名、出生日期、出生地、性别及国籍。如果具有报告义务的实体发现客户拥有双重国籍，应将此作为补充信息进行登记。

第 1 款所述身份证明应由被授权操作账户及安全保管设施，或被授权进行交易的人出具。

第 5 条　客户无法出具身份证件的情况

客户无法出具第 4 条所述身份证件时，如果有报告义务的实体能确定客户身份、有理由相信客户没有身份证件或鉴于客户的年龄及健康状况，要求其获得身份文件是不合理的，则该实体可以与之建立客户关系或进行所要求的交易。这种情况下，该实体应通过其他方式获得并登记《反洗钱法》第 6 条中所述信息。本条款不适用于定期进行大宗交易的

个人。

第 6 条　身份证件要求（法人）

在挪威工商企业注册处注册过的法人应提供在最近 3 个月内开具的注册证。

在法人实体中央协调注册处而非工商企业注册处注册的法人，应出示法人实体协调注册处开具的证明副本，其中包括《法人实体中央协调注册处法》第 5 条及第 6 条第 2 款所述的、最近 3 个月内关于该实体的所有注册信息。

未在法人实体中央协调注册处或其他公共注册机构注册的法人，应出示具有类似独一无二识别特征的证明文件、关于法人名字（公司）、营业地点或总部的地址、国外组织编号（如适用）的详细信息，还应说明挪威境内或境外的哪家公共注册机构可以核实给出信息。

如果法人很明显或有可能未在公共注册机构注册，应依据《反洗钱法》第 5 条要求其出具身份证明，还应依据《反洗钱法》第 6 条记录代表法人的自然人的信息。

第 7 条　要求身份证明义务的例外情况

《反洗钱法》第 5 条规定的要求身份证明义务和《反洗钱法》第 6 条规定的记录信息义务不适用于：

（1）如果客户是金融机构（参见《金融机构法》第 1 条至第 4 条）、投资公司、证券基金管理公司或遵守对应法律、履行 2001 年 12 月 4 日颁布的《理事会防止利用金融系统洗钱指令》（2001/97/）规定的身份证明义务且符合欧洲经济区标准监管制度的外资企业。

（2）保险费通过记入在《金融机构法》第 1 条至第 5 条第 3 款所述的信贷机构以客户的名字开设的账户来支付的情况下，保险单的承保，前提是该信贷机构：

①遵守这些规定或者符合《理事会防止利用金融系统洗钱指令》（2001/97/）的相应法律，或

②通过其他方式获得客户身份证明信息并记录下来。

③在年度保费不超过8000挪威克朗，或整付保费不超过20,000挪威克朗的情况下，由被授权承保人寿保险的机构或其他遵守2002年11月5日颁布的关于人寿保险的理事会第2002/83/指令（合并寿险指令）的保险公司进行人寿保险单的承保。如果任一年度定期保费金额增加，超过了门槛金额8000挪威克朗，应要求出示第2条第1款所述的身份证件。

④在因雇用合同或受保人职业而投保的情况下，由被授权承保人寿保险的机构或其他遵守2002年11月5日颁布的关于人寿保险的理事会第2002/83/指令（合并寿险指令）的保险公司进行养老保险单的承保，前提是此类保险单不包含解约条款，也不得用作贷款抵押。

⑤由被授权经营非人寿保险业务的企业进行的非人寿保险单的承保，包括旅游保单和信用保单。

按照《反洗钱法》第4条第1款第3项（电子货币机构），内阁成员可单独决定将具有报告义务的实体排除在《反洗钱法》第5条之外。

第8条　身份验证等

有报告义务的实体应核查客户身份证件。有报告义务的实体应获得客户身份信息，包括通过令人满意的方式核实客户身份证件上的照片与签名与客户本人或代表客户出现在上述实体的人的外貌与签名相一致。

依据《反洗钱法》第4条第1款和第2款，有报告义务的实体可以就上一款所规定的具有报告义务的实体必须履行的身份验证义务与另一具有报告义务的实体签订书面协议。在这种情况下，有报告义务的主要实体负责确保身份验证以适当的方式按照法律法规进行，并负责依据第10条第4款及第16条建立适当的程序。

《反洗钱法》第4条列出的国外机构在挪威分支机构，在依据第2条的规定与客户建立客户关系时，可依靠公司总部确认客户的真实身份已被核实。

如果有报告义务的实体有理由认为客户身份证件中的信息不正确，应核实该信息。关于身份证件核实的理由与性质的详细情况，应与

《反洗钱法》第 5 条及第 6 条所述的信息一起保留下来。

有报告义务、建立客户关系或进行交易的实体应保留客户身份证件里的信息以及依据第 15 条的规定在特殊情况下负责身份核实的机构的详细情况。

第 9 条　身份证明缺失或不足——拒绝客户

如无法提供包含第 4 条所述信息的身份证件，或有理由怀疑身份证件的正确性，且第 8 条所述的身份验证不能推翻这种怀疑或无法进行验证，具有报告义务的实体应拒绝建立客户关系或进行交易。如果出现第 10 条第 1 款所述的怀疑，第 10 条及第 11 条的规定均适用。如果对客户的身份存在疑问，上述条款也同样适用。

第 2 章　对可疑交易的调查和报告

第 10 条　调查可疑交易

诱发依据《反洗钱法》第 7 条进行调查义务的情形：交易目的似乎不合法；交易异常庞大或复杂；与客户平常的商业交易或个人交易不符；交易客户所在国家或地区在打击洗钱和资助恐怖主义方面缺乏令人满意的措施；或整个交易反常。

不允许向客户及第三方透露正在展开上述调查。

有报告责任的实体应将调查结果以书面或电子文件的形式记录下来。

有报告责任的实体应建立适当的内部监控和沟通机制，以确保遵守调查义务。如果实体应建立内部报告程序，若雇员怀疑存在第 1 款所述情形，应向其上级或实体内部特别指定的干事或部门汇报；该指定的职员或部门应直接向专门任命的高级经理汇报，高级经理应确保建立监控与沟通机制，如出现可疑交易，确保这些机制得以执行。

企业内部的报告，若与正在提交给挪威国家经济和环境犯罪调查与检察局的报告并无因果关系，在负责反洗钱进程的干事或部门收到该报告后，应以可追溯格式保留至少五年。

第 11 条　向国家经济和环境犯罪调查与检察局提交汇报

向挪威国家经济和环境犯罪调查与检察局提交《反洗钱法》第 7 条第 2 款所述资料的责任由依据《反洗钱法》第 13 条第 3 句被委以特殊责任的高级经理承担。

根据《反洗钱法》第 7 条第 2 款递交的资料应尽可能包含以下内容：描述怀疑的根据，包括嫌疑人信息；第三方（如有）；账户信息（如有）；账户的变动情况；交易的性质与大小；交易是否已进行、资金转向何处以及资金来源。补充这些资料的相关文件，应随附或提交。

应以国家经济和环境犯罪调查与检察局规定或认可的标准格式提交资料。可以邮寄，传真，或以机器可读的格式（电子媒介）提交。如果机密性至关重要，通过数据控制者无法控制的传输介质进行电子传输的资料应加密或以其他方式进行保护。

第 12 条　电子监控系统

金融机构应在 2004 年年底之前建立电子监控系统，以识别怀疑与犯罪收益或《刑法》第 147 条所述情形有关的交易。

如有这样的怀疑，《反洗钱法》第 7 条规定的调查义务同样适用。

挪威金融事务监察局可单独决定第 1 款的例外情况。

第 13 条　特别报告与尚未实施满意的反洗钱措施的国家或地区有关联的交易

针对反洗钱金融行动特别工作组的决策，财政部可规定，如果个人或企业与尚未实施满意的反清洗犯罪受益措施的国家或地区，或与《刑法》第 147 条或第 147 条规定的情形有关联，则与该个人或企业，或代表该个人或企业进行的交易，必须向国家经济和环境犯罪调查与检察局做特别的、系统的报告。

第 14 条　禁止或限制有报告责任的实体与尚未实施满意的反洗钱措施的国家或地区建立客户关系或进行交易的权利

针对反洗钱金融行动特别工作组的决策，如果个人或企业与尚未实施满意的反清洗犯罪受益措施的国家或地区或与《刑法》第147条或第147条规定的情形有关联，财政部可特别禁止或限制有报告义务的实体与该个人或企业建立客户关系或进行交易的权利。

第3章　客户信息的保留与删除，培训等

第15条　有关保留与删除客户资料的要求

客户关系或交易结束后，有报告义务的实体应将第4条、第6条和第8条所述资料保留5年。

第1款不应妨碍其他法律法规设定更长的资料保留期限。

有报告责任的实体依据第1款所保留的文件和资料应在保留义务结束后1年内删除。

第4条和第6条所述资料应以身份证件的复印本形式保留，每一个复印本应标明“经核证确实副本”以及身份核实人的签名。

有报告义务的实体应保留资料，确保文件保持作为证据的价值。如果不是以纸质形式保留，有报告义务的实体应依据1992年12月16日颁布的第1156号条例的第5条第3款和第4款规定进行保存。

有报告义务的实体应确保文件的安全性，防止未经授权的查阅或使用。2000年4月14日颁布的第31号有关个人资料处理的法令（《个人资料法》）及其附属条例适用于有报告义务的实体进行的个人资料保留。

第16条　有报告义务的实体的员工培训等

《反洗钱法》第13条规定的义务也包括培训、维持并提升专业技能，包括让雇员参加特别培训课程，雇员和其他履行规定执行任务的人员学会如何辨识可能涉及清洗犯罪所得及《刑法》第147条及第147条所述情形的交易，并学习如何处理这样的情况。

第4章　国家经济和环境犯罪调查与检察局的行政程序

第17条　国家经济和环境犯罪调查与检察局的行政程序

国家经济和环境犯罪调查与检察局应为其内部行政程序制定指导方

针，确保有从《反洗钱法》第 4 条所列的有报告义务的实体那里获取信息的令人满意的机制，防止未经授权对此类信息进行查阅或使用，让有报告义务的实体及时了解案件调查的进展情况。

第 5 章　最后条款

第 18 条　生效

以上条例于 2004 年 1 月 1 日正式生效。

后　记

北欧国家的清廉政治生态，以及与此密切相关的社会文化和经济发展令人瞩目。正因如此，“中外廉政制度与文化比较研究”计划首先把北欧国家作为一个重点关注对象。

本书在内容上为照顾北欧国家各自廉政制度的整体性，采取以国家为章节的写作方式，避免以制度为章节而可能带来的琐碎感。每个国家均从反腐举措、民众反映、特色法律制度、具体工作机构等方面力图进行较为详细地介绍，最后以专章对在北欧国家廉政状况起重要作用的惩戒机制、政务公开制度等分别与我国进行了比较分析。附录部分考虑到既要体现每个国家的特点，又要照顾到各国和廉政建设相关的重要法律文献的全面性、多样性，每个国家均选译了法律文件，由于北欧法律体系在百年之前就已经出现了一些趋同特征，因此这些法律文件基本上能反映整个北欧地区相关制度的全貌。我们期待着这些能对我国廉政建设有所贡献。

按照整个研究计划的分工，本书的翻译、研究、写作团队由二外翻译学院和国际法学院的师生组成，他们工作热情高涨，非常投入，所面对的最大问题是资料严重匮乏，翻译学院为此付出了巨大辛劳。院长程维在搜寻一手资料和组织翻译方面十分费心。原党总支书记宋良德是该院这个项目的具体协调人，负责及时统筹推进。附录中的6部法律文件都由康竞春老师带领师生翻译并独自审校，她常为译文质量而自己动手重新翻译，工作量最大，称得上劳苦功高。魏子航老师负责该院这个项目的管理服务，李学兵老师也收集了部分资料，程欣欣、许舒园、兰欣桐、程楠艳、王婷婷、法慧婷、张杨、韩璐、卢远、李柄棋、王涛 11 位同学分别承担了资料翻译的任务，总共翻译文字近 30 万之多。上述过程十分繁复，几经调整，体现了选用法律文件、翻译、研究、写作的相互协调配合，这也是本书能够克服重重困难而高效推进的关键。因此，从资料的完整、系统和丰富性而言，本书是值得称道的。

感谢中国法制出版社的工作人员，他们为本书的出版付出了辛勤的劳动。

韩阳

2016 年 9 月

图书在版编目（CIP）数据

北欧廉政制度与文化研究／韩阳编著．—北京：中国法制出版社，2016.8

（中外廉政制度与文化比较研究系列／郑瑞君等主编）

ISBN 978-7-5093-7755-0

Ⅰ．①北…　Ⅱ．①韩…　Ⅲ．①廉政建设—对比研究—中国、北欧　Ⅳ．①D630.9②D753.034

中国版本图书馆 CIP 数据核字（2016）第 197866 号

策划编辑　舒　丹　　　责任编辑　林　林　　　封面设计　周黎明

北欧廉政制度与文化研究

BEIOU LIANZHENG ZHIDU YU WENHUA YANJIU

编著／韩　阳

经销／新华书店

印刷／北京九州迅驰传媒文化有限公司

开本／710 毫米×1000 毫米　16 开　　　印张／21.25　字数／295 千

版次／2016 年 10 月第 1 版　　　2016 年 10 月第 1 次印刷

中国法制出版社出版

书号 ISBN 978-7-5093-7755-0　　　定价：62.00 元

北京西单横二条 2 号　　　值班电话：66026508

邮政编码 100031　　　传真：66031119

网址：http://www.zgfzs.com　　　**编辑部电话：66067369**

市场营销部电话：66033393　　　**邮购部电话：66033288**

（如有印装质量问题，请与本社编务印务管理部联系调换。电话：010-66032926）